천년의 아름다운 기록
중세 필사본

천년의 아름다운 기록
중세 필사본

김유리

김재원

박성혜

윤인복

최경진

일파소

차례

008   **책머리에**

제1장
비잔틴 필사본

018   **시대적 배경** : 제정일치의 동로마 제국

023   **교회사적 배경** : 동·서 교회의 분열
          성상파괴 논쟁
          필리오케 논쟁
          교황의 지상권

030   **미술사적 현상**
          초기그리스도교 미술
          성상파괴 이후의 미술
          중기 비잔틴 시기의 교회 장식
          후기 비잔틴 미술

039   **비잔틴 필사본**
          로사노 복음서
          시노페 복음서
          라불라 복음서
          빈 창세기

제2장
섬양식 필사본

090 **시대적 배경**
로마제국의 멸망과 앵글로색슨 왕국의 출현

093 **교회사적 배경**
성 패트릭이 뿌린 씨앗
아일랜드와 로마의 선교 경쟁

100 **미술사적 현상**
추상적인 장식 패턴을 조형언어로

103 **섬양식 필사본**
장식으로 가득 찬 신성한 문자

린디스판 복음서
· 노섬브리아 교회의 발전
· 린디스판 복음서의 조형적 특징

켈스서
· 8세기 전후 켈트 교회의 변화
· 아이오나 수도원의 위기와 켈스서의 제작

이 밖의 섬양식 필사본
· 카하흐
· 더로우서
· 아르마서
· 디마서
· 물링서

차례

**제3장
카롤링 필사본**

150 카롤링 양식의 시대적 배경
샤를르마뉴 대제의 등장과 프랑크 제국의 탄생
샤를르마뉴 대제의 등장
프랑크 제국의 탄생

156 교회사적 배경
로마 가톨릭 세계의 교권과 속권의 관계확립

162 카롤링 르네상스와 미술사적·문화사적 현상

171 카롤링 필사본 : 화파와 그 대표적 작품들
샤를르마뉴 집권기의 필사본 화파
 • 아다 화파
 • 비엔나 대관식 복음서 화파

경건왕 루드비히 시기의 화파
 • 랭스 화파
 • 뚜르와 메츠의 화파

대머리 칼 왕의 궁정화파

232 도표 : 채색 세밀화가 들어있는 카롤링 필사본 분포도

제4장
오토기 필사본

240 **시대적 배경**
신성로마제국의 탄생 배경과 오토기의 황제들

245 **교회사적 배경**
오토 왕조와 로마교회
오토기 성서 필사본의 중심지 라이헤나우 베네딕트 수도원

256 **미술사적 현상** : 오토기의 예술품과 성서 필사본

260 **오토기 성서 필사본**   게로 코덱스
에그베르트 시편
에그베르트 코덱스
오토 3세의 복음서
밤베르크 묵시록

제5장
스페인 중세 필사본

312 **시대적 배경** : 이베리아 패권 쟁탈하기
그리스도교 땅에 이슬람 입성하다
문화가 종교를 입다

320 **종교적 배경** : 무함마드 모욕죄
공인된 이교도
누가 정통이고 누가 이단인가?
종말론, 천년왕국설

334 **미술사적 배경** : 모사라베, 무데하르

344 **필사본**
베로나 기도서
라 카바 성경
존과 비마라 성경, 레온 성경 920
베아투스의 묵시록 주해서
묵시록 주해서 필사본 목록
 • 모건 베아투스
 • 타바라 베아투스
 • 밀란 베아투스

책머리에

30여 년 전, 뮌헨 소재所在 바이에른 주립도서관의 어둡고 큰 특별전시실에서 870년경에 제작된 성 에머람Codex aureus von St. Emmeram 필사본 원본과 마주하며 받았던 깊은 감동을 여전히 선명하게 기억하고 있다. 전시실 중앙에 홀로 세워진 커다란 유리 진열장에 오직 필사본 한 점이 희미한 조명을 받으며 전시되어 있었고, 그 필사본의 빛바랜, 낡고 두꺼운 양피지 책장들과 보석들로 장식된 화려한 황금표지가 뿜어내는 신비로움은 강한 경외감을 불러일으켰다. 이렇듯 오늘날 우리는 천년이 넘는 오랜 세월의 결이 차곡차곡 배어있는 중세 필사본을 대하게 되면 그 강한 아우라에 깊이 빠져들게 된다. 사실 중세 필사본 원본을 대할 기회는 매우 드물게 주어진다. 현재의 소장기관들은 대부분 국·공립 도서관인데, 그들이 소장한 귀중본의 훼손을 우려하여 원본의 전시를 극도로 제한하고 있기 때문이다. 그나마 각 소장기관이 주요 필사본 원본을 디지털화하여 제공하고 있는 것은 무척 다행한 일이라 하겠다.

역사학자들 간에 시대구분에 관해 이견이 없지는 않으나, 역사적으로 중세는 대략 초기 그리스도교 시기부터 르네상스 이전까지의 시기를 의미하며, 문화사적으로는 비잔틴, 로마네스크, 고딕으로 구분하고 있다. 그리스도교가 유럽인들 삶의 중심이었던 중세의 미술은 교회 건축 공간을 중심으로 건축, 조각, 회화로 분류하여 관찰할 수 있는데, 교회 건축은 바실리카를 시작으로 로마네스크, 고딕 등의 거대한 양식적 변화를 보여주고 있고, 교회 내·외부 공간에 세워진 조각상과 부조는 교회 건축에 상응하는 조각의 다양한 양식상의 변화과정을 반영하고 있다. 반면에, 후기 로마네스크에 이르러 스테인드글라스가 교회 공간에 등장하기 전까지 중세 회화의 유일한 장르는 채색 세밀화가 들어있는 필사본이었다. 그러니까 한동안 필사본이 중세 회화의 핵심이었던 것이다. 필사본에 들어있는 채색 세밀화는 교회 공간을 장식하고 있는 조각이나 부조 작품에서 보이는 조형적 특성비사실적 인체 비례, 소박하고 설명적인 장면묘사, 부정확한 공간과 배경의 처리 등을 그대로 드러내고 있다. 그에 더하여 필사본에 사용된 다양한 표현적 색채는 중세 그리스도교 미술에 함유되어 있는 색채의 상징적 의미를 읽어낼 수 있는 중요한 단서이기도 하다. 이러한 이유에서 필사본의 중세 미술사적 의미는 결코 간과할 수 없는 것이며, 필사본이 지닌 조형적 특성은 바로 중세 회화의 조형적 진면모라 해도 과언이 아니다.

중세의 필사본은 대략 종교적 필사본과 비종교적 필사본으로 구분할 수 있으나, 비종교적 필사본은 소량의 문학작품을 제외하고는 대부분 식물도감이나 의학서 등의 실용적 용도에 국한되어 있어서, 그리스도교의 전례와 수도修道 방법에 따라 다양하게 제작된 종교적 필사본과는 수적으로나 질적으로 비교의 대상이 되기 어렵다. 하여서 본 연구서에서는 중세 유럽의 종교적 필사본 즉 그리스도교 성서 필사본에 집중하였고, 특히 미술사적 의미와 가치가 높은 채색 세밀화가 들어 있는 성서 필사본을 연구대상으로 삼았다. 성서 필사본은 교회의 전례적 수요와 용도에 따라 매우 다양한 종류로 제작되었으나, 가장 빈번하게 제작된 것으로 다음의 몇 가지를 들 수 있다. 신약과 구약이 모두 들어있는 성경 Bible, 시편 Psalter, 네 복음서가 모두 실려있는 신약성서 Evangeliar, 교회력에 따라 주일미사나 축일미사에 읽히는 신약성서에서 발췌된 전례용 복음서 Evangelistar 혹은 Perikopenbuch, 미사기도문 혹은 미사전례기도집 Sakramentar, 미사 때 바칠 기도문과 예식 순서를 모두 수록한 전례서인 미사경본 Missale 등이다.

   중세의 성서 필사본은 제작장소와 제작연대에 따라 다양한 특징을 드러내며 전개되었다. 중동을 포함하여 비잔틴 현재의 이스탄불을 중심으로 지역에서 제작된 것과 서유럽에서 제작된 것, 그리고 아일랜드와 브리튼 영국에서 제작된 것으로 대별된다. 연대기적으로는 비잔틴 양식, 섬 양식 Insular, 아일랜드와 브리튼, 카롤링 양식, 오토 양식, 로마네스크 양식, 고딕 양식으로 세분된다. 그리스도교가 동방에서 탄생하여 서유럽으로 전파되었듯이, 성서 필사본도 시리아, 이집트 등 동방에서 처음 제작되어,

이후 그리스도교의 포교 루트를 따라 서진하며 확산되었고, 제작지역 고유의 민속적 요소와 융합되면서 각기 독특한 조형적 특성을 지닌 양식을 형성하게 되었다.

필사본 제작은 깊은 신학적 통찰, 축적된 경험, 고도로 숙련된 기술이 전제되어야 할 뿐만 아니라, 긴 작업시간과 큰 비용이 요구되었기 때문에 극히 소량으로 제작될 수밖에 없었고, 주로 왕, 귀족 또는 고위 성직자 등 최고위층의 주문에 의해 제작될 수 있었다. 따라서 필사본 소장은 오직 최상류층만이 누릴 수 있는 지적知的 사치였다. 그 때문인지 화려하고 독창적인 채색 세밀화가 들어있는 필사본은 대부분 제작자가 아니라, 주문자나 소유자의 이름으로 전해져 왔다.

동물의 가죽이나 파피루스에 기록되어 두루마리 형태로 전해져 내려오던 성서 필사본은 4세기경에 이르러 나무판 등의 단단한 소재로 외장된 코덱스Codex 형태의 필사본으로 로마에서 제작되기 시작하였다. 코덱스는 오늘날 우리에게 일반화되어 있는 책의 형태와 매우 유사한 구조로 제작되었으며, 두루마리를 대체하는 새로운 기록·보존 수단으로 사용되기 시작하였다. 코덱스의 신속한 확산은 아마도 원하는 내용을 확인하려면 처음부터 다 펼쳐야 했던 두루마리에 비해, 정보검색의 신속하고 효율적인 기능성에 기인했을 것으로 짐작된다. 5세기 경부터 동로마 제국에서 화려한 저부조 금속 판넬로 외장된 코덱스 형태의 성서 필사본이 제작되기 시작하여 널리 퍼져나갔다. 필사본의 제작 과정은 매우 복잡해서 필사 단계에 이르기까지 양피지혹은 우피지 준비에만도 여러 단계의 작업을 거쳐야 했다. 동물 가죽의 세척 작업으로 시작되어, 약품처리석회 소독 단계를 거쳐 장시간의 건조 작업과 무두질 작업이 이어졌는데, 여기까지가 오랜 노동과 시간을 요하는 필수 선제 작업이었다. 양피지가 준비되면 비로소 필사가와 화가의 작업이 시작될 수 있었다. 성서 한 권을 필사·제작하는 데에 전문 필사가와 화가가 꼬박 일 년여 동안 협업하며 전적으로 집중해야 했던, 어렵고 오랜 시간이 요구되는 작업이었다. 필사본의 크기는 그 용도에 따라 다양하게 제작되었는데, 대략 미사 중에 쓰이는 복음서나 전례서는 30×45cm 정도였고, 도서관이나 수도원의 보관용 필사본은 길이 20-35cm, 폭 15-25cm 정도 되었다. 그 밖에 개인 기도용 필사본은 휴대하기 편한 크기로 더 작게 만들어지기도 하였다.

    당대의 걸출한 필사가, 화가들이 심사숙고하고 심혈을 기울여 제작한 필사본 원본에는 그들의 가쁜 숨결과 담백한 손맛이 고스란히 담겨 있기에 우리에게 전해지는 강한 아우라는 어쩌면 지극히 자연스러운 현상일 것이다. 이렇게 정성들여 제작된 수많은 필사본이 훼손되거나 파손된 것으로 전해지는데, 전쟁, 화재, 도난 등의 재해에 의한 파손이 대부분의 원인이었겠으나, 양피지가 워낙 고가인데다가 새로운 양피지 생산 또한 원활하지 못한 시기가 많았기 때문에 기존의 필사본을 재활용하기 위해 필사된 텍스트를 지우고 다시 사용한 경우도 허다하여, 그로 인한 파손도 적지 않았던 것으로 추정되고 있다. 중세 성서 필사본의 진수는 엄격하게는 로마네스크 후기 혹은 고딕 초기에 그 생명을 다했다고도 이야기할 수 있을 것이다. 고딕 중기에 들어 목판 인쇄술이 빠르게 확산되면서 필사본 제작의 가치와 의미는 자연스럽게 희석되어 갔기 때문이다. 종이는 유럽에 8세기경부터 등장하였다고 전해지나 13세기에 이르러서야 그 사용이 일반화되기 시작하였다. 따라서 중세 필사본 제작에서는 종이 사용의 예를 찾기 어렵다. 12-13세기부터 서서히 발전되어 온 목판인쇄술과 종이가 조우하면서 유럽에서 그 사용이 비로소 활성화되어 새로운 시대를 맞게 된다.

　중세미술에 관한 개괄적 연구가 매우 미흡할 뿐만 아니라 중세미술에서 중요한 한 축을 이루는 필사본에 관한 연구가 거의 전무全無한 우리나라 미술사학의 학문적 현실에서, 중세 그리스도교 미술 연구에 지대한 관심을 가지고 인천가톨릭대학교 대학원 그리스도교 미술학과에서 미술사를 전공한 세 명박성혜, 김유리, 최경진의 졸업생이 이 연구서 출간 프로젝트에 주축이 되었다. 그들의 지도자로 강의실에서 재학 기간 내내 마주했던 교수들도김재원, 윤인복 이 프로젝트의 마무리를 거들었다. 연구진은 오래전부터 반복적인 검토와 토론을 거쳐 중세 필사본의 각 시대적 양식인 비잔틴, 섬양식, 카롤링, 오토, 그리고 중세 그리스도교 회화사에서 특수한 위치를 점하는 스페인의 필사본을 탐구하였다. 그들은 각각의 학문적 관심에 따라 양식을 선택하였고, 그에 관하여 석사 논문을 작성하기도 하였다. 연구진 가운데 몇몇은 자신의 석사논문에서 다루었던 내용을 중심으로 집필하였다. 그러니까 본 연구서는 인천가톨릭대학교 대학원 그리스도교 미술사학 전공 교실에서 서로 마주하고 학문적 호기심과 열기를 뜨겁게 달구던 이들의 노력의 결실인 것이다.

시대순으로 비잔틴 필사본윤인복, 섬양식 필사본김유리, 카롤링 필사본김재원, 오토 필사본최경진, 스페인 필사본박성혜으로 분류하여 각각 작성하였다. 앞서도 언급하였듯이 중세 성서 필사본은 비잔틴 시기로부터 고딕 초기까지 이어진 유럽 그리스도교 회화사의 핵심적 부분이다. 아쉽게도 본 연구는 비잔틴, 섬양식, 카롤링, 오토, 스페인까지의 필사본에 관한 개괄적 연구에 그쳤다. 결코 그 중요성이 작지 않은 로마네스크와 고딕 초기까지의 필사본에 관한 연구는 채워지지 못했다. 멀지 않은 장래에 후속 연구가 이어지기를 희망한다.

    나름 심혈을 기울인 연구 결과를 담아낸 오늘의 이 결실이 비록 어설프고 부족하더라도 그들이 보여주는 중세미술에 관한 깊은 관심과 학문적 열정은 향후 더욱 탄탄한 연구 결과물로 문제점을 스스로 극복해 낼 것이라는 기대를 갖게 한다. 더욱 촘촘하고 알찬 결과를 향한 진지한 지적과 채찍을 고대한다. 동시에 부족하나마 본 연구서가 중세 미술사 혹은 중세 성서 필사본 연구에 관심을 가진 분들의 일차적 이해에 조금이라도 도움이 된다면 연구자들에게 그보다 더 큰 보람은 없을 것이다.

    끝으로 쉽지 않았을 결정을 내려 출판을 맡아주신 일파소 이동석 대표님, 최홍규 편집장님과 담당 제작진에 무한한 감사의 마음을 표한다. 일파소의 눈부신 활약과 번영을 기원한다.

2021년 깊은 가을에   **김재원**

Byzantine Manuscripts

제1장

비잔틴 필사본

Byzantine Manuscripts

윤인복

시대적 배경
제정일치의 동로마 제국

비잔틴 제국은 본래 그리스 문화권에 속해 있었지만 4세기에 공식적으로 그리스도교를 받아들인다. 로마제국의 황제로서 최초의 그리스도교인이 된 콘스탄티누스 1세Constantinus I, 272-337년 황제가 로마제국의 수도를 로마에서 고대 그리스의 보스포러스 해협에 면한 항구 도시인 비잔티움후에 콘스탄티노플로 개명으로 천도함으로써 '새 로마'가 탄생했으며, 이후 로마제국의 분립에 계기가 되었다.

수도를 옮기겠다는 콘스탄티누스의 결심에 결정적 작용을 한 것은 크게 지정학적 위치와 정치적 사항으로 추려볼 수 있다.

첫째, 이 지역은 전략적으로 소아시아와 유럽을 가를 뿐만 아니라 흑해와 지중해를 나누는 유리한 지점으로서 로마제국 전체를 연결하는 통로 구실을 하는 위치였다.

둘째, 콘스탄티누스는 구로마의 권력 구조 및 전통을 멀리함으로써 얻을 수 있는 정치적인 이점을 고려했다. 콘스탄티노플로 천도하면서 원로원과 정부를 일신하고 새 질서를 수립할 수 있었으며 이후 콘스탄티노플은 그리스어를 주로 사용하는 동로마 제국의 중심지가 되었고 문화적으로 정치적으로 라틴 서방과 서서히 분리되었던 것이다.

비잔틴 제국은 대략 330년부터 843년까지 로마제국의 연장으로 동방에서 첫걸음을 뗀 비잔틴 제국은 그리스도교를 국교로 받아들임으로써 내부적으로 수많은 변화를 치렀다.

교회는 콘스탄티누스 황제의 후원과 법 개정에 힘입어 공적인 단체로 발전했으며 거대한 규모의 교회를 짓거나 헌납을 받아 부와 재산을 지니게 되었다. 도시의 많은 신자를 위한 대성당, 순교자와 성인을 기념하는 사원, 순례자들이 들리는 성지 위에 세워진 교회 등이 서방과 동방의 그리스도교 국가들에서 번창하기 시작했다. 교회의 내부조직은 황제의 후원과 보호와 함께 권력의 위계 구조가 생겨났고, 교회는 세속적 국가 안에서 큰 영향력을 발휘하고 권력을 행사하기 시작했다. 하지만 콘스탄티누스가 그리스도교도 황제로서 로마제국을 단독으로 다스리는 기간은 길지 않았다. 특히 테오도시우스 1세 Flavius Theodosius I, 379-395 재위 황제가 죽은 이후, 그의 두 아들인 아르카디우스 Arcadius, 377경-408와 호노리우스 Flavius Honorius, 393-423 재위가 제국의 영역을 나누어 물려받음으로써, 로마제국이 동로마 제국과 서로마 제국으로 양분되어 교회를 동과 서로 분리하는 결과를 초래했다. 아르카디우스의 동로마 제국 비잔틴 제국은 1453년까지 유지되지만, 호노리우스의 서로마 제국은 한 세기도 못 가 게르만족에 의해 멸망한다.

또한, 교회 분열의 발단은 신학적 이견을 둘러싼 논쟁이었다. 4세기에 들어서 삼위일체 교리의 해명이 계속되다가, 5세기에는 그리스도의 신성과 인성에 관한 논쟁이 벌어졌다. 에페소스 공의회 431년와 칼케톤 공의회 451년를 통해 삼위일체를 확고히 했으며, 그리스도의 육화 Incarnation 교리와 연관하여 성모 마리아의 호칭을 테오토코스Theotokos, 신의 어머니라고 결정했다. 이 회의로 자신의 의견이 반영되지 않은 주교들은 교회의 주류로부터 벗어나기 시작했다. 초기의 교회 분열은 그리스도교 교회 전체에 심각한 영향을 미쳤으며, 비잔틴 제국의 황제들은 5세기, 6세기, 7세기에 걸쳐 이 분열을 치유하는 데 노력했다.

외적으로 동로마 제국은 6세기에 유스티니아누스 1세Iustinianus, 527-565년 재위 황제의 영토 아래 처음으로 영토를 확장했다. 유스티니아누스 1세는 로마 제국의 동반부와 서반부를 정치적으로 재통일하려고 힘을 쓴 황제였다. 404년 호노리우스 황제에 의해 서로마 제국의 수도는 이탈리아 북부의 라벤나로 이전되었고, 476년 서로마 제국이 망한 후, 황제가 없는 이탈리아에서는 야만족들의 패권 다툼이 벌어졌다. 이와 반대로 동로마 제국은 유스티니아누스 1세 황제에 의해 과거 어느 때보다도 강력해졌고, 로마제국의 재통일을 꿈꾸던 황제는 539년 라벤나를 탈환했다. 유스티니아누스 1세 황제는 제국의 곳곳에 교회와 수도원을 많이 세웠고, 주교들이 서로 반목하는 교회 내부의 논쟁을 해결하는 등 교회 발전에 실로 크게 기여했다. 또한, 그의 치세 아래에서 상업과 산업이 발전했고 황제는 하기아 소피아 대성당537년 완공과 같은 전례 없는 규모의 건축과 예술을 후원했다. 하지만 유스티니아누스 1세 황제의 사망 직후 그가 힘들게 회복했던 영토는 슬라브족, 페르시아인, 아라비아인 및 다른 적들로부터 침입을 당해 영토 대부분을 잃어버리고 아주 작은 지역만 남게 되었다. 유스티니아누스 1세 황제 이후 점차 세력이 약화되어 7세기 중반 이후에는 중동지역에서 새로운 강자로 떠오른 이슬람 세력의 위협에 끊임없이 시달려야만 했다. 비잔틴 제국의 7세기와 8세기는 제국의 암흑기로 거대한 로마 제국에서 콘스탄티노플에 수도를 둔 중세의 소규모 국가로 전환되었다. 페스트흑사병 때문에 인구가 급격히 줄었고, 아랍이 이집트를 정복하면서 곡물 공급이 차단되었다. 아랍이 소아시아를 정복하고 있는 동안 성상숭배에 대한 문제가 터져 제국은 격렬한 내분에 빠지게 되었다.

성상파괴운동이 끝난 후에 비잔틴 제국의 사회와 교회는 중대한 변화가 일어났다. 제국은 2세기 가까이 번영과 군사적 승리의 시대를 맞이하여 상업, 문화, 종교적 생활이 번창해졌고, 수도원이 번성하면서 수도원의 세력이 교회와 세속 정부에 영향력을 행사했다. 그리고 비잔틴 총대주교와 로마 교황 사이의 오래된 문화적, 정치적 분열이 감지되기 시작했다.

7세기 및 9세기 등 이른바 비잔틴 역사의 암흑 시대에 퇴보했던 교육과 학문이 9세기 초에 되살아나기 시작해 이 부흥의 시기를 '마케도니아' 르네상스라 부른다. 이 가운데 수도원의 역할이 컸으며 수도원 개혁에도 착수했다. 콘스탄티노플의 스투디오스 수도원 원장인 테오도로스는 팔레스타인 전례 방식을 도입하고 육체노동과 생산성에 역점을 두었던 카이사레아의 바실리우스의 이상적 수도원 생활공동체로 돌아가고자 했다. 수도사의 육체노동 중에는 수도원 필사실에서 필사본을 베끼는 일도 있었으며, 이 까닭에 8세기 중엽에서 9세기 초에 필사본 복사를 전보다 더 빠르게 많이 할 수 있는 서체가 개발되었다. 테오도로스는 수도사들에게 찬송가를 작곡하고 기도문을 작성하도록 하여 전례주년과 성무일도를 진행하도록 독려했다.

수도원은 9세기 중반 이후 비잔틴 사회에서 성장하고 번성했다. 수도사들은 성상파괴운동을 펼친 황제들에게 항거하고 교회에 성상을 재건하는 데 주도적 역할을 했고, 수도원들이 건립되고 토지와 동산을 기부받게 됨에 따라 사회 내에서 중요하고 강력한 권력 단체가 되었다. 10세기 중엽에는 이 현상의 병폐를 막기 위해 황제들은 수도원의 재산증식을 억압하는 법률들도 시행했으나 실패했다. 이는 수도원에 대한 존경과 지원이 컸음을 의미한다.

10세기 말 마케도니아 왕조시대에는 국력을 회복하여 동지중해의 패권국이 되어 파티마 왕조와 대립하였으나, 1071년 소아시아의 대부분을 셀주크 투르크에 세력을 빼앗기고 말았다. 12세기 콤네노스 왕조에 다시금 영토를 회복하였으나, 안드로니코스 1세 콤네노스Alexius I Comnenus, 1181-118, 재위의 사후에 다시 쇠퇴기에 접어들었다.

1204년에 제4차 십자군 원정으로 콘스탄티노플이 점령되면서 비잔틴 제국은 분열되었고, 점차 제국의 붕괴로 치닫게 되었다. 그러나 미카일 8세Michael VIII Palaeologus, 1259-1282 재위를 비롯한 비잔틴 제국의 사람들은 1261년 서부의 영주들을 전복시키고 아주 작은 제국을 다시 세웠다. 그러나 비잔틴 제국은 전쟁으로 제국의 쇠퇴를 부채질해 13세기 후반부터 1453년 오스만 제국에 의해 콘스탄티노플이 함락되었고 결국 제국이 멸망하면서 무너졌다.

교회사적 배경
동·서 교회의 분열

성상파괴 논쟁

이코노클라스트Iconoclast라 불리는 성상숭배를 반대하는 이들은 예수 그리스도는 신성과 인성을 한 몸에 모두 가지고 있는 존재이며 그리스도의 신성은 가시적으로 표현할 수도, 표현된 적도 없다고 주장하였다. 성상은 인성의 그리스도만을 담을 수 있을 뿐인데 그리스도를 성상으로 표현하는 자체가 두 가지 본성을 분리하는 행위이며, 따라서 이것은 그리스도교 교리에 반할 뿐만 아니라 물질적 대상을 경배하는 우상숭배라는 것이다. 반면 이코노듈Iconodule이라고 불리는 성상숭배를 옹호하는 사람들은 하느님이 인간의 몸을 입고 그리스도로 육화된 것이라 말한다. 즉, 인간의 몸으로 태어난 하느님인 그리스도에 신성이 깃들어 있다면 절대자의 형상을 성상으로 표현하지 못할 이유가 없다는 것이다.

8세기 초 비잔틴 제국은 전보다 더 심한 혼란과 불확실한 상태에 빠졌다. 비잔틴 제국은 성상파괴논쟁iconoclast controversy이라는 신학적 논쟁에 휩싸이게 되었다. 이미지image가 숭배의 대상으로 사용되는 것을 부적절한 것으로 보았기 때문이다. 이 시기에 성상파괴는 그리스어 에이콘eikon, 이콘 혹은 이미지과 클라오klao, 깨부수다 혹은 파괴하다의 의미에서 유래된 미술작품의 의도적인 파괴를 의미하는 어원처럼 교회의 벽화와 성상을 파괴하거나 훼손하며 성상공경론자들을 억압하기까지 한다. 이 성상파괴주의 배경에는 당시 비잔틴 제국의 정치적 변화를 포함, 그리스도교 사회에서 종교미술이 접하고 있는 위치에 대한 격론이 빈번하게 일어났던 갈등기였다. 후대의 유럽이 경험한 종교개혁과 반反종교개혁의 갈등처럼, 비잔틴 제국의 성상파괴주의Iconoclasm 역시 광범위하게 정치적 사회적 반향을 불러일으켰고, 미술작품의 지위에도 지대한 영향을 끼쳤다고 볼 수 있다.

레오 3세Leo III, 재위 717-741가 성상파괴 운동을 시작했다. 그는 730년 종교회의를 소집하고, 성상의 당위성에 대한 신학적 논쟁 끝에 제국 내에 종교미술을 금지했다. 이것은 교회 내에 있는 성스러운 이미지를 파괴하고 성상숭배를 금지하는 운동이었다. 비록 신학적인 판단으로 불거진 성상파괴운동이었지만, 황제는 국내외의 혼란에 대해 강력한 권력이 필요했으며, 종교와 정치로 분할된 권력을 집중화하려고 했다. 종교의 권력을 약화시키는 데에 성상금지와 파괴는 효과적인 수단이 되었다. 또한 수도원이 지니고 있었던 토지와 재산을 몰수할 수 있는 법적 근거도 마련하는 것이었다. 레오 3세의 아들 콘스탄티누스 5세Contantinus V, 재위 741-775는 성상을 금지하는 아버지의 칙령을 적극적이며 저돌적으로 실행했다. 9세기 초 연대기 작가들의 기록에 따르면 레오 3세는 공공기관, 군, 교회 등에 소속된 성상 옹호자를 핍박하고 특히 수도사나 수도원을 단순히 성상을 옹호했다는 이유만으로 억압했다. 수도원은 세속적인 공공건물로 탈바꿈되기도 하고 수도사와 수도원장들은 공개적으로 모욕을 당하며 환속을 강요당하기까지 했다. 콘스탄티누스 5세 재위 동안 다수의 수도사들과 성상 옹호자들은 로마로 가서 성상숭배에 대한 교황의 지원과 보호를 받았다.

성상파괴운동은 레오 3세 이후 4대에 걸쳐 간헐적인 휴지기를 보이면서 계속되었다. 레오 4세Leo Ⅵ, 재위 775-780때는 787년에 제7차 보편공의회로 제2차 니케아 공의회가 소집되어, 성상파괴운동의 기세가 한풀 꺾여 성상숭배의 정당성이 천명되었다.

성화상 숭배에 대한 종합적인 판정이 나고 이것을 공의회의 결정사항이 되었다. 그 내용을 보면 아드리아누스 1세 교황이 제시한 교리와 일치하는 내용을 받아들였다.

"우리 거룩한 교부들의 옛 전통에 따라 형상화된 표현을 우리는 받아들인다. 상대적인 숭배로 그것들을 '공경' 하니 adoratio 이니 그 형상들이 우리 주님이신 그리스도와 거룩하신 하느님의 어머니이시며 우리 어머니이신 분의 이름으로, 그리고 거룩한 천사들과 모든 성인의 이름으로 만들어졌기 때문이다. 그러나 (참된 의미에서) '흠숭과 신앙' Latreia et fides 은 우리 하느님께만 드릴 뿐이다."

또한 성인들을 통한 전구함을 합당한 것으로 인정하고 그분들의 형상에 대해서도 '경의'를 표할 것을 결의하고 그 내용을 다시 종합하여 발표하였다.

"예수 그리스도, 성모 마리아, 천사 및 모든 성인의 화상도 십자가와 같이 가구, 의

복, 벽, 책상, 거실 및 복도에 비치하고 드러낼 것이다. 왜냐하면 성상에 자주 접할수록 더욱 그 본체를 잘 상상할 수 있으며 그 거룩하신 분들을 표양으로 우러러보게 할 것이기 때문이다. 또한 그들에게 경의와 숭상의 생각을 함이 결코 하느님께만 바쳐야할 흠숭을 행함은 아니다… 성상에게 드리는 경의는 본체의 명예로 돌아가는 것이고, 이것을 숭상함은 거기에 표현된 인격을 공경함이다. 교회의 전통을 파괴하려는 의도로 거룩한 전례 용기나 존경해야 할 수도원을 모독하는 자들 중 주교나 신부는 직위해제 파면하고 수도자나 평신도들은 파문당할 것이다.

그러나 813년 제위에 오른 레오 5세 Leo V, 재위 813-820 는 니케아 공의회에의 결정사항을 번복하며 다시 파괴령을 내렸다. 그러나 820년 레오 5세가 미카일 2세 Michael II, 재위 820-829 에 의해 폐위되고 성상에 대한 온건주의적인 태도를 취했다. 비잔틴 제국의 성상숭배는 공식적으로 843년에 회복되었다. 842년 미카일 3세가 어린 황제로 등극하자, 그의 모친이었던 테오도라 Theodora, 842-855 가 섭정을 했는데, 그녀는 843년 공의회를 소집해 제2차 니케아 공의회가 결정한 성상숭배의 정당성을 선포했다.

성상에 대한 옹호는 『시노디콘』Synodikcon이라 불리는 문서에서 교회 예배에 있어 성상은 합당할 뿐만 아니라 필수적이라고 주장하였다. 그리스도 성상의 합당성을 부정하는 행위는 육화肉化의 뜻을 손상시키는 것과 같았다.[1] 육화를 통해 하느님을 기꺼이 인간의 육신을 입고 자신이 창조한 세상에 스스로를 드러냈는데 상상 부정은 곧 성육신의 부정이 되는 것이었다. 물질적 창조물도

성화聖化될 수 있음을 믿는 동방교회의 신조가 『시노디콘』에서 재확인되었다. 이로서 약 120년간의 성상파괴운동은 성상숭배론자 및 성상 옹호론자의 승리로 막을 내렸다. 843년 '정통 신앙의 승리', 다시 말하자면 비잔틴 교회가 성상숭배를 허가한 후에 제국은 어느 정도 자신감을 회복하고 국토를 확장시키는 새로운 시대를 열어갔다.

필리오케 Filióque 논쟁

필리오케라틴어: Filióque란 "아들로부터"라는 뜻의 라틴어로, 본래 제1차 콘스탄티노폴리스 공의회381년에서 채택된 것으로 알려진 니케아-콘스탄티노폴리스 신경이하 '신경'이라 함의 그리스어 원문에 없는 단어였으나 589년 제3차 톨레도 시노드에서 스페인 내에 잔존하고 있었던 아리우스주의Arianism, 4세기초 알렉산드리아 사제 아리우스가 처음 주장한 그리스도교의 이단설로 그리스도가 실제로는 신이 아니라 피조물이라고 주장 처음 주장했다.를 경계할 의도로 서방교회가 라틴어로 번역한 신경에 처음으로 첨가하였다.

따라서 그리스어 신경 원문 중 "성령은 성부에게서 발發하시고"τό εκ τοῦ Πατρός εκπορευόμενον 라는 구절은 라틴어 신경에서 "성령은 성부와 성자에게서 발하시고"qui ex Patre Filióque procédit로 바뀌게 되어, 동방교회에서 사용하는 그리스어 신경과 서방교회에서 사용하는 라틴어 신경 간에 불일치가 발생하게 된 것이다. 그러나 그때까지는 필리오케가 삽입된 신경은 스페인 내에서만 사용되고 있었다. 이후 796년 프리울리 시노드에서 프랑크 왕국 아킬레이아의 파울리노 총대주교는 필리오케의 신경 삽입을 옹호하였고, 800년경에는 전체 프랑크 왕국의 미사에서 필리오케가 삽입된 신경이 암송되기 시작하여 널리 퍼지게 되었다. 이것이 847년 프랑크 왕국의 수도자들에 의해 예루살렘에 소개되자 동방교회 수도자들의 강한 반발을 샀다.

이 문제가 교황 레오 3세에게 알려지자, 교황은 필리오케가 교리적 측면에서는 문제가 없다고 여겼으나 반대측과의 마찰을 피하기 위해 신경에 정식으로 필리오케를 추가하는 것을 보류하려 하였고, 필리오케가 없는 형태의 신경을 그리스어와 라틴어로 각각 작성하여 성 베드로 묘에 봉헌된 은제 탁자 2개에 새겨 넣도록 하였다. 그러나 필리오케가 삽입된 신경은 미사 중에 계속 불리었고, 교황 베네딕토 8세는 1013년 필리오케가 삽입된 신경을 최종 승인하기에 이른다. 이에 서방교회에게 필리오케를 신경에서 삭제할 것을 강력히 주장했던 콘스탄티노폴리스 총대주교 포시우스Photius, 820~895 시대 이후로, 필리오케는 교황 수위권首位權 논쟁 등 여타의 신학적 문제와 더불어 동·서방 교회 갈등의 한 요인이 되었다. 그러던 중 교황 레오 9세 재위 기간에, 교황은 콘스탄티노폴리스 총대주교 미카엘 케룰라리오스가 그의 관할 지역에서 라틴 전례의 관습을 금지한 것을 계기로 훔베르트 추기경을훔베르트 추기경 특사로 파견하여 콘스탄티노폴리스 총대주교에 대한 '세계 총대주교'라는 칭호를 폐기할 것과 필리오케가 들어간 신경을 공식 채택할 것을 정식으로 요구하였다. 그러나 양측의 타협이 이뤄지지 않자 총대주교는 교황 특사인 추기경을, 특사는 총대주교를 서로 파문하기에 이른다.1054년 그러나 서방교회측 파문의 경우 특사 파견자인 교황 레오 9세가 이미 서거한 이후였기에 그 합법성에 문제가 있고, 동방교회 측의 파문도 교황이나 서방교회 전체에 대한 것이라기보다는 특사들 개인에 대한 인신 공격적인 것이었다. 또한, 1965년 교황 바오로 6세와 콘스탄티노폴리스 총대주교 아테나고라스 1세는 1054년의 상호 파문을 무효화하고 화해의 인사를 나눈 바 있다.

동·서방 교회 재결합을 위해 열린 리용 공의회1274년와 피렌체 공의회1439년에서, 동방교회측이 필리오케의 신경 삽입은 거절하나 그 교리는 승인한다고 밝힘으로써 필리오케에 관한 신학적 논쟁은 일단락되는 듯 보였으나, 1472년 동방교회가 그들 단독으로 개최한 콘스탄티노폴리스 교회회의에서 위 리용과 피렌체에서의 합의를 정식으로 파기함으로써 동·서방 교회는 완전히 분열되기에 이른다.

교황의 지상권

교황과 총대주교 사이의 불화가 깊어지게 된 요인은 권위의 문제였다. 포시우스가 필리오케를 쟁점으로 삼아 로마와 싸움을 벌였던 이유는 자신이 콘스탄티노플 총대주교로 임명되는 것을 교회법에 위배된다고 교황이 반대했기 때문이었다. 서방교회의 교황 니콜라우스 1세는 콘스탄티노플의 총대주교를 선택하는 데에 자신이 결정권을 갖고 있다고 생각했다. 포시우스는 보편교회에서는 다섯 지도자들이 있다는 원칙을 고수했다. 동방교회의 주장에 따르면, 교황은 단지 '동등한 권한을 갖는' 다섯 지도자들 중 서열이 첫째일 뿐이었다. 동방교회의 주교들은 교황이 사도 바오로의 후계자로서 교회의 첫 번째 주교임을 인정하지만, 그렇다고 해서 지상권至上權을 갖는 것은 아니라고 주장했다.

미술사적 현상

초기그리스도교 미술

4세기 초의 비잔틴 예술은 아직 요람기에 머물러 있었다. 당시 콘스탄티누스 황제는 콘스탄티노플에 제국의 수도를 건설하는 중이었다.

비잔틴 예술의 출발점을 정하는 일은 쉽지 않지만, 3세기 이전으로 거슬러 올라가 시리아에 있는 두라 유로포스 지방의 한 세례당 장식을 최초로 보고 있다. 이곳에는 아담과 이브, 그리스도, 선한 목자, 부활 직후 예수의 무덤을 방문한 세 여인 등을 그린 것이 남아 있다. 초기 그리스도 미술의 또 다른 중요

〈그림 1〉 천장벽화, 3세기, 산 마르첼리노와 산 피에트로 카타콤, 로마

한 예는 3세기에서 5세기 사이로 추정되는 카타콤에 새겨진 이미지들이다.(그림 1) 지하 방들의 벽 장식은 단순하지만 그리스도교의 신앙의 핵심인 구원과 부활의 메시지를 서술적 해석보다는 신학적 해석과 상징적인 방법으로 전달하고 있다. 3세기에서 4세기의 후기 로마시대에 고전적 사실주의를 멀리하고 상징적이고 표현주의적인 양식으로 발전해갔다.

콘스탄티누스가 로마제국 내에서 그리스도교를 공인하면서 장려한 결과, 교회는 공식적인 예배 장소를 마련하고 장식할 수 있게 되었다. 곧바로 교회를 치장하는 일이 시작되었으며 성서상의 장면과 성스러운 인물을 묘사하는 다양한 방법이 발전했다. 5세기에 들어와서는 그리스도교적 사건이나 인물을 기념하는 교회들은 로마의 카타콤과 같이 신학적 교리를 상징적으로 묘사하는 방법과 좀 더 서술적이고 자세한 장면들로 장식하는 방법을 사용했다. 이것은 성서 이야기를 그림을 통해 들려주려는 데에 있다.

5세기와 6세기에 제국 전역에서 교회 벽과 천장은 모자이크를 사용한 장식이 유행했다. 예술적 기법이 발전함에 따라 좀 더 비싸고 깨지기 쉬운 물질을 사용하여 테세라tessera를 만들었다. 테세라는 여러 크기로 잘라 가장 작고 보기 좋은 것을 골라서 사람 얼굴과 중요한 세부 묘사에 사용했다. 교회 건물의 높은 곳에 모자이크 이미지를 그려 넣어야 했기 때문에 예술가들은 원근법과 명암의 문제를 조심스럽게 고려했다. 벽화는 밑에서 볼 때 사실적인 느낌을 나타내도록 설계했다. 6세기의 비잔틴 모자이크 작품은 성상파괴운동에 영향

〈그림 2〉 산 아폴리나레 인 클라세, 6세기, 라벤나, 이탈리아

을 받지 않았던 지역에 아직 고스란히 남아 있다. 시나이에는 성 카타리나 수도원의 본당 앱스에 그리스도 변용을 아름답게 묘사하는 그림이 그려져 있으며, 라벤나 지역에 5세기 및 6세기에 유스티니아누스를 비롯해 여러 군주가 건립한 많은 교회가 호화로운 형태의 기념비적인 장식으로 남아있다.(그림 2)

성상파괴 이후의 미술

비잔틴 예술은 9세기에 들어와 성상파괴 논쟁 기간이 끝난 후 콘스탄티노플을 중심으로 다시 발전하기 시작했다. 성상파괴론자에 의해 훼손되었던 이콘과 모자이크의 복원이 하기아 소피아 대성당처럼 콘스탄티노플과 데살로니카와 같은 대도시의 교회와 수도원을 중심으로 시작되었다. 1세기 남짓하게 사

〈그림 3〉 〈파리시편〉, 시나이 산에서 율법을 받는 모세, 10세기, 파리 국립도서관

용과 제작이 억제되었던 성상들은 다시 제작이 시작되었고 사람들은 다시 교회를 모자이크와 벽화로 장식했다. 필사본에는 채색장식과 여타 장식을 사용한 삽화를 그려 넣었다. 이 시기에 성서의 어떤 주제들을 묘사하는 표준인 방법들인 도상圖像이 생겨나 체계화되기 시작했다. 비잔틴 예술이 그리스-로마 예술의 영향에서 벗어나 이제 비잔틴 예술만의 독특한 그리스도교적 양식을 구축하기 시작했다.

또한 9세기 초가 지난 뒤부터 필사본 생산이 눈에 띄게 늘었다. 이 시기에 이른바 소문자체라고 알려진 새로운 필기체가 개발되었다. 성상파괴운동이 실패하고 비잔틴의 수도원의 중요성이 부상한 것도 필사본 증가를 부채질했다. 남아 있는 대부분의 그리스 필사본들에는 채색 장식이 들어 있지 않지만 부유한 후원자나 황제가 의뢰한 필사본들은 금박金箔으로 장식한 그림으로 아름답게 꾸며졌다. 삽화가 들어있는 필사본 중에서 가장 많은 것은 복음서와 성서문 모음인 성구집이다. 이 필사본에는 그리스도의 생애 장면뿐 아니라 복음서 저자들의 모습을 전면에 그린 그림들이 들어 있다. 이밖에도 10세기에 제작된 전례용 시편Psalter은 다윗이 지었다는 150편의 시를 필사본으로 장식했다. 시편의 세밀화에서는 고전주의 요소가 두드러지게 나타난다.(그림 3)

9세기-10세기의 필사본에 들어있는 삽화들은 그리스와 고대 로마풍의 고전 양식으로의 회귀를 시사한다. 인물에게 입체감을 준다거나, 몇 겹으로 포개진 주름을 묘사한다거나, 원근법을 사용한다거나, 인물을 이교도 모습으로 표현하는 것 등의 예술적 부흥을 표출했다. 이는 마케도니아 왕조Macedonian dynasty, 867-1056 시기의 '마케도니아 르네상스'에 상응하는 예술의 황금기답게 성상파괴 논쟁 이전의 헬레니즘 고전 예술에 대한 관심과 그리스도교의 새로운 영성과 맞물려 다시금 새롭게 발전하는 전기를 보여주는 것이다.

중기 비잔틴 시기의 교회 장식

교회의 장식은 기부자의 요구사항을 크게 반영했다. 교회의 건물은 후원자, 건축가, 화가, 모자이크 장인 등 교회 건물의 구조와 장식을 설계하고 시공하는 사람들의 생각이 함께 결합되어 나름대로 독특한 성격을 띠었다. 중기 비잔틴 교회의 장식을 살펴보면, 벽화와 모자이크 그림은 우주의 위계 구조를 가르쳤으며 돔의 맨 위에는 만물의 지배자인 그리스도가 재판관 겸 구세주의 모습으로 나타난다. 유스티니아누스의 치세527-565 초기에 설계되어 건축된 하기아 소피아 성당은 비잔틴 제국의 모든 교회 건축물의 이상적 모델로, 8세기의 총대주교 게르마노스는 '대성당'의 웅장한 내부를 마음에 두고 교회

〈그림 4〉 판토크라토르, 12세기, 아테네, 다프니 수도원

를 '지상 위에 세운 하늘나라'라고 기술한 적이 있다. 9세기에 하기아 소피아 성당의 돔 중앙에 판토크라토르Pantocrator가 공식적으로 배치되면서 교회의 돔 아래 공간을 끌어안고 '만물의 소유자'라는 신학적 해석을 공간과 일치시킨다. 이후 비잔틴 시대를 이끌어 가는 많은 교회의 돔에는 판토크라토르가 공식적인 도상이 되었다. 특히 중기 비잔틴 교회는 직사각형 형태의 평면 구조에서 벗어나 중심으로 모이는 공간이며 시선은 돔을 향하게 된다. 그리스 십자가 형태의 정사각형 평면 위에 돔을 올리는 형식이 10-11세기에 들어와 더욱 확산하면서 비잔틴 교회 건축의 전형으로 자리 잡아 갔다.(그림 4)

후기 비잔틴 미술

비잔틴 제국은 끝내 멸망할1453년 때까지 부침 속에서 많은 변천을 겪었음에도 불구하고 역사의 후기에 예술과 건축은 번성했다. 비잔틴 사람들은 다양한 예술적 표현수단을 통해 종교적 주제들을 이야기했다. 그것은 벽화, 모자

이크, 성상뿐만 아니라 필사본, 상아, 에나멜, 실크 태피스트리, 금속공예 등도 포함했다.

    11세기와 13세기 초에 좀 더 새롭고 사실적인 양식이 때때로 적용된 것에 주목할 만하다. 후기 성상 가운데 사실적인 양식은 표현된 대상 인물의 행동이나 감정을 서술적으로 전달한다. 콤네노스 왕조Comnenian Dynasty, 1081-1185와 앙겔로스 왕조Angelian Dynasty, 1185-1204 시대에 들어와 비잔틴 미술은 전통적인 미학의 테두리에서 벗어나 표현적인 길로 방향을 틀게 되었다. 그리스도교 도상의 신성하기만 했던 영역에 정감이 스며 들어가기 시작했다.

    1204년 제4차 십자군 원정으로 콘스탄티노플이 점령되면서 비잔틴 제국은 분열되었고, 점차 제국의 붕괴로 치닫게 되었다. 그러나 미카일 8세Michael VIII Palaeologus, 재위 1259-1282를 비롯한 비잔틴 제국의 사람들은 1261년 서부의 영주들을 전복시키고 아주 작은 제국을 다시 세웠다. 13세기 후반부터 1453년 오스만 터키에 의해 콘스탄티노플이 함락되던 시기까지를 '팔라이올로고스Palaeologos 왕조 시대'라 하며 그 시기의 미술을 후기 비잔틴 미술이라 말한다. 제국의 멸망 사이에 문학과 예술을 통해서 문화가 꽃을 피웠다. 많은 성상이 양산되었는데, 이는 신성한 능력의 휴대용 상징물에 대한 정교회 그리스도교인들의 지속적인 노력을 나타낸다. 미세한 테세라로 만든 정교한 모자이크 작품들은 이 시기에 혁신적인 기술을 보여주었고, 채색 필사본들도 도상 전통에 따라서 그림과 금박 등으로 장식된 것으로 현재도 다수 남아 있다.

13세기 들어서 비잔틴 미술 양식의 커다란 변화 중 하나는 비싼 모자이크 장식 대신 프레스코화를 더 많이 사용했다는 점이다. 비잔틴 제국에 속한 지역들이 각기 고유의 지역성을 발휘하면서 일종의 화파畵派가 결성되기 시작했고 그에 따라 도상도 다양한 양상을 띠게 되었다. 13세기 말의 마케도니아 화파는 비탄에 잠긴 모습을 그대로 드러내듯 감성적인 표현을 극대화시켜 극적인 차원으로까지 끌고 갔다. 또한 성스러운 인물 묘사도 이 세상에 살고 있는 보통 남자나 여자와 같은 거친 모습을 그대로 보여주었다. 반면, 14세기 초 콘스탄티노플 화파는 비잔틴 미술의 전통을 고수한 화풍으로, 감성적인 측면을 표현하되 보다 절제된 방식으로 고귀한 느낌을 자아내도록 이끌었다. 인물들은 삶에 지친 모습이 아니라 천국에서와 같은 평온하고 평화로운 모습을 하게 되었다.(그림 5)

요약하자면, 후기 비잔틴 예술은 이전의 비잔틴 도상에서 느낄 수 있었던 질서와 신학적 상징주의를 그대로 보존하고 거기에 인간의 신체와 감정과 움직임의 정교한 묘사를 더했다. 이 시기는 교회 건축과 모자이크, 이콘과 같은 예술 분야에서 새로운 양식을 만들기보다 6세기나 10세기 등과 같은 과거의 양식을 보존하며 개발시키는 것에 만족해하며 단순, 추상화와 도식화보다는 헬레니즘 시대의 그리스적 특징과 휴머니즘이 표현된 것이었다. 그러기에 역사학자들은 간혹 이 시기를 '신新헬레니즘' 또는 '전前르네상스'라는 용어로 정의내리기도 한다.

〈그림 5〉 애도, 12세기, 성 판텔레이몬 수도원, 네레지, 마케도니아

　비잔틴 미술은 서유럽의 오토 왕조 미술과 이후 중세시대 그리고 지중해의 권역인 라벤나, 남부 이탈리아, 시칠리아 등에 영향을 미쳤다. 동유럽에서는 동방정교회가 국교의 확장과 더불어 발전하였으며, 정교회의 전례와 교리에 의해 독자적인 장르와 양식을 발전시켰다.

비잔틴 필사본

비잔틴 미술에서 현존하는 6세기 필사본들은 어느 시대의 필사본과 비교해보아도 아름다움이나 화려함, 묘사력이 뒤처지지 않는다. 당시 필사본 장르의 가장 주된 내용은 성경이었다. 특히 성경 내용 가운데 복음서가 대표적이며, 한편에서는 창세기도 그에 못지않았다. 필사본의 글자는 필사가가 특수 처리된 양피지 위에 썼으며, 필사본 화가는 다양한 채색 세밀화를 통해 색채의 상징적 의미를 함유한 조형적 특성을 드러내며 장식했다.[2]

필사본은 인쇄술이 발명되기 이전에는 그냥 책으로 간주 되었기에 한때는 사람들에게 과시욕을 드러내는 도구로도 활용되었다. 직물을 염색하는데 사용되던 푸르푸라purpura 안료로 양피지를 자주색으로 염색해 그 위에 금과 은으로 글자를 쓴 것이 대부분이었다. 이러한 책을 '자줏빛 필사본'purple codices 이라 불렀다.

비잔틴 미술에서 성상파괴 이후 제작된 필사본 종류는 많으나, 이번 연구는 성상파괴 논쟁 이전에 제작된 『로사노 복음서』를 중심으로 그와 유사한 몇 가지 필사본에 관해 살펴보고자 한다.

로사노 복음서 Codex Purpureus Rossanensis

남부 이탈리아 로사노 대성당 보물실에 소장된 로사노 복음서는 6세기 복음서로 시리아의 스크립토리움Scriptorium, 필사작업실에서 제작된 것으로 추정된다. 1879년에 독일 신학자이자 교회사 연구자인 아돌프 폰 하르나크Adolf von

Harnack, 1851-1930와 오스카 폰 겝하르트Oscar Leopold von Gebhardt, 1844-1906에 의해 주목되었다.³ 이들보다 앞서 1846년에 기자이자 여행 작가인 체사레 말피카Cesare Malpica, 1804-1848가 자신의 여행 이야기를 적은 『토스카나, 움브리아, 그리스』에 로사노 복음서La Toscana, l'Umbria e la Magna Grecia를 기재하고 인용했다.⁴ 로사노 복음서는 2015년 10월 9일 유네스코에 세계 문화유산으로 등재되었다.

   로사노 복음서는 자주색 양피지에 전체 188장folio, 376쪽으로 구성된 필사본이다.⁵ 직물을 염색하는 데 사용되던 푸르푸라 염료로 양피지를 자주색으로 염색해 그 위에 금과 은으로 글자를 썼기 때문에 〈자주색 로사노 필사본〉이라고도 불린다. 그 시대에 자주색은 황제 전용 색으로 위엄과 권위의 상징이었다. 하느님의 말씀인 성경을 담는 복음서 필사본의 색으로 상징적 측면에서 자주색이 적절했음을 알 수 있다. 하지만 양피지 색이 자주색 한 가지만 있었던 것은 아니다. 푸르푸라 염료는 진한 청색과 진한 붉은색 사이의 광범위한 색조를 만들어낼 수 있다. 최근 로사노 복음서의 복원 과정에서 자주색은 조개에서 자주색을 추출한 것이 아니라 이끼류인 식물에서 추출한 보라색 염료라고 말하고 있다.⁶ 사용된 다른 색으로는 청금석에서 추출한 파란색과 접골목에서 추출한 남색과 주홍색이 있다.

   로사노 복음서에는 마태오 복음 전체와 마르코 복음이 수록되어 있으며, 4복음사가의 초상을 포함하여, 예수의 생애를 조명한 15개의 삽화가 묘사되어 있다.²³ 텍스트는 구두점 없이 그리스어 안시알서체로 그리스어 대문자 혹은 성경의 소문자로 작성되며, 각 장은 20줄의 두 열로 구성되어 있다. 각 성경의 글씨는 첫 세 줄은 금으로 쓰고 나머지는 은으로 썼다. 로사노 복음서의 각 장은 매우 섬세하다. 벤투리의 기술처럼 "장면에서 그리스도교 전통은 정확하고 간결한 자연주의와 함께 생생한 표현이 위대하다.[7] 로사노 복음서는 소아시아 연안 미술의 고전적 조형성의 인상을 강하게 드러낸 생생한 색상이 특징이다.

각 장에 장식된 채색 세밀화의 장면에서 예수 그리스도는 반복적으로 등장한다. 예수는 황금빛 그리스 히마티온과 갈색의 긴 튜닉에 샌들을 신고, 그의 머리 뒤에는 십자가 형태가 새겨진 커다란 후광이 둘려 있다. 자연스러운 수염과 머리카락을 가진 예수는 비잔틴 미술에서 볼 수 있듯이 머리를 뒤로 넘겨 넓은 이마가 드러나 보인다. 로사노 복음서의 예수의 모습은 5세기까지 일반적으로 볼 수 있는 수염이 없는 젊은 청년의 유형이 아니고 갈색 머리와 긴 수염, 넓은 이마, 지적인 눈이 인간적인 면모를 보인다.

사도들 가운데에는 요한, 베드로 안드레아, 유다가 다른 인물들과 구별된다. 이들은 그리스 복장으로 각기 다른 히마티온과 긴 튜닉에 샌들을 신고 있다. 베드로는 흰 머리에 흰 수염을 가진 나이 든 모습으로 예수가 세족례를 거행하는 장면과 여러 장면에서 분명한 특징을 드러낸다. 안드레아는 최후의 만찬 장면에서 왼쪽 예수 다음 세 번째에 자리하고 흰 곱슬머리를 가지고 있다. 유다 역시 초기 그리스도교 미술에서 나타난 것과 유사한 모습으로 수염이 없는 젊은이로 묘사되어 있다.

로사노 복음서의 가장 특징적인 부분은 folio 중간에 그려진 예수 그리스도 이전 인물들의 등장이다. folio의 상단에 예수의 이야기를 묘사한 바로 아래에는 왕관을 쓴 다윗과 솔로몬을 제외하고 머리에 후광을 두른 구약의 선지자들이 반신상으로 그려져 있다. 이들은 예수의 여러 가지 사건을 바라보며, 한 손에는 두루마리를 펼쳐서 각각 들고 있고, 다른 한 손은 사건이 벌어지는 장면을 향해 뻗고 있다. 이렇게 하여 화면은 신약성경의 장면, 구약성경의 선지자들, 선지자들의 텍스트로 나뉘어 있다. 선지자들이 들고 있는 두루마리에 적힌 성경 구절은 신약성경의 내용과 연결된다. 이 채색 세밀화에 선지자들은 모두 40번 등장한다. 모두 다른 인물은 아니고 한 사람이 여러 번 등장하기도 하며, 몇몇 인물은 독특한 특징을 지니고 있다. 예컨대 다윗은 수염과 짧은 곱슬머리에 3개의 보석이 박힌 원통형 금관을 머리에 쓰고 푸른색 튜닉을 걸치고 있다. 하지만 로사노 복음서의 주요기능은 근본적으로 예수 그리스도의 말씀을 전달하기 위한 목적은 아니었다. 로사노 복음서의 구성이 그리스 교회의 성주간의 전례의 내용과 일치하기 때문이다. 이 복음서의 채색 세밀화는 비잔틴 전례와 분명하게 관련된 장면으로 실질적으로 이야기보다는 전례적인 특성을 더 고려했을 것이다. 그러나 로사노 복음서의 필사본 배열은 비잔틴 교회의 성주간 전례와 정확히 일치하지는 않는다.[8] 그리고 채색 세밀화 장면은 복음서의 내용을 반영하고 있지만, 여기에 묘사된 삽화는 어느 정도의 관찰을 통해 해석해야 할 필요가 있다.

로사노 복음서의 첫 장은 요한복음에서 서술한 예수께서 라자로를 살리는 이야기(요한 11,1-45)를 권두화folio 1r로 시작한다.(그림 6) 이 장은 예수의 기

★ 15개의 삽화 (비잔틴 성주간 전례 예식)

장	구분	주제(신약)/선지자(구약)
folio 1r	상단 하단	라자로의 소생 다윗, 호세아, 다윗, 이사야
folio 1v	상단 하단	예수의 예루살렘 입성 다윗, 즈카리아, 다윗, 말라키아
folio 2r	상단 하단	성전에서 쫓겨나는 상인들 다윗, 호세아, 다윗, 이사야
folio 2v	상단 하단	열 처녀의 비유 다윗, 다윗, 다윗, 호세아
folio 3r	상단 하단	최후의 만찬과 세족례 다윗, 모세, 다윗, 예레미아
folio 3v	상단 하단	빵을 나눔 다윗, 모세, 다윗, 이사야
folio 4r	상단 하단	포도주를 나눔 모세, 다윗, 다윗, 솔로몬
folio 4v	상단 하단	겟세마니 동산에서의 예수 다윗, 다윗, 요나, 나훔
folio 5r		캐논 테이블 권두화: 4복음사가
folio 6r		금색 틀에 꽃과 새가 장식된 에우세비오의 편지
folio 7r	상단 하단	태어날 때부터 장님인 소년의 치유 다윗, 집회서, 다윗, 이사야
folio 7v	상단 하단	착한 사마리아인의 비유 다윗, 미카, 다윗, 집회서
folio 8r	상단 하단	빌라도 앞에 예수 유다가 돈을 받음-유다의 회개
folio 8v		빌라도의 재판과 예수와 바라바 사이에서 선택
folio 121r		복음을 쓰고 있는 마르코와 지혜의 신

적 사건을 묘사한 가장 오래된 장면으로 지오토 Giotto di Bondone, 1267-1337 나 프라 안젤리코 Fra Angelico, 1390/95-1455 시대까지 라자로의 소생 도상의 원형으로 자리하게 된다. 예수와 라자로를 비롯하여 그의 사도들, 다른 목격자들 군중, 마리아와 마르타 등 여러 인물이 등장한다. 사건 전후는 매우 생동감 넘치게 묘사되어 있다. 왼쪽에 사도들은 그리스 복장으로 각기 다른 히마티온과 긴 튜닉에 샌들을 신고 있다. 흰 머리에 흰 수염을 가진 나이든 모습의 시몬 베드로와 그의 어깨 뒤로 안드레아는 상당히 특징적으로 표현되어 있다. 그들 앞에 후광을 두르고 수염이 난 예수는 황금빛 그리스 히마티온과 갈색의 긴 튜닉을 입고 있고 긴박감 넘치게 발걸음을 옮기는 듯하다. 예수의 발치에는 라자로의 누이 마리아와 마르타가 엎드려 애원하고 있다. 엎드려 있는 모습은 죽은 오빠 라자로를 살리고자 하는 그녀들의 절박한 심정을 잘 드러낸 동작이다. 화면 오른쪽에 온몸이 흰 천으로 동여매진 라자로가 무덤 앞에 나와 있다. 이 화면의 중심은 역시 예수로, 그는

〈그림 6〉 folio 1r: 라자로의 소생

〈그림 7〉 folio 1v: 예수의 예루살렘 입성

오른손을 들어 무덤에서 나온 라자로를 축복하고 있다. 예수께서 라자로를 향해 "라자로야, 이리 나와라"(요한 11, 43)하고 말한다. 무덤 앞에 서 있는 라자로는 얼굴만 보이며 마치 미라처럼 흰 천으로 감겨있다. 그 옆에 붉은색 옷을 입은 사람은 나흘 전에 죽은 사람에게서 나는 썩은 냄새 때문에 옷자락으로 코를 가리고 있는 동시에 그는 군중에게 오른손으로 라자로를 보도록 가리키고 있다. 운집해 있는 사람들은 죽은 라자로를 몹시 근심스럽게 쳐다보거나 슬퍼하는가 하면, 놀라거나 두려워하는 표정과 행동을 취하는 사람도 있다. 세밀화가는 등장인물들의 표정과 동작으로 충분히 그들의 감정을 나타내고 있다. 무엇보다도 그리스도는 고개를 약간 숙인 채 라자로를 향한 그의 표정은 확신에 차있다. 그리스도가 두 눈을 크게 뜨고 내딛는 발걸음으로 라자로를 향해 축복을 주는 손동작은 라자로를 살릴 수 있다는 그의 확고한 심정을 더 부각시키고 있다.

예수의 〈예루살렘 입성〉folio 1v은 마태오, 마르코, 요한 복음에 모두 나온다.(그림 7) 그러나 이 채색 세밀화의 장면에서는 복음서의 내용을 충실하게 표현하기보다는 다음 장folio 2r과의 연결을 고려한 듯하다. 예루살렘 입성에 '호산나'를 외치는 어린아이들의 모습이 보이지 않고, 다만 오른쪽 화면에 그 어린아이들이 성전에서 쫓겨나는 모습으로 묘사돼 있다. 이는 다음 장에 나올 〈성전에서 쫓겨나는 상인들〉의 내용을 연결하여 다음 장 자체를 설명하고 강조하고자하는 필사가의 의도적인 구성으로 추측해 볼 수 있다. 당나귀 등에 앉은 그리스도는 당당하고 위엄 있게 곧은 자세를 취한 채 앞을 똑바로 바라보며 오른손을 들어 축복을 주고 있다.

〈성전에서 쫓겨나는 상인들〉 장면의 화면 맨 위에는 그리스어로 "성전에서 쫓겨나는 사람들에 관하여"라고 쓰여 있다.(그림 8) 앞 장 〈라자로의 소생〉과 〈예수의 예루살렘 입성〉 장면에는 나타나지 않았던 것으로 삽화 위에 이미지를 설명하는 제목 형식의 문구가 등장한다. 이러한 제목형식은 계속해서 다음 장 〈열 처녀의 비유〉, 〈최후의 만찬과 세족례〉, 〈빵을 나눔〉, 〈포도주를 나눔〉장면에서도 동일하게 나타난다.

〈그림 8〉 folio 2r: 성전에서 쫓겨나는 상인들

이 장면에서 상인들과 동물들은 성급히 쫓겨나가고 있지만 보는 사람의 관심은 세 인물에게 끌린다. 세 개의 코린트 양식 기둥으로 이루어진 주랑현관에 있는 한손에 채찍을 든 예수는 단호한 표정으로 두 명의 사제와 이야기를 나누고 있다. 오른쪽 인물들은 다양한 동작으로 생동감을 보인다. 오른쪽 세 명의 젊은이는 두려움과 놀라움에 사로잡힌 표정으로 예수를 바라보며, 동물들과 소란스럽게 도망가고 있다. 한 젊은이는 염소의 뿔과 귀를 잡아당기느라 안간힘을 쓰고 있다. 염소와 양,

〈그림 9〉 folio 7v: 열 처녀의 비유

소들은 모두 밖으로 나가고, 새장이 열려 비둘기도 날아가고 있다. 성경에 준한 사실적인 묘사에 집중한 이 채색 세밀화의 동물들의 묘사를 통해 로사노 복음서가 제작된 지역을 추정할 수 있다.

〈열 처녀의 비유〉folio 2v 장면에서는 두 그룹 사이의 구분이 흥미롭다.(그림 9) 필사본 화면 맨 위에는 〈성전에서 상인들을 쫓아내는 예수〉 장면에서처럼 그리스어로 "열 처녀에 관하여"라고 쓰여 있다. 열 처녀는 예수에게 선택받은 사람과 선택받지 못한 사람으로 오른쪽과 왼쪽으로 분명히 구분돼 있다. 따라서 이 장면은 후대 예수의 최후의 심판 장면의 원형이라고 볼 수도 있다. 최후의 심판에서 상벌에 따라서 선택받지 못한 사람들은 지옥의 문인 왼쪽으로, 선택받은 사람들은 천국의 문인 오른쪽으로 자리하게 된다.

왼쪽 그룹의 다섯 처녀는 화려하고 허영기 있어 보이는 현세적인 위엄을 드러내는 복장을 하고 있고, 그들 맨 앞에 검은색 망토를 걸친 여자는 예수로부터 분리된 하늘의 문을 두드리고 있다. 그들은 손에 기름 없는 병과 꺼진 횃불을 볼 수 있다. 신랑을 맞이할 준비 없이 시간을 보낸 어리석은 처녀들로 이미 닫힌 천국의 문을 두드리고 있다. 이들은 하느님을 맞을 준비를 미루고, 준비하지 않은 사람들의 모습을 대변한다. 〈열 처녀의 비유〉 장면에서 예수는 후광을 하고 샌들을 신고 황금빛 히마티온을 걸치고 있다. 예수 그리스도는 제사장이나 율법학자들과 하늘에 오르지 못한 어리석은 다섯 처녀들과의 대화에서 위엄 있는 표정을 보이며 오른손을 들어 그의 단호한 심정을 가중시키고 있다.

다섯 번째 장면에는 한 장면에 예수가 사도들의 발을 씻기는 모습과 마지막 만찬을 함께 나누는 장면인 〈최후의 만찬과 세족례〉folio 3r에서 그리스도의 모습은 서술적으로 연속해서 등장하고 있다.(그림 10) 장면에 보이듯 예수가 베드로 사도의 발을 씻겨준 이후 이어지는 장면은 반원형 식탁에서 만찬을 나누는 예수와 12사도이다. 반원형 식탁에 둘러앉은 사도들 가운데 유다만이 식탁 중앙에 있는 컵에 손을 얹고 있다. 예수의 최후의 만찬 장면에서 자신을 배반할 사람이 이 가운데 있을 것이라는 말을 건네는 그리스도는 음식을 축복하고 있지만 그의 표정은 눈을 아래로 내리고 입은 꽉 다문 것이 체념에 가깝다. 반면 베드로의 발을 씻길 때의 그리스도는 다정하고 만족해하는 표정이 드러난다. 허리를 깊숙이 숙인 채 길게 손을 뻗어 정성을 다해 제자의 발을 닦아주고 있고, 그의 얼굴에는 약간의 미소도 감돌고 있다. 제자들을 위한 그리스도의 다정한 표정은 그리스도가 선 채로 빵folio 3v과 포도주folio 4r를 여섯 명씩 한 줄로 늘어서 있는 제자들 각자에게 나눠주는 장면에서도 찾아볼 수 있다.(그림 11, 12) 그리스도는 제자

〈그림 10〉 folio 3r: 최후의 만찬과 세족례

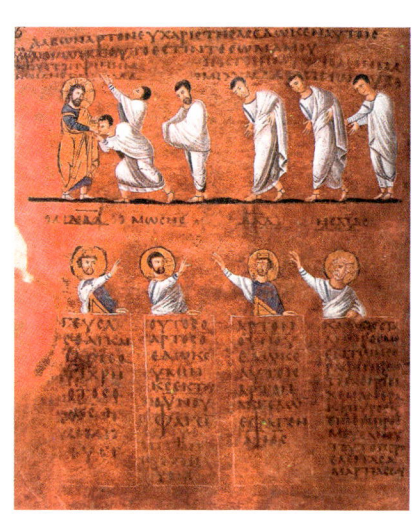

〈그림 11〉 folio 3v: 빵을 나눔

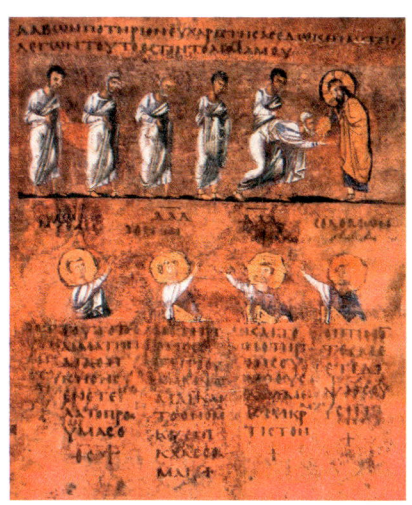

〈그림 12〉 folio 4r: 포도주를 나눔

〈그림 13〉 folio 7r: 태어날때부터 장님인 소년의 치유

들 한 사람 한 사람이 빵과 포도주를 잘 받아 먹고 마실 수 있도록 손의 위치를 그들의 입에 맞출 수 있도록 조심스럽게 뻗고 있는 동작을 취하고 있다. 그리스도는 제자들을 향해 다정한 마음과 환대에 찬 표정을 짓고 있다. 더욱이 이 장면에서 제자들은 스승의 다정함과 사랑을 알고 있는 듯 이들의 동작과 발의 묘사와 움직임은 스승에 대한 경이로움을 표현하듯이 매우 특징적이다. 특히 세밀 화가는 이 두 장을 하나로 구성하기 위해 예수의 모습을 왼쪽과 오른쪽 끝에 반복해서 등장시키고 있음을 발견할 수 있다.

그리스도의 다정함과 사랑의 표정과 동작은 〈태어날때부터 장님인 소년의 치유〉folio 7r 장면에서 잘 나타나고 있다.(그림 13) 예수는 오른손의 검지를 펴서 장님의 눈을 만지고, 장님은 예수가 진흙을 바른 눈을 씻는 모습으로 한 장면에 동일 인물이 연속적으로 나타난다. 예수는 고개를 약간 숙이고 장님에게 시선을 집중하고 있다. 바로 옆 우물가에는 시력을 찾은 장님의 모습을 바라보던 관중은 놀란다. 우물에 손을 넣은 남자와 그의 가까이 있는 여자는 눈먼 남자의 부모님이다. 그리스도의 사랑의 행동은 주변 사람들의 놀라워하는 표정과 동작으로 답하고 있는 것 같다. 다친 사람을 치료해주는 사람은 사마리아 사람이 아니라 예수로, 그 옆에 천사는 예수를 보좌하고 있다. 그리고 〈착한 사마리아인의 비유〉folio 7v 장면에는 예수가 다친 사람을 치료하는 모습과 다친 사람을 여관에 데려다주는 두 이야기가 묘사되어 있다.(그림 14) 여관에 데려다준 예수는 여관 주인에게 여관비를 건네고 있는 모습이다. 허리를 깊이 숙인 채 쓰러진 사람을 세우려고 양 손을 벌리고 있는 예수와 여관 주인에게 돈을 주고 있는 예수의 표정은 그의 행동만큼이나 도움을 주고자 하는 사람의 애처로운 표정도 나타난다. 다만, 이 세밀 화가는 성경에서 말하는 여관 주인의 모습을 이스라엘 복장을 한 모습으로 묘사한 것이 아니라 사도 복장처럼 옷을 입히고 두 권의 책을 든 모습으로 묘사하고 있다. 여관 주인은 교회의 알레고리로 상징적 의미의 인물로 묘사되고 있다. 강도

〈그림 14〉 folio 7v: 착한 사마리아인의 비유

〈그림 15〉 folio 4v: 겟세마니 동산에서의 예수

〈그림 16〉 folio 8r: 빌라도 앞에 예수.
유다가 돈을 받음―유다의 회개

에게 희생된 사람을 먼저 돕기 위해 말에서 내리 때나 태어날 때부터 장님의 눈을 만질 때에 나타난 그리스도의 동작은 도움을 주고자 하는 마음을 분명히 드러내고자하듯 매우 동적이며 그 표정은 다정하고 만족해하고 있다.

한 장면에 연속적인 내용을 담은 또 다른 장면인 〈겟세마니 동산에서의 예수〉folio 4v에서 예수는 기도하고, 자고 있는 세 사도를 깨우는 모습이다.(그림 15) 여기서 세 사도의 인물은 매우 불분명하게 보이나, 예수의 잠자는 사도들을 깨우는 걱정스런 표정과 엎드려 기도하는 괴로워하는 얼굴이 분명히 드러나고 있다.

〈빌라도 앞에 예수〉folio 8r 장면에서도 그리스도는 침착하면서 곧은 심정이 동작과 표정에 나타나고 있다.(그림 16) 빌라도 앞에 머리를 곧게 하고 위엄을 갖춘 예수는 고발자들 앞에 서 있고, 빌라도는 턱 밑에 파피루스 두루마리를 대고 예수를 바라본다. 이 장면은 다른 장면들과 비교해 볼 때, 세밀 화가의 독창성이 엿보인다. 독창적인 특징은 빌라도의 손을 씻는 그릇이 없고, 등장인물의 얼굴은 무관심한 표정이라는 점이다. 화가는 아직 빌라도가 결정하기에는 시간상으로 멀다고 판단한 것일지도 모른다. 반면 하단 부분에는 유다에 관한 이야기로 그는 불안한 표정으로 예수를 팔아넘긴 은화 30을 두 사람에게 주다 땅에 떨어뜨리고 있다. 오른쪽에는 유다가 나무에 목을멘 채 죽어 있는 모습이다. 세밀 화가는 등장인물들의 강한 얼굴 표정과 몸의 움직임을 통해 내용을 충분히 전달하고자 한 것을 알 수 있다. 비록 예수의 동작은 움직임이 없지만 예수가 눈을 크게 뜨고 빌라도의 눈을 똑바로 바라보고 있는 것만으로도 그의 위엄과 단호함이 보인다.

〈그림 17〉 folio 8v: 빌라도의 재판과 예수와 바라바 사이에서 선택

반면 〈빌라도의 재판과 예수와 바라바 사이에서 선택〉folio 8v은 화면을 이등분한 구성의 장면으로 예수와 빌라도에 관한 이야기로 그리스도의 엄숙한 표정이 나타난다.(그림 17) 그러나 이 장면은 내용의 해석에 관해 다소 차이를 보인다. 아돌프 폰 하르나크와 오스카 폰 겝하르트는 이 장을 '헤로데에게 편지를 지시하는 빌라도'와 '예수와 바라바' 두 이야기로

〈그림 18〉 folio 5r: 캐논 테이블 권두화: 4복음사가

〈그림 19〉 folio 6r: 금색 틀에 꽃과 새가 장식된 에우세비오의 편지

나누어 보고 있다. 반면 하젤오프Haseloff와 무뇨즈Muñoz는 '빌라도가 예수와 바라바를 석방'할지 결정하는 단순히 한 장면으로 보고 있다.[9] 하단에 예수는 서 있고 오른쪽에 바라바는 묶여 있고 군중들은 바라바를 풀어주라고 소리를 지르고 있다. 그러나 빌라도는 서기관들에게 군중들의 선택에 맡기겠다고 한다. 사실 이 채색 세밀화의 이야기의 연속적 전개를 고려해본다면, 헤로데에게 편지를 지시하는 내용과 빌라도가 예수와 바라바를 석방할지 여부를 결정하는 이야기로 구성되었을 것으로 본다. 빌라도의 결정을 기다리는 예수 그리스도는 손과 몸동작은 거의 없이 눈을 크게 뜬 채 바라바를 바라보고 있다. 그리스도의 동작과 표정은 침착하면서 엄숙하다.

예수의 생애 장면을 표현한 이 채색 필사본에는 장식적인 모티프가 두 장 들어있다. 권두화인 〈캐논 테이블〉folio 5r과 에우세비오의 편지folio 6r이다.(그림 18-19)

캐논 테이블에는 각자 책을 든 흉상의 사복

음사가가 4개의 메달에 그려진 것처럼 동, 서, 남, 북에 각각 위치하고 있다. 메달 형태는 황금색의 가는 띠가 서로 교차하여 연결된 것으로, 이것들은 황금색의 커다란 둥근 프레임에 둘러싸여 있다. 메달과 메달 사이 프레임의 내부에는 선명하고 화려한 다양한 색상으로 장식돼 있다. 이 장식은 매우 강한 색상으로 다른 장들과 차이가 있는 것으로 볼 때 다른 세밀 화가의 손이 닿지 않았는가를 추측해 볼 수 있다. 그러나 복음사가들의 인물은 다른 folio에 등장하는 인물 표현과 동일하다. 〈에우세비오의 편지〉의 프레임은 황금색으로 상단에는 〈최후의 만찬〉 장면 식탁 아래 그려진 것과 같은 두 마리의 비둘기가 있다. 하단에는 작은 오리가 있다.

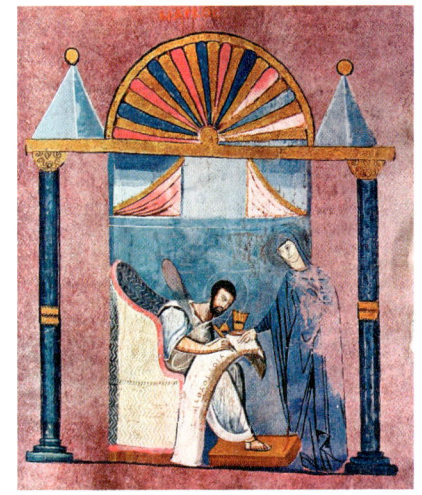

〈그림 20〉 folio 121r: 복음을 쓰고 있는 마르코와 지혜의 신 일부

  마지막 장인 〈복음을 쓰고 있는 마르코와 지혜의 신〉folio 121r은 마르코 복음의 시작부분으로 푸른색 옷을 입고 서 있는 지혜의 신은 그녀의 손가락으로 마르코를 가리키며 복음서를 쓰도록 지시해주고 있다.(그림 20) 마르코가 쓰고 있는 두루마리에는 "하느님의 아들 예

수 그리스도의 복음의 시작"이라고 쓰여 있다. 이 채색 세밀화는 이미지 화면의 크기, 건축적인 모티프, 생생한 색채 등에서 권두화 〈캐논 테이블〉이나 앞 장 여덟 장면과 구별되는 점으로 볼 때 앞의 세밀 화가가 다르지 않을까 하는 추측이 든다.

이상에서 살펴본 것처럼, 로사노 복음서의 채색 세밀화의 각 장면에 따른 구성과 표현을 살펴보았다. 복음서 전체의 내용과 시각적 아름다움은 매우 흥미롭다. 각 장의 성경 내용과 삽화가 완전히 일치하지 않는 것을 발견할 수 있는데 이는 페이지 마다의 내용과 구성의 관계를 고려한 세밀 화가의 의도가 담겨있는 것으로 생각해 볼 수 있다.

예수 그리스도의 형상을 구체적으로 정리하자면, 15개의 예수의 생애를 다룬 각 folio에 장식된 로사노 복음서의 채색 세밀화의 장면에서 예수 그리스도는 반복적으로 등장한다. 예수는 황금빛 그리스 히마티온과 갈색의 긴 튜닉에 샌들을 신고, 그의 머리 뒤에는 십자가 형태가 새겨진 커다란 후광이 둘려 있다. 자연스러운 수염과 머리카락을 가진 예수는 비잔틴 미술에서 볼 수 있듯이 머리를 뒤로 넘겨 넓은 이마가 드러나 보인다(그림 8). 로사노 복음서의 예수의 모습은 5세기까지 나타난 수염이 없는 젊은 청년의 유형이 아니며, 갈색 머리와 긴 수염, 넓은 이마, 지적인 눈이 인간적인 면모를 보인다. 반면 삽화에 묘사된 사도들은 예수와 차별화되어 있고, 제자들 가운데에서도 요한, 베드로, 안드레아, 유다는 다른 인물들과 구별된다. 이들은 그리스 복장으로 각기 다른 히마티온과 긴 튜닉에 샌들을 신고 있다. 베드로는 흰 머리에 흰 수염이 난 나이 든 모습으로 예수가 세족례를 거행하는 장면과 여러 장면에서 그의 분명한 특징을 드러내고 있다. 안드레아는 최후의 만찬 장면에서 왼쪽 예수 다음 세 번째에 자리하고 흰 곱슬머리를 가지고 있다. 유다 역시 초기 그리스도교 미술에서 나타난 것과 유사한 모습으로 수염이 없는 젊은이로 묘사되어 있다.

그리스도의 황금색 튜닉은 신성의 상징이며, 후광에 새겨진 십자가 표시는 오로지 그리스도에게만 적용되는 것으로 '스스로 존재하는 분'이라는 뜻을 가진 그리스 문자 'O Ω N'이 보인다. 특히 그리스도의 어깨에 금색 띠를 두른 파란색 히마티온은 그리스도의 초월성과 신성한 능력을 상징하며, 이 색의 경우 시간의 흐름과 복원 과정으로 색상이 강하기도 하고 때로는 흐리게도 나타난다. 예수 그리스도의 얼굴은 최소한의 선과 작은 점을 사용하여 톤을 추가하지 않은 묘사로 자유로운 인상과 동적인 표정이 연출되고 있다. 또한 그리스도는 왼쪽에서 오른쪽으로 움직이는데, 능숙한 동작 묘사는 방향의 이동과 상관없이 동일한 강도로 내용이 전달되고 있다. 능숙하고 자연스러운 그리스도의 동작은 삽화 장면에 등장하는 인물들에게 자신의 정체성을 분명히 드러내고 있다. 그리스도의 얼굴은 정면이 아닌, 측면이지만, 그의 표정과 행동은 명확하다. 로사노 복음서의 그리스도 얼굴은 6세기 이전 그리스도 도상의 유형에서 보이는 정면성은 아니지만 긴 머리에 수염을 가진 뚜렷한 이목구비는 수용한 것을 알 수 있다.

로사노 복음서의 삽화에서 그리스도는, 동시대 제작된 필사본과 마찬가지로 정적이고 위계적이며 정면을 향하는 모습이 아니라, 행동하며 운동감이 보이는 옆모습을 취하고 있다. 삽화가 그려진 folio에서 그리스도는 중심적인 위치에서 항상 엄숙하고 신성함을 드러낸 행동뿐만 아니라 권위적인 모습도 드러내고 있다. 그리스도의 모습은 궁극적으로 다양한 사건에서 구원적인 사명을 수행하는 자로서 등장이다.

로사노 복음서에서는 그리스도의 지상 생활의 마지막의 극적인 순간의 사건들을 이미지로 설명하고 있다. 이러한 그리스도의 극적 사건이 필사본 화가에게는 그리스도를 표현하는데 있어 자유로웠을 것으로 여겨진다. 더욱이 로사노 복음서에서 비잔틴 성주간 전례와는 맥락이 맞지 않는 구성은 삽화 장면들과 연결된 구약의 선지자들의 등장이다.[10] 묘사된 선지자들의 펼친 두루마리 종이 위에는 그 장면의 복음 내용과 관계된 구절이 적혀 있기에, 신약과 구약을 연결하고 있음을 알 수 있다. 구약의 선지자들의 모습은 비잔틴 전례적인 맥락에서 예견된 것은 아니지만, 필사본 화가는 구약에 비추어서 그리스도의 생애를 묘사로 설명하고자 하는 의도성이 엿보인다. 이와 더불어 화가는 그리스도가 인류를 구원하고자 행한 사건 속에서 그의 내적 감정을 표정과 동작으로 드러내고자 한 것을 찾아볼 수 있다.

로사노 복음서가 다른 동시대 복음서와 구별되는 점은 그리스도의 인간적인 내적 감정이 동작과 표정에 나타난다는 것이다. 사실상 로사노 복음서에 그려진 그리스도 형상을 동시대나 전통적인 그리스도 도상과 연결한다는 것은 내용적 맥락에서는 어려움이 있다. 복음서의 채색 세밀화의 주된 목적은 내용전달을 시각화한 것이기 때문이다. 이러한 복음서의 채색 세밀화의 특수성을 고려할 때, 우선적으로 그리스도의 모습을 세밀화 장면의 내용과 연결한 후, 그 안에서의 그리스도 도상에 대한 해석이 필요하다. 또한 장면의 내용뿐만 아니라 등장인물의 특정한 역할에 상응하는 다양한 상징과 색상의 분석은 이야기의 중심이자 주인공인 그리스도의 형상과 관련성을 가진다. 특히 그리스도의 의복, 몸짓, 얼굴 표정에서 인간적 가치를 발견할 수 있으며, 채색 세밀화의 아주 작은 회화적 공간에서 성경의 사건을 이야기와 묘사함으로써 예술적 가치도 찾게 된다. 로사노 복음서의 화가는 기본적으로 전통적인 그리스도의 튜닉과 히마티온을 걸친 의복과 긴 머리에 긴 수염을 가진 외형으로 동시대에 제작된 다른 채색 세밀화와 거의 동일하게 묘사하고 있다. 하지만 로사노 복음서에서는 다른 채색 세밀화에서 크게 느낄 수 없는 그리스도의 인간적 가치, 즉 내적 감점이 그의 표정과 동작으로 연결되어 나타나고 있다.

시노페 복음서 Codex Sinopensis

시노페 복음서는 6세기경에 만들어진 그리스의 비공식 사본으로 마태오 복음서의 전체 144장으로 구성된 것이며, 현재 다섯 개의 채색 세밀화와 함께 단지 43장 250x300mm만 남아 있다. 시노페 복음서는 흑해 연안의 고대 도시인 시노페 Sinope에서 문서가 처음 발견되었다. 이 복음서는 1899년 12월 프랑스 군 장교 장 드 라 테일 J. de la Taille 대위가 터키 시노페의 노인 여성으로부터 folio 43개를 구입했다. 복음서는 현재 파리 프랑스 국립 도서관 Supplement gr. no.1286 에 보관되어 있다.

헨리 오몬트Henri Omont는 1901년 프랑스 국립 도서관에 소장된 시노페 복음서에 관하여 각 folio의 주요 영인본을 포함한 두 개의 짧은 글을 각각 발표했다. 그 후 얼마 지나지 않아 카잔대학교 University Kazan의 아이나로프D. Ainaloff 교수는 시노페 복음서의 44번째 folio를 취득했고 이것을 마리우폴 Mariupol의 체육관에 기증했다. 아이나로프는 이 44번째 folio를 사진으로 찍어 오몬트에게 보냈으며, 오몬트는 나머지 필사본과 같은 방식으로 44번째 folio도 함께 출판했다.[11] 이 foglio는 프랑스 국립 도서관에서 folio 21과 folio 22 사이에 배치되어 있다. 그러나 마리우폴의 낱장의 소재는 알려지지 않았다. 1961년 마르셀 리차드Marcel Richard는 그것이 사라졌다고 보고하고 있으며, 커트 트레우 Kurt Treu는 마리우폴의 낱장은 5년 후에 사라진 것을 확인했으며, 그란스트림 Eugenia Granstrem에 따르면 더 존재하지 않는다고 덧붙였다.[12] 마리우폴의 낱장의 사진과 함께 복음서 전체가 디지털화 되었으며 프랑스 국립 도서관의 디지털 도서관Gallica 온라인에서 볼 수 있다.[13] 시노페 복음서의 권두 일부는 유실되어서 어떤 채색 세밀화가 있었는지 알지 못하지만, 텍스트 하단부 여백에는 몇 개의 채색 세밀화가 남아 있다. 각 folio는 한 열에 성경의 내용이 적혀 있고 그 아랫부분에 채색 세밀화가 그려있다. 자주색 양피지에 금색 글씨를 쓴 시노페 복음서의 화면 구성은 신약성경 이야기를 구약성경의 예언적 내용과 연결하고 있어 로사노 복음서와 유사한 형식이다. 현재 남아 있는 5장의 채색 세밀화는 로사노 복음서보다 약간 작고 페이지 하단에 배치되어 있다.

채색 세밀화 〈예리고의 두 소경의 치유하는 예수 그리스도〉folio 29r에서는 오른쪽과 왼쪽 끝에 펼쳐진 두루마리를 다윗과 이사야가 들고 있다.(그림 21) 중앙에 십자가 모양이 새겨진 후광을 머리에 두르고 수염이 덥수룩한 예수는 황금색 튜닉과 히마티온을 입고, 눈먼 사람의 눈을 만지고 있다. 맨발의 흰색과 붉은 옷을 입은 눈먼 두 사람은 지나가는 예수에게 자비를 베풀어 달라고 외쳤다. 이들은 눈을 뜨게 해달라고 머리 숙여 청하고 있다. 예수의 왼쪽에는 네 명의 제자가 이 장면을 지켜보고 있고 오른쪽에는 넓게 펼쳐진 세 그루의 나무가 서 있다. 왼쪽에 턱수염이 가득한 다윗은 '뒤에서도 앞에서도 저를 에워싸시고 제 위에 당신 손을 얹으십니다.'(시편 139,5)가 적힌 글을 손에 쥐고 있다. 오른쪽에 턱수염이 덥수룩한 젊은 남자는 이사야이다. '그때에 눈먼 이들은 눈이 열리고 귀먹은 이들은 귀가 열리리라.'(이사 35,5) 채색 세밀화는 성경 이야기와 삽화의 기능을 분명하게 나타내고 있고 그 사건에 대한 주해와 해석도 덧붙이고 있다.

〈헤로데와 세례자 요한의 죽음〉(마태 14,3-12) folio 10v 장면의 양 끝에는 모세와 다윗이 각

〈그림 21〉 folio 29r: 예리고의 두 소경을 치유하는 예수 그리스도

각 두루마리를 펼쳐 들고 있고, 왼쪽에는 헤로데가 생일을 맞이하여 손님을 초대하여 잔치를 벌이고 있다.(그림 22) 헤로데의 딸인 헤로디아가 손님들 앞에서 춤을 추어 즐겁게 해 준 답례로, 아버지는 딸이 청하는 것을 해주겠다고 약속했다. 이에 어머니가 부추기는 대로 딸은 세례자 요한의 머리를 원했고, 그녀가 요청한 대로 세례자 요한의 머리를 쟁반에 담아 그녀에게 주고 있다. 오른쪽에는 세례자 요한이 감옥에 있는 모습이다.

예수께서 5천 명을 먹인 내용(마태 14, 13-21)과 4천 명을 먹인(마태 15, 32-38) 내용에서도 마찬가지로 화면 왼쪽과 오른쪽에는 두 명의 구약의 선지자가 등장한다. 다만, folio 11r은 아랫부분이 완전히 찢어진 상태라 장면을 거의 볼 수가 없다. 단지 얼굴들만 희미하게 구별되고 여기서도 오른쪽에 두루마리를 펼쳐든 다윗이 보인다. 왼쪽 그룹 이미지 정중앙에는 예수가 십자가가 새겨진

〈그림 22〉 folio 10v: 헤로데와 세례자 요한의 죽음

⟨그림 23⟩ folio 15r: 4천 명을 먹인 기적

후광을 두른 채 있다. 또 다른 folio 15r는 빵 일곱 개와 물고기 조금으로 군중을 배불리 먹이고도 남은 조각을 모았더니 일곱 광주리가 되었다는 이야기이다.(그림 23) 이 장면에서도 오른쪽과 왼쪽 끝에 펼쳐진 두루마리를 든 다윗과 모세가 있다. 왼쪽에는 수염이 덥수룩한 예수가 황금색 튜닉과 히마티온을 입고 두 제자와 이야기를 나누고 있다. 예수의 양옆 제자는 각각 물고기와 빵이 든 바구니를 각각 들고 서 있다. 그림 중앙에는 빵이 가득 담긴 일곱 개의 커다란 바구니가 놓여 있다. 채색 세밀화의 도상은 마태오 복음서의 내용을 충실히 따르며 구체적으로 묘사하고 있다. 땅에 앉은 군중들의 모습과 남은 조각이 가득 담긴 일곱 바구니의 묘사로 확인할 수 있다.

　채색 세밀화는 텍스트 옆에서 삽화로서의 기능을 분명하게 수행하고 있고 그 사건에 대한 주해와 해석도 덧붙이고 있다.

　시노페 복음서는 앞서 기술한 로사노 복음서와 같이 동일한 영감을 가지고 비잔틴 미술의 특징적 요소들을 보여주고 있다. 그러나 시노페 복음서의 인물들은 로사노 복음서에 등장하는 인물보다 크기가 작으며 삽화의 배치도 성경 이야기 자리에 그려 있다. 시노페 복음서의 예수의 모습은 긴 머리카락에 강한 수염을 가지고 거친 선과 날카로운 시선으로 묘사되어 있으나, 필사본 화가의 기술은 로사노 복음서보다 현저하게 낮은 수준이다. 반면 로사노 복음서에서 다윗은 수염이 있고 곱슬곱슬한 머리를 가지나, 시노페 복음서의 다윗은 수염이 없고 곱슬곱슬한 머리가 아닌 긴 머리를 하고 있다. 내용적인 면에서는 시노페 복음서와 로사노 복음서는 동일하지 않지만, 두 복음서의 형식적인 면에서 매우 유사함을 알 수 있다.

라불라 복음서 Codex Rabulensis

이탈리아 피렌체의 메디치 라우렌시아나 도서관Biblioteca Medicea Laurenziana에 소장된 라불라 복음서는 초기 그리스도 시기에 시리아에서 제작한 채색 세밀화 가운데 귀중한 가치를 부여하고 있는 문서이다. 이 복음서는 586년 2월 8일, 베트 자그바Bet Zagba의 베트 마르 요하난Bet Mar Yohannan 수도원에서 제작한 것으로 기록되어 있다.[14] 베트 지그바는 시리아–팔레스타인 지역에 있었던 것으로 추정되나 정확한 위치는 알려지지 않았다. 그곳 수도원장인 베트 자그바가 수사인 라불라Rabbula에게 제작을 맡겼고, 그의 이름을 붙여 라불라 복음서가 되었다. 또한 복음서를 제본할 때는 또 다른 베트 자그바의 수도사들이 참여했다고 전한다.

　라불라 복음서는 몇 번의 이동 경로를 거쳐 현재 피렌체의 라우렌시아 도서관에 오게 되었다. 안티오키아의 성 조르조 성당1207년 사순시기와 1199년 사순시기, 안티오키아의 하느님의 어머니 성당1321-1322년경을 거친 복음서는 1361년 5월 15에 산타 마리아 디 콴누빈Santa Maria di Quannubin 수도원에 있었으며, 1573년경 코시모 1세 데 메디치1519-1574의 개인 도서관에 도착했다.[15] 구입을 한 것인지 선물을 받은 것인지 정확히 알 수 없지만 당시 다른 필사본들과 함께 소장된 것으로 추정된다.

라불라 복음서의 현재 크기는 33,8가로×27,9세로cm이나, 시간이 지남에 따라 훼손되었기에 원래의 크기는 정확히 알 수 없다. 복음서의 내용은 시리아 언어로 된 페시타Peshitta 복음서로 쓰였으며, 각 folio는 다양한 선들과 함께 두 열로 구성된 위에 검은색 혹은 짙은 갈색으로 글씨를 썼다. 많은 열의 아랫부분에는 붉은색으로 작성된 메모가 나타난다.[16]

전체 293장으로 구성된 라불라 복음서의 내용은 다른 복음서의 내용과 큰 차이를 보이지는 않지만, 6세기 시리아 채색 세밀화에 대한 유일한 증거이다. 한편 채색 세밀화가 본문에 삽입되는 기존 방식에 각 복음이 시작되는 책머리에 페이지 전체에 딱 맞는 크기로 그려진 권두화 방식이 선보인다. 복음서 내용은 특별히 중요하지 않지만, 6세기 시리아 채색 세밀화에 대한 유일한 증거이다. 공관복음서의 비슷한 구절들을 각각 복음서의 어디에 있는지 쉽게 찾을 수 있도록 한 대조 목록인 권두화 형식의 캐논 목록표는 아름답게 장식된 아케이드Arcade 내에 있으며, 아케이드 양쪽 여백에는 성경의 인물, 사건, 예언자들의 이미지가 작게 묘사되어 있다.

캐논 목록표 라불라 복음서folio 3v는 첫 번째 캐논으로 반원형 아치를 지붕

〈그림 24〉 folio 3v: 라불라 복음서

〈그림 25〉 folio 4v: 모서리에 작은 채색세밀화가 있는 에우세비오의 캐논

으로 한두 개의 기둥 사이에 세 개 기둥에 네 개 부분으로 나눈 창에 복음의 목록표를 작성하고 있다.(그림 24) 인물, 동물, 식물에 둘러싸인 반원형 지붕의 중앙에는 십자가 모양이 장식되어 있다. 화면 맨 위에는 '이 안에 네 복음사가가 서로 일치한다'라는 문장이 적혀있다. 반원형 아치 지붕의 양 끝에는 모세와 아론의 모습과 그들 머리 위에는 이름이 세로로 적혀있다. 마찬가지로 〈에우세비오의 캐논〉folio 4v 목록표도 세 기둥에 네 개 부분으로 나뉜 창의 공간에 다양한 인물과 성경 장면이 장식되어 있다.(그림 25) 반원형 아치 지붕의 중심부 위에는 동식물들이 대칭적으로 배치되어 있고, 반원형 아치 지붕의 양 끝에도 라불라 복음서 folio 3v처럼 두 인물이 이름과 함께 묘사되어 있다. 왼쪽에는 왕좌에 앉은 모습의 다윗왕이 그려져 있고, 오른쪽에는 솔로몬이 서 있다. 〈에우세비오의 캐논〉folio 4v의 화면 여백에는 구약과 신약 이야기로 구성된 작은 채색 세밀화로 장식되어 있다. 화면 왼쪽 중앙 채색 세밀화는 그리스도가 세례를 받는 장면이 묘사되

어 있다. 세례자 요한은 어린아이의 형상을 한 그리스도의 머리에 손을 얹고 있다. 하늘에서는 하느님의 손이 보이고 그 아래로 성령의 상징인 비둘기가 그리스도를 향해 있다. 하느님은 세례 때에 "이는 내가 사랑하는 아들, 내 마음에 드는 아들이다."(마태 3,17)이라고 천명함으로써 그리스도의 신성을 공표하였는데, 하느님의 손은 바로 하늘에서 들려온 음성의 시각적 등가물이다. 세례 도상은 하느님 손의 도입으로 공현의 의미를 뚜렷이 가시화하였을 뿐만 아니라, 삼위일체의 도상으로서도 확고한 지위를 차지하게 되었다. 하느님 손의 모티프는 하느님의 개입과 현존의 상징으로서 유대미술에서 차용된 것으로 6세기 이래 중세와 르네상스의 세례 도상에 이르기까지 지속적으로 나타난다. 다른 캐논 목록표인 〈복음사가 마태오와 요한〉folio 9v에서는 두 명의 복음사가가 발다키노 안에 앉아 있다.(그림 26) 앞서 기술한 두 캐논 목록표 장식과는 달리 한 개의 기둥 사이에 두 개 부분으로 나뉜 창의 공간 양 옆에 두 명의 복음사가가 발다키노 안에 앉아 있다. 실제

〈그림 26〉 folio 9v: 복음사가 마태오와 요한

로 반원형 아치 지붕을 지탱하는 기둥이 발다키노로 지탱되는 모습이다. 화면 맨 위에는 '일곱 번째 캐논: 이 안에서 두 복음사가가 서로 일치한다'라는 문장이 적혀 있다. 그리고 화면 전체가 섬세한 장식과 뛰어난 묘사가 돋보인다. 오른쪽 발다키노 안에 마테오 복음사가는 왼손에는 무릎 위에 펼쳐진 책을 잡고 있고 오른손은 축복의 동작을 취하고 있다. 책을 자세히 살펴보면 각 페이지는 세 줄로 구성되어 있고 마테오는 보는 감상자가 볼 수 있도록 사실상 책을 거꾸로 들고 있다. 왼쪽 발다키노에는 복음사가 요한이 두루마리를 손에 들고 있다. 요한의 검고 짧은 머리와 견고한 얼굴, 백색 달마티카 복장은 고대미술에 가까워 보인다.

캐논 목록표에 이어 채색 세밀화 주제는 〈마티아를 사도로 선출함〉folio 1r(사도행전 1,15-26), 〈아기예수와 함께 있는 서 있는 성모 마리아〉folio 1v, 〈체사레 에우세비아와 알렉산드리아의 암모니오 초상〉folio 2v, 〈십자가 처형〉folio 13v, 〈예수 승천〉folio 13r, 〈복음서를 헌정하는 4명의 수도사와 함께 있는 옥좌에 앉은 그리스도〉folio 14r, 〈성령강림〉folio 14v이다.[17] 라불라 복음서에는 사도행전에 기록된 사건들의 채색 세밀화를 포함하고 있다.

라불라 복음서에서 아기예수와 함께 서 있는 성모 마리아folio 1v는 모두 부동의 자세로 정면을 바라보고 있다. 두 인물은 화려하게 채색된 기둥을 가진 발다키노의 중앙에 자리하고 있고, 둥근 아치 지붕에는 두 공작새가 대칭을 이루고 있다. 마찬가지로 〈체사레 에우세비아와 이집트의 알렉산드리아의 암모니오〉folio 2v에서도 발다키노와 기본적으로 라불라 복음서 권두화에서 나타나는 동식물이 장식되어 있다. 〈마티아를 사도로 선출함〉folio 1r에는 직각으로 경사진 삼각형 지붕으로 묘사된 공간에 그리스도는 11사도들과 함께 마티아를 유다 대신 사도로 뽑는다.(그림 28) 이들이 둘러앉은 모습은 예수 그리스도가 최후의 만찬을 나눌 때 모습과 흡사하다. 지붕 양옆에는 두 마리의 새가 장식되어 있다.

그리스도에게 복음서를 헌정하는 장면에서는 화려한 발다키노 안에서 옥좌에 앉은 그리스도는 네 명의 수도사에게 둘러싸여 그들이 헌정한 성경 필사본을 받고 있다.(그림 27) 발다키노는 반원형 아치 지붕 형태를 이루며 지붕의 중앙 위쪽에 커다란 십자가가 장식되어 지붕을 장식한 정교한 장식의 식물들과 연결되어 있다. 옥좌에 앉은 그리스도에게 기증자가 복음서를 헌정하는 도상은 후에 황제에게 필사본을 헌정하는 장면의 모티프가 된다. 〈성령강림〉, 〈십자가 처형〉, 〈옥좌에 앉은 그리스도〉 장면이나 캐논 테이블 등은 모두 화면을 최대한 장식하고 있다. 장면의 삽입이나

〈그림 27〉 folio 1r: 마티아를 사도로 선출함

〈그림 28〉 folio 14r: 복음서를 헌정하는 4명의 수도사와 함께 있는 옥좌에 앉은 그리스도

〈그림 29〉 folio 13v: 예수의 십자가 처형과 세 명의 마리아와 함께 부활한 무덤

밝은 색의 표현, 풍부한 동작 등은 동방에서 유래한 것이다.

〈십자가 처형〉 장면은 하부와 상부로 나뉘어 있는데, 상부는 예수께서 십자가에 매달려 돌아가시는 장면을 주제로 삼고, 하부는 그의 부활 장면이 표현되어 있다.(그림 29) 하단 중앙에는 빈 무덤이 보이고 왼쪽에는 예수와 마리아 막달레나의 모습이, 오른쪽에는 세 명의 마리아에게 천사가 예수의 부활을 알리고 있다. 상부에 사제복장을 한 예수는 양손과 발에 커다란 못에 박혀 십자가에 매달려 있고 그의 양옆에는 두 명의 강도가 십자가에 매달려 있다. 화면은 예수의 옆구리를 창으로 찌르는 사람, 신 포도주를 적신 해면을 갈대에 꽂아 마시게 하는 사람, 슬퍼하는 여인들의 인물들로 채워져 있다. 이 장면에서 예수의 찢긴 옷이나 콜로비움 colobium과 같은 도상학적인 모습, 혹은 같은 장면에 론지누스 Longinus와 스테파톤 Stephaton 이라는 두 인물을, 창과 갈대에 꿰어 맨 해면을 십자가 위에 갖다 대는 장면에 포함한 점 등도 동방에서 기원함을 나타낸다. 콜로비웃은 일반적으로 비잔틴 세계에서 그려지던 허리에 두르는 짧은 옷과는 뚜렷하게 구별된다.

한편 〈예수 승천〉은 라불라 복음서에서 가장 훌륭한 장면으로 손꼽힐 정도로 화가의 능숙한 표현이 보인다.(그림 30) 부활한 예수는 제자들이 보는 앞에서 육체와 영혼을 지닌 채 하늘로 오른다. 짙은 수염에 긴 머리를 가진 예수는 정면을 바라보며 당당함과 힘 있는 동작을 취하고 있다. 삽화에서는 하늘과 땅을 분명히 구분하여 하늘로 오르는 예수 그리스도가 영광스러운 형상으로 부각되고, 지상에 성모 마리아와 제자들은 그 광경을 경이롭게 바라보고 있다. 예수를 둘러싸고 있는 만돌라 Mandola는 예수의 초월성을 더욱 드러내며, 천사들은 예수를 시위하고 승리의 화관을 바치며 예수의 구원자적 위엄을 드높이고 있다. 다른 두 천사는 승리의 상징인 화관을 바치고 있다. 예수의 발아래에는 "네 생물의 형상이 나타나"(에제 1,5) 그분을 떠받들고 있다. '첫째 생물은 사자 같고 둘째 생물은 황소 같았으며,

〈그림 30〉 folio 13r: 예수 승천

셋째 생물은 얼굴이 사람 같고 넷째 생물은 날아가는 독수리 같았다. 그 네 생물은 저마다 날개를 여섯 개씩 가졌는데, 사방으로 또 안으로 눈이 가득 달려 있었다.'(묵시 4,7-8) 사람, 사자, 황소, 독수리는 그리스도교에서 마태오, 마르코, 루카, 요한 네 복음서를 상징한다. 마태오복음서는 인간 삶의 여정인 족보로 시작하기 때문에 사람으로, 마르코복음서는 세례자 요한의 광야 설교로 시작하기에 광야의 왕이라 할 사자로, 루카복음서는 사제 즈카르야가 지성소에 들어가 분향하는 장면부터 시작하기에 황소로 상징된다. 요한복음서는 조류 가운데서 유일하게 독수리만이 태양을 정면으로 바라볼 수 있는 시력을 지니고 있고, 요한복음서의 신학이 날카롭고 깊다는 의미에서 독수리로 표상된다. 네 복음서를 발판 삼아 하늘로 오르시는 예수는 왼손에 두루마리를 들고, 오른손을 들어 아래에 있는 사람들을 축복하신다. 그리고 봉인된 두루마리를 펼치는 예수의 모습은 그야말로 '권능과 부와 지혜와 힘과 영예와 영광과 찬미를 받기에 합당하신 분'임을 말해주고 있다.(묵시 5,12) 평화롭고 한적함마저 느껴지는 하늘과는 달리 지상은 커다란 바위가 보이는 올리브 산을 배경으로 우왕좌왕하는 듯한 어수선한 분위기다. 즈카르야 예언자의 말처럼 "그날에 주님은 예루살렘 맞은편 동쪽에 있는 올리브 산 위에 발을 딛고"(즈카 14,4) 하늘로 오르신 것이다. 바위를 배경으로 성모 마리아와 제자들, 그리고 두 천사가 서 있다. "흰옷을 입은 두 사람"(사도 1,10)이 천사다. 한 천사는 승천하는 예수를 바라보는 제자들에게 주의를 기울이고, 다른 한 천사는 "갈릴래아 사람들아, 왜 하늘을 쳐다보며 서 있느냐? 너희를 떠나 승천하신 저 예수님께서는, 너희가 보는 앞에서 하늘로 올라가신 모습 그대로 다시 오실 것이다"(사도 1,11)라고 말하는 듯하다. 성경은 예수의 승천 장면에서 성모 마리아에 대해 어떠한 언급도 하지 않는다. 그러나 승천하는 예수 바로 일직선상 아래 푸른 옷을 입은 성모 마리아가 기도하는 자세 오란테Orante 로 서 있다. 이는 마리아가 지상의 교회를 어머니의 사랑으로 돌본다는 뜻이다.

라불라 복음서에서 예수가 승천하는 장면을 제외하고는 전반적으로 묘사에 대한 질적 수준은 낮아 보인다. 한편 일부 인물은 정면에 매우 단순한 반면에, 일부 다른 인물들은 헬레니즘적인 세련된 묘사도 보인다. 건축 구조 묘사에서 다소 조잡한 방식이 눈에 띈다. 붓 터치나 윤곽선 처리는 부정확하고 능숙함이 없고, 인물 묘사는 계속해서 재검토가 필요할 정도이다. 특히 십자가에 매달린 그리스도와 부활의 장면에는 해부학적 오류가 눈에 띄며 상당부분 수정된 것이 보인다. 이런 점으로 미루어볼 때 라불라 복음서의 채색 세밀화는 한 필사본 화가에 의해 제작되지 않았음도 알 수 있다.

세부적인 부분을 살펴보자면, folio에는 얼룩이 묻어 있는 것을 발견할 수 있다. folio 사이의 접촉으로 색이 묻어났을 것으로 추정할 수도 있겠지만, 반대 folio의 얼룩과 일치하지는 않는다. 이런 점을 고려해볼 때, 채색 세밀화 작업 과정에서 화가가 붓에서 떨어뜨린 물방울 흔적으로 추정할 수 있으며 화가의 다소 숙련되지 않은 부족한 경험을 엿볼 수 있다. 그러나 일부 채색 세밀화의 배경과 인물에서 세련된 손놀림이 확인되는데 그 부분은 후에 다시 칠해진 것이다. 인물의 윤곽선은 흐려진 탓인지 다시 복사된 흔적도 남아 있고, 일부 그리스도의 수염과 머리카락은 다시 그려져 있었다. 사실상 초기 채색 세밀화에서 널리 보급된 그리스도의 도상은 그리스 로마 시대의 젊은 청년의 모습이나 현자의 모습을 모티프로 한 수염 없는 표현이었다. 하지만 동시에 만딜리온Mandylion 유형에서 파생된 긴 머리카락을 가진 수염 난 그리스도의 형상도 나타난다. 라불라 복음서의 그리스도는 긴 검은 머리카락과 수염을 가진 만딜리온의 유형을 따르려 한 것을 알 수 있다. 그리스도의 얼굴은 〈복음서를 헌정하는 4명의 수도사와 함께 있는 권좌에 앉은 그리스도〉의 장면처럼 짧은 적갈색의 머리카락을 가진 엄격한 얼굴로 묘사되었다. 그러나 여러 장면에서 그리스도는 긴 검은 머리카락을 가진 유형으로 변형되어 다시 칠해졌다.

빈 창세기 | Vienna Genesis

비엔나의 창세기는 자주색 양피지 사본으로 구약성경의 창세기만 수록된 책이며 현재 오스트리아 국립도서관에서 소장하고 있다. 다른 복음서처럼 6세기경에 제작된 것으로 추정하고 있는 이 복음서는 자주색 양피지에 은색으로 글씨를 썼고, 전체 279장으로 구성되어 있다. 채색 세밀화는 원래 96장이었으나 현재는 24장만 남아있다.

빈 창세기는 본래 1340년경 베네치아에서 오스트리아 도서관으로 옮겨졌으며, 빈 창세기의 이름도 소장처의 이름과 창세기의 성경 내용만을 담고 있기 때문에 붙여진 것이다. 다만, 이 책은 창세기의 정경의 내용과 완전히 일치하지는 않지만, 전례나 교리적 용도를 위해 선택한 성경 구절들이 구성되어 있다.

풍부하게 장식된 채색 세밀화가 있는 폴리오는 두 부분으로 나뉘어졌는데, 상단부에는 창세기의 본문 내용이, 하단부에는 커다란 삽화가 배치되어 있다. 하단부에 배치된 삽화는 정경의 내용뿐만 아니라 정경외의 외경으로 여겨지는 내용도 포함하고 있다.

빈 창세기에서는 창세기 48장의 이야기 중 야곱의 이야기를 몇 장면 묘사하고 있는데 그 가운데 〈천사와 씨름하는 야곱〉folio 12v과 야곱이 집에서 도망쳐 나와 홍해를 건너는 장면에서도 한 페이지에 하나의 상황이 아니라 연속적으로 벌어지는 일련의 이야기 전체를 묘사했다.(그림 31-32) folio 12v의 삽화 내용은 U자 모양을 따라 이야기가 연속적으로 전개된다. 초기 삽화 형식이었던 두루마리 형태처럼 삽화는 하나의 완결된 이미지가 아니라 마치 책처럼 읽어나가도록 연속적인 이미지로 배열되어 있다.

빈 창세기의 채색 세밀화에서는 이러한 연속적 방법의 이야기 전달과 더불어 사실감 넘

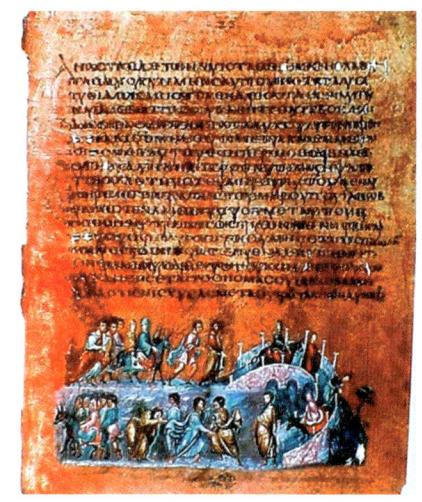

〈그림 31〉 folio 12v: 천사와 씨름하는 야곱

〈그림 32〉 아버지 집에서 도망치기 시작하는 야곱과 홍해를 건너 이집트로부터 탈출 일부

〈그림 33〉 야곱에게 축복을 받는 요셉의 아들들

〈그림 34〉 대홍수 일부

치는 배경 묘사도 눈에 띈다. 〈야곱에게 축복을 받는 요셉의 아들들〉은 요셉의 두 아들인 므나쎄와 에프라임이 할아버지 야곱에게 축복을 받는 장면을 그렸다.(그림 33) 페이지 하단에 마치 액자처럼 사각형 틀 안에 인물과 풍경이 묘사되어 있다. 화면 중앙에는 요셉은 그의 아들 므나쎄와 에프라임을 이미 죽음이 가까이 다가온 아버지 야곱에게 소개하고, 야곱은 그들에게 영광스러운 축복을 준다. 가운데 앉은 야곱은 두 손을 교차시킨 채 화면의 중경에 위치해 있다. 이 장면은 가족의 친밀감을 드러내고 있다. 한편, 채색 세밀화에서 흥미롭고 새로운 것은 산과 바위 등 배경을 묘사한 방법이다. 안개가 자욱한 산과 구름이 덮인 하늘을 전경으로부터 점점 멀어지게 그려 넣어 현실감 있는 풍경으로 묘사했다. 노아의 방주 이야기를 담은 〈대홍수〉 삽화도 사각형 안에 중앙에 파도가 넘실대는 가운데 사람들은 혼돈과 절망 속에서 발버둥치고 있다.(그림 34) 화면 중경과 원경에 대홍수의 물살과 물의 깊이를 매우 실감나게 표현하여 홍수로 인한 혼란함을 극대화시키고 있다. 실제 삽화에 그려진 배경은 실감나게 묘사하고 있지만 이미지들은 단순하게 배열되어 있다. 하지만 다른 삽화에서는 보는 사람의 시선이 등장인물들 주변으로 이동하며, 본문의 내용을 시각적으로 전달하는 역할을 한다.

창세기 24장에 담긴 〈레베카와 엘리에제〉는 레베카와 아브라함의 종인 엘리에제가 만나는 이야기이다.(그림 35) 창세기에 따르면, 아브라함이 종 엘리에제을 시켜 자기 고향에 가서 아들 이삭의 아내가 될 여자를 골라오게 하였다. 엘

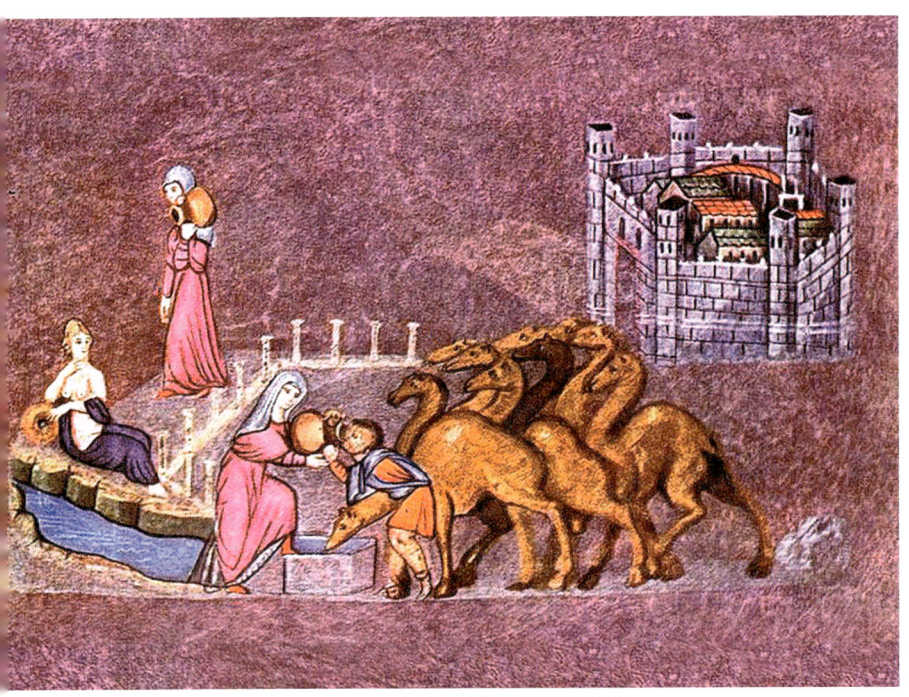

〈그림 35〉 레베카와 엘리에제 일부

리에제는 낙타 열 마리를 이끌고 길을 떠나 나홀이라는 성에 다다랐다. 엘리에제는 자신과 낙타에게 마실 물을 길어주는 처녀를 이삭의 신부로 정하기로 결심하고 우물가에서 기다리고 있었다. 마침 아브라함의 친척이 되는 레베카가 성에서 나와 물을 긷고 있었고, 처녀에게 마실 물을 청하니 처녀는 물을 항아리 채워 주고 낙타에게도 물을 주었다. 엘리에제는 레베카라고 하는 이 처녀를 이삭의 신부로 택하였다. 마침내 이삭은 레베카를 아내로 맞아들이게 되었다.

삽화에서 어깨에 물항아리를 얹은 레베카는 멀리 오른쪽 뒤에 보이는 성문으로부터 걸어 나와 기둥이 늘어선 길을 따라 우물로 걸어가는 중이다. 한편 왼쪽 우물가에는 반나체로 그려진 여인이 자기 항아리에 담긴 물을 우물에 붓고 있다. 이 여인은 우물을 의인화한 것이다. 이어서 레베카는 다시 등장하여 이번에는 낙타 열 마리를 데리고 온 아브라함의 종 엘리에제에게 물을 주고 있다. 한 화면에 레베카의 모습은 두 번 등장하며 인물의 크기도 크게 묘사되었다. 같은 공간 안에 연속된 시간에 일어난 레베카의 두 장면을 나타낸 것은 구체적인 시간 묘사는 중요하지 않았던 것으로 볼 수 있다. 다만, 이 세밀 화가에게는 실제의 장소와 특정 시간보다는 시각적으로 이야기의 전달이 주된 관심이었기 때문이다.

빈 창세기에는 앞서 언급한 로사노 복음서, 시노페 복음서, 라불라 복음서와는 달리 채색 세밀화에는 어떠한 설명이나 명문도 없다. 이미지들 일부는 성경 본문에서는 찾을 수 없는 요소들이다. 예컨대, 〈요셉의 아들들을 축복하는 야곱〉 장면에서 요셉 부인이 등장하는 경우가 그러하다. 이는 하단부에 배치된 채색 세밀화가 정경의 내용뿐만 아니라 정경 외의 외경으로 여겨지는 내용도 포함하고 있기 때문이다. 따라서 빈 창세기 채색 세밀화를 이해하려면, 모든 이야기를 읽고 이미지들을 관찰할 필요가 있다.

  빈 창세기와 로사노 복음서는 프레임이 없이 장면을 구성하고, 이야기를 연속적인 방법으로 다양한 순간을 묘사하고 있다.[19] 빈 창세기의 일부 유형은 로사노 복음서 유형과 일치하지만, 인물의 모습은 빈 창세기에서는 매우 개략적으로 묘사되고 있다면, 로사노 복음서에서는 빈 창세기에서 찾을 수 없는 고전적 모델에 영향을 받아 인물들의 모습에서 에너지와 활기가 나타난다. 그리고 빈 창세기에 인물의 얼굴은 시노페 복음서에서처럼, 얼굴은 각이진 단단한 형상이며, 머리카락은 인물의 특징을 알 수 없을 정도로 아래까지 길게 내려와 인물의 뺨은 조금만 보인다.

★

　창세기에서 인간은 바로 하느님의 모상 자체라고 기술하고 있다.[20] 또한 니사의 그레고리우스Gregorius Nyssenus는 하느님께서는 항상 인간이 닮아 창조된 모습의 원형으로 존재한다고 말하였다. "그리스도께서는 진정한 원형이시다. 그분께서는 하느님의 모습으로 존재하시는 '하느님의 모상'이시다."[21] 이런 하느님의 모습을 이미지화하기 위한 노력이 그리스도교 미술의 출발점이었다. 예술가들은 보이지 않는 하느님의 신비가 예수 그리스도 안에서 보이도록, 그 육화된 모습을 묘사한 것이다. 이러한 신학적 배경을 바탕으로 초기 그리스도 시기부터 지금까지 수많은 예술가가 그리스도의 형상을 만들어왔다. 6세기에 제작된 자주색 필사본 안에서도 여전히 그리스도의 형상은 복음서 내용의 전달에 있어 중요한 부분이었다.

　로사노 복음서와 동시대에 제작된 다른 자주색 양피지 복음서를 비교해보면, 각각의 독창성을 가지고 있지만 유사점을 발견할 수 있다. 물론 로사노 복음서의 경우 188장의 일관성을 고려할 때 다른 동시대의 복음서를 훨씬 능가하는 평가를 받고 있다.

　로사노 복음서와 동시대 제작된 다른 자주색 양피지 복음서를 비교해보면, 각각의 독창성을 가지고 있지만 유사점도 가지고 있었다. 로사노 복음서의 채색 세밀화의 주제는 비잔틴 교회의 성주간 전례를 다루고 있다면, 시노페 복음서나 라불라 복음서의 채색 세밀화 주제의 전개는 일관성이 없어 보인다. 반면, 빈 창세기는 인류 기원의 성스러운 역사와 연결된 대홍수를 시작으로 모세부터 이집트 탈출까지 서사적으로 진행된 것을 엿볼 수 있다. 또한 필사본의 구성에서는 로사노 복음서와 시노페 복음서가 매우 유사함을 발견할 수 있었다. 두 복음서의 채색 세밀화 장면에서 모두 구약의 인물들이 등장한다. 이는 구약의 관점에서 신약을 이해하는 흥미로운 주석 방법으로, 묘사된 신약의 이야기를 통해 구약과 신약의 관계를 말하는 것이다.

로사노 복음서와 같은 시기에 제작된 라불라 복음서도 본문의 시작 부분에 삽화가 압축되어 있으며 사복음서 뿐만이 아니라 사도행전의 내용^{마티아의 선출folio 1r}과 예수 승천folio 14v도 포함하고 있다. 두 복음서의 캐논 목록표를 살펴보면, 큰 차이를 알 수 있다. 라불라 복음서의 〈에우세비오의 캐논〉folio 4v 목록표는 세 기둥에 네 개 부분으로 나눈 창의 공간에 다양한 구약과 신약의 인물과 공관복음의 내용을 한 장으로 비교할 수 있도록 목록이 포함되어 있다. 한편, 예수의 생애 장면을 표현한 로사노 복음서의 채색 세밀화의 권두화인 〈캐논 테이블〉folio 5r과 에우세비오의 편지folio 6r는 내용적 측면보다 장식인 모티프가 강조되고 있다. 에우세비오가 카르피아노에게 보낸 편지의 첫 부분은 화려한 금박의 사각형 프레임으로 장식되어 있다.

이러한 필사본들 안에 나타난 그리스도의 모습은 어느 정도 차이를 보이지만 대부분 동일한 형상을 나타냈다. 예컨대 라불라 복음서는 로사노 복음서와 회화적인 특징이 구별되는데, 로사노 복음서가 유연하고 자유로운 서술적 묘사를 보였다면, 라불라 복음서는 인물들이 정적이고 초상화적인 표현으로 나타났다. 이는 성모자folio. 1v의 모습이나 에우세비아와 암모니오folio 2v의 초상화, 발다키노 안에 배치된 복음사가 마태오와 요한folio 9v 의 모습에서 찾아볼 수 있다. 로사노 복음서와 시노페 복음서, 두 복음서 모두에서 그리스도는 판토크라토르나 만딜리온 혹은 구세주의 유형에서 보이는 정면성이 아닌 측면, 기도하고 관조적인 정적인 반신상이 아닌 동적인 전신의 모습으로, 자유로운 인상과 동적인 표정이 연출되었다. 특히 로사노 복음서에서는 성경의 내용과 연결된 사건과 관련해서 그리스도의 내적 감정이 동작과 표정에 명확히 드러나고 있음을 확인할 수 있었다. 로사노 복음서 장면에서 그리스도의 내적 감정은 예수의 최후의 만찬 장면에서 자신을 배반할 사람이 이 가운데 있을 것이라는 말을 건네면서 그리스도의 얼굴에 나타난 체념적 표정, 베드로의 발을 씻기 때, 강도에게 희생된 사람을 먼저 돕기 위해 말에서 내릴 때, 태어날 때부터 장님의 눈을 만질 때 등에 나타난 그리스도의 다정하고 만족해하는 표정, 빌라도의 법정 앞에서 바라바와의 대결할 때 위엄 있고 엄숙한 표정, 빵과 포도주를 제자들에게 나누어 줄 때 다정하고 환영에 찬 표정, 나자로를 되살릴 때 엎드린 마리아와 마르타 앞에서 축복하며 확신에 찬 표정 등에서 볼 수 있다. 이는 필사본의 채색 세밀화가 성경의 내용을 전달하는 시각적 기능을 더 고려한 것으로 이전까지 그려진 그리스도 도상의 정적인 모습과 상당히 구별되는 것이다. 하지만 로사노 복음서에서 그리스도의 긴 머리카락과 턱 밑까지 내려온 콧수염, 튜닉과 히마티온을 입은 의상의 색상은 전통적인 그리스도의 도상 유형을 따르고 있었다.

참고문헌

곽승룡. "이콘이란 무엇인가요?". 사목자료, 266호, 2001.
데이빗 탈보트 라이스, 『비잔틴 세계의 미술』, 미진사
메리 커닝엄, 『비잔틴 제국의 신앙』, 예경
손병욱. "예전적 요소로서의 이콘에 대한 고찰". 목원대학교 신학대학원 석사학위 논문, 2012.
워렌 트레드골드, 『비잔틴 제국의 역사』, 가람기획
이덕형. 『이콘과 아방가르드』. 생각의 나무, 2008.
조성암. 『비잔틴 성화 영성 예술』. 정교회출판사, 2018.
조수정. 『비잔틴움 미술의 이해』. 북페리타, 2016.
존 로젠, 『초기 그리스도교와 비잔틴 미술』, 한길아트
토마스 F. 매튜스, 김이순 옮김. 『비잔틴 미술』. 예경, 2006.
한국천주교 주교회의. 『성경』. 한국천주교주교회의, 2017.
www.gallica.bnf.fr 2021년 7월 2일 검색

Egon Sensler. L'icona, immagine dell'invisibile. Roma: Ed. Paoline, 1984.

Elijah Hixson. Scribal Habits in Sixth-Century Greek Purple Codices. Leiden: Brill, 2019.

Ferdinando Molteni. Storia e devozione della Sindone, Il volto di Cristo. Milano: Electa, 2000.

Forest, Jim. Playing with icons. Maryknoll Orbis Books, 2008.

Guerriera Guerrieri. Il Codice purrureo di Rossano calabro, Estrato da "Napoli" Rivista Municopale. Edita a cura del Comune di Napoli, 1950.

Hans Belting. Likeness and Presence. Chicago: University of Chicago Press, 1994.

Henri Omont. Un nouveau feuillet du Codex Sinopensis de l'évangile de Saint Matthieu. Journaldes Savants, 1901.

Herber L. Kessler. Il volto di Cristo; Il mandylion. Milano: Electa, 2000

Luigi Renzo. Codex Purpreus Rossanensis e Settimana Snta Bizantina. Libreria Ddirtice Vaticana, Cttà del Vaticano, 2019.

Maria Alessandra Bilotta. Siria devota. Il Teravangel di Rabbula.

Massimo Bernarbo. Il Tetravangelo di Rabbula. Roma: Edizione di Storia e Letteratura, 2008.

Martino A. Rizzo. Le miniature del Cocice Purpureo di Rossano dal testo dell'opera di Antonio Muñoz. pubblicata a Roma nel 1907. Frenze, 2019,

Muzzi. Trasfigurazione, Introduzione alla contemplazione delle icone. Torino: Edizioni Paoline, 1987.

Oscar Leopold von Gebhardt et Adolf von Harnack. Evangeliorum Codex graecus purpurens Rossanensis, Letteris argenteis, sexto ut videtur saeculo scriptus picturisque ornatus. Lipsiae, 1880.

P.Francesco Russo M.S.C. Il codice purpureo di Rossano. Tipografia oreste rossi via del cancello, 29, 1952.

Simeon Il Nuovo Teologo. Ethique III, 325-330: sc 122, Parigi 1996.

미주

1. 메리 커닝엄, 비잔틴 제국의 신앙, 예경, p. 30
2. 본장부터는 2021년도 유럽문화예술학회 논문집제24집에 개재된 내용의 일부가 수정, 보완되어 있음을 밝힙니다.
3. Oscar Leopold von Gebhardt et Adolf von Harnack, Evangeliorum Codex graecus purpurens Rossanensis, Letteris argenteis, sexto ut videtur saeculo scriptus picturisque ornatus, Lipsiae, 1880
4. Guerriera Guerrieri, Il Codice purrureo di Rossano calabro, Estrato da "Napoli" Rivista Municopale, Edita a cura del Comune di Napoli, 1950, p.4.
5. folio 폴리오는 2절판 책에서, 책의 페이지 수를 매긴 한 장을 말하며, 본 논문에서는 각 페이지를 folio로 칭할 것이다.
6. https://www.rossanopurpurea.org/elenco/codex-purpureus-rossanensis/2021년 7월 2일 검색
7. Guerriera Guerrieri, op.cit, p.6.
8. 비잔틴 전례 주간에 맞는 배열은 다음과 같다:
   ① 캐논 테이블 권두화: 4복음사가
   ② 금색 틀에 꽃과 새가 장식된 에우세비오의 편지
   ③ 라자로의 소생 ④ 예수의 예루살렘 입성
   ⑤ 성전에서 쫓겨나는 상인들 ⑥ 열 처녀의 비유
   ⑦ 착한 사마리아인의 비유 ⑧ 태어날 때부터 장님인 소년의 치유
   ⑨ 최후의 만찬과 세족례 ⑩ 빵을 나눔 ⑪ 포도주를 나눔
   ⑫ 겟세마니 동산에서의 예수
   ⑬ 빌라도 앞에 예수와 유다가 돈을 받음-유다의 회개
   ⑭ 빌라도의 재판과 예수와 바라바 사이에서 선택
   ⑮ 복음을 쓰고 있는 마르코와 지혜의 신
   Luigi Renzo, Codex Purpreus Rossanensis e Settimana Snta Bizantina, Libreria Ddirtice Vaticana, Ctta del Vaticano, 2019, p.66.

9   Martino A. Rizzo, Le miniature del Cocice Purpureo di Rossano dal testo dell'opera di Antonio Muñoz, pubblicata a Roma nel 1907, Frenze, 2019, p.56.

10 선지자들은 다윗 22번, 이사야 3번이고 호세아 모세, 시라가 각각 2번 그리고 솔로몬, 미카, 요나, 나훔, 스바냐, 말라키아, 스카리아가 각각 1번씩 등장한다.

11 Henri Omont, Un nouveau feuillet du Codex Sinopensis de l'évangile de Saint Matthieu, Journaldes Savants, 1901, pp.260-262.

12 Elijah Hixson, Scribal Habits in Sixth-Century Greek Purple Codices, Leiden: Brill, 2019, p.15.

13 www.gallica.bnf.fr 2021년 7월 2일 검색

14 Luigi Renzo, op.cit, p.112.

15 Maria Alessandra Bilotta, Siria devota, Il Teravangel di Rabbula, p.17.

16 Massimo Bernarbo, Il Tetravangelo di Rabbula, Roma: Edizione di Storia e Letteratura, 2008, p.24.

17 조수정, 비잔틴움 미술의 이해, 북페리타, 2016, p.95.

18 콜로비움은 일반적으로 비잔틴 세계에서 그려지던 허리에 두르는 짧은 옷과는 뚜렷하게 구별된다.

19 Guerriera Guerrieri, op.cit, p.14.

20 창세기 1, 26-31: 한국천주교 주교회의, 성경, 한국천주교주교회의, 2017, 참조

21 곽승룡, "이콘이란 무엇인가요?", 사목자료, 266호 2001: p.79.

Insular Manuscripts

✦――― 제2장 ―――✦

섬양식 필사본
Insular Manuscripts

✦――― 김유리 ―――✦

서기 800년 12월 25일, 성 베드로 대성당을 방문한 샤를마뉴 대제Charlemagne, 742?-814는 교황 레오 3세Pope Leo III, 재위 795-816로부터 황제의 관을 받았다.

서로마 멸망 이후 혼란과 야만의 시기를 보낸 서유럽에 새로운 질서를 세우고 문화적 기틀을 재정립한 샤를마뉴는 아헨의 왕정학교를 세우고 이곳을 중심으로 문예부흥을 일으키고자 했다. 그리고 이 왕정학교의 학문적 발전을 주도적으로 이끈 학자들 중에는 알쿠인Alcuin, 735?-804을 비롯한 아일랜드와 브리튼의 수도사들도 상당수 포함되어 있었다.

혼돈의 시기였던 6-9세기의 서유럽에서, 대륙의 서쪽 끝에 위치한 아일랜드와 브리튼Britain, 영국에서는 그리스도교 문화가 전성기를 이루고 있었다. 당시 서유럽의 문화 중심지로, '학자들의 섬'이라고 불리며 배움의 열정을 가진 사람들이 모여들었다고 한다. 후대에 섬양식Insular, 라틴어로 "섬島" 이라는 뜻. 독일의 고문서학자 Ludwig Traube가 1901년에 영국과 아일랜드에서 제작된 필사본과 공예품 양식을 특징 지우면서 언급하였다.이라는

〈그림 1〉 십자가 책형 Crucifixion , 8C, 성 갈렌 수도원 독서실

이름으로 분류된 브리튼과 아일랜드의 그리스도교 미술은 로마나 비잔틴과는 다른 독특함을 가지고 있다.[tip1] 복잡하고 촘촘한 짜임무늬로 가득 찬 십자가와 이니셜, 평면적이고 도식적인 인물상, 비틀어지고 길게 늘려진 동물 형상 등은 재현적이고 설명적인 로마와 비잔틴의 미술과는 매우 다른 스타일을 보여준다.

섬양식 그리스도교 미술의 가장 큰 특징은 켈트Celts 문화를 바탕으로 앵글로색슨의 게르만 문화와 노르만-바이킹 문화가 한데 어우러진 섬지역의 조형적 전통을 그리스도교화 시켰다는 데에 있다. 섬양식에서 나타나는 추상적이고, 반복적인 문양들은 전 유럽에서 발견되는 켈트족의 석조물이나 금속 세공품, 또 게르만과 노르만족 유물의 장식적 특징과 매우 유사하다.[tip2]

tip

1
비잔틴과 이탈리아를 중심으로 제작되었던 대륙의 필사본 삽화는 그 제작 의도나 그리스도교의 교리, 텍스트 내용 등을 시각적으로 설명하는 도상들로 구성되어 있다. '그림은 문맹인들의 문자'라는 대 그레고리오 교황(Gregory The Great, 재위 590-604)의 언급처럼 대륙의 필사본 삽화는 글의 내용을 전달하는 매개로서 직접적이고 재현적인 양식들이 주로 나타난다.

2
원래 켈트족은 프랑스 중부 지역부터 유럽 대륙의 동서로 이동하여, 서부로는 아일랜드와 브리튼, 동부로는 헝가리와 터키 지역에까지 다다른다. 유럽 대륙에서 로마 문명이 확장되는 시기에도 아일랜드와 브리튼의 켈트 문화는 섬이라는 지역적 특성 때문에 비교적 독자적인 색채를 잃지 않았다. Simon James, 『Exploring the world of the Celts』, Thames & Hudson, London 2012, 12-13.

평면적이고 추상적인 이미지가 주를 이루는 섬양식 그리스도교 미술은 거칠고 소박한 비전문적, 지엽적 결과물이 아니다. 아일랜드와 브리튼의 켈트족과 게르만족의 전통이 그리스도교가 들어온 이후에도 적극적으로 사용되어 켈트–게르만의 조형 언어로 그리스도교의 신앙과 교리를 표현한 것이라고 해석할 수 있다. 이러한 근간에는 섬지역의 그리스도교회켈트 그리스도교회라고 불림의 독립적인 구조 체계와 독자적인 문화의 발전이 있었다.

시대적 배경
로마제국의 멸망과 앵글로색슨 왕국의 출현

약 기원전 7세기 이후 브리튼과 아일랜드도 대부분의 서유럽지역과 마찬가지로 켈트족이 거주하고 있었다. 켈트족은 그리스도교를 접하기 이전에 이미 내세와 영원에 대한 관념, 눈에 보이지 않는 존재에 대한 인식 등을 자연스럽게 받아들이고 있었다고 한다.[1] 이들은 '드루이드'라는 사제 계층을 중심으로 창조된 모든 피조물에서 영적靈的인 것을 찾으려 하였고 자연을 찬양하고 존중하였다. 그리스도교가 들어온 이후에도 자연친화적이고 신비주의적인 전통을 이어 갔으며 정치적으로는 아일랜드 섬 전체를 아우르는 통일된 국가를 이루지 못하고 각 부족국가로 나뉘어 서로 경쟁하고 발전하였다.

이 중 브리튼은 로마의 점령 이후, 아일랜드와는 다른 양상을 갖게 된다. 기원전 55년, 갈리아를 정복한 카이사르Gaius Julius Caesar, B.C 100–B.C 44의 첫 원정

〈지도 1〉 로마점령기의 아일랜드와 브리튼

을 시작으로 브리튼은 로마제국의 속주가 되었다. 브리튼의 켈트인들은 북부지방 스코틀랜드으로 쫓겨 가거나, 선진 로마문명의 영향 속에서 로마화되었다. 북부 켈트족의 침입을 방어하기 위해 128년에 완성된 하드리아누스 성벽 Hadrian's Wall 을 기점으로 이남 지역은 약 300년 동안 로마의 평화시대를 함께 누렸다. (지도 1)

4세기 이후 로마가 쇠퇴하자 북쪽 스코틀랜드의 픽트족 Pict 과 스코트족 Scot 이 허술해진 제국의 변방으로 다시 침략하기 시작했고 대륙의 프랑크족 Frank 과 색슨 Saxon 족이 동남부의 해안으로 습격해왔다. 브리튼의 로마 관리들은 침입해오는 야만인들을 고용하거나 동맹을 맺는 등의 방법으로 근근이 위기를 넘겼으나 로마의 지배는 곧 막을 내리고, 5세기 이후 본격적인 야만족의 침입이 시작되었다. 브리튼에 들어온 색슨 Saxon, 앵글 Angle, 주트 Jute 족 등 게르만족의 침입은 곧바로 정착으로 이어져 7세기경에 이르자 브리튼 내 일곱 개의 앵글로색슨 왕국들이 존재하였다. tip. p.92 이들은 서로 경쟁과 침략의 통합과정을 거치며 8

세기에는 노섬브리아Northumbria, 머시아Mercia, 웨색스 Wessex 세 왕국이 존재하게 되었고 9세기에는 웨색스가 전 브리튼을 지배하였다.(지도 2)

〈지도 2〉 브리튼의 앵글로색슨 왕국들, 7세기경

tip

로만 브리튼에 침략해 들어와 정주하게 된 대륙의 이민족들이 누구인지에 대해 정확한 사료나 기록은 존재하지 않는다. 거의 유일하게 인용되는 문헌은 가경자 비드(Venerable Bede, 673-735)의 '영국인들의 교회사'이다. 그는 색슨, 앵글, 주트족이 각각의 본거지에서 브리튼 섬으로 들어왔다고 서술하고 있다. 비드가 언급한 브리튼 이민족들의 기원이 절대적 사실이라고 볼 수는 없지만, 그의 분류 방법은 의미가 있다는 것이 중론이다. 앵글로색슨이라고 통칭하는 브리튼의 이민족에 대해서는 현재까지도 고고학적 유물과 옛 지명등을 통해 서로의 유사점을 찾아 내려는 연구가 진행중이다.
참조: 심재윤, 『앵글로색슨 잉글랜드 사회』, 선인 2005, 23-33

교회사적 배경

성 패트릭이 뿌린 씨앗 : 아일랜드의 그리스도교화

그리스도교는 서기 400년 이전 이미 아일랜드에 들어온 것으로 보인다. 431년 교황 첼레스티노 1세 Celestinus I 422-432 는 최초의 주교로 팔라디오 St. Palladius, ?-432 부제를 아일랜드에 파견한다. 그리고 그의 뒤를 이어 주교로 임명된 성 패트릭 St. Patrick, 385-461 의 적극적인 활동으로, 그리스도교회는 아일랜드 전역에 뿌리를 내리게 되었다. tip

켈트 그리스도교회는 드루이드교로부터 이어지는 관념적인 특징뿐 아니라 구조적으로도 대륙의 그리스도교회와는 상이한 특징을 가지고 있었는데 그 중 수도원 문화는 켈트 그리스도교의 특징적인 요소로 꼽을 수 있다. 특히

tip

전승에 의하면 성 패트릭은 로만-브리튼 사람으로 401년경 해적에 의해 수천 명의 사람들과 함께 노예로 아일랜드에 끌려갔다고 한다. 그곳에서 양과 소를 치며 지내다가 407년경 다시 고향 브리튼으로 돌아온다. 이후 갈리아(현재 프랑스 지역)의 한 수도원에서 성직훈련을 받고 사제가 된 패트릭은 432년에 얼마 전 사망한 팔라디오를 대신하여 주교로 임명되어 아일랜드에서 선교활동을 한다. 패트릭은 6년여간의 노예 생활로 아일랜드의 언어와 문화를 잘 알고 있었고, 아일랜드 선교에서 이러한 점을 십분 활용할 수 있었다. 그의 열정적인 활동으로 461년 그가 사망하였을 때, 아일랜드의 대부분 지역이 그리스도교화 되었다.

〈그림 2〉 아일랜드 켈트 수도원의 모습

아일랜드는 브리튼과 달리, 단 한 번도 로마에게 점령된 경험이 없었다. 이는 로마의 정치적, 행정적 요소들이 아일랜드에 적용된 적이 없었다는 것을 의미한다. 따라서 아일랜드는 켈트족이 거주했던 다른 어느 지역보다도 켈트적 전통이 강하게 보존되었고 이러한 전통은 아일랜드 그리스도교에 지대한 영향을 끼치게 되었다. 중심이 될 만한 도시가 존재하지 않았던 아일랜드에서 수도원은 지리적, 문화적 중심지 역할을 하였다. 5세기 이전에 이미 스코틀랜드의 휘트혼Whithorn에 수도원이 존재했다는 기록이 있으나[tip] 켈트적 그리스도교회라고 말할 수 있는 수도원은 패트릭 사후, 특히 6세기경에 이르러 널리 확대되었다. 6세기 이후, 아일랜드는 '수도원의 봄'이라 일컬을 만큼 수도원 문화가 꽃을 피우며 동시대 유럽 대륙의 혼란기와 대조되는 문화 부흥기를 맞이한다.

대륙의 그리스도 교회는 주로 로마의 행정구역에 따라 주교 관구가 구성되었다. 그러나 각 부족의 세력권으로 나뉘어져 이렇다 할 행정적 구역 분할이 없는 아일랜드에서 초기 그리스도교회는 켈트 부족의 체계에 영향을 받았다. 한 지역의 수도원은 그 지역을 지배하는 부족의 영향하에 있었고 부족의 귀족 계급 안에서 수도원과 수도원장의 지위가 세습되었다. 대륙의 그리스도교회에서 주교는 주교 관구 내에서 절대적인 권한을 가지지만 아일랜드의 주교는 '존경받는 원로'라는 개념에 더 가까워 때때로 한 수도원에 두 명 이상의 주교가 존재하기도 했다. 실질적인 지배권은 대수도원장에게 있었고, 주교는 정신적이며 상징적인 위치로 수도원장의 권위 아래에서 생활하였다.[2]

tip

397년 픽트(Picts)인들의 성인 니니안(St. Ninian, 360-432)이 남 스코틀랜드 휘트혼에 칸티다 카사(Candida Casa, White House)를 세웠다고 전해진다.

켈트계 그리스도 교회는 수도자를 포함한 모든 성직자가 결혼할 수 있었고, 켈트어로 미사를 집전하고 교회가 아닌 곳에서도 미사와 세례가 이루어졌다. 뿐만 아니라 여성이 대수도원장으로서 남자 수도사와 여자 수도사 모두를 관할하기도 했다. 이는 전통적으로 남성과 여성이 동등하게 사제직을 수행했던 켈트 사회의 전통이, 그리스도교를 받아들인 이후에도 여성의 종교적 리더십을 용인했던 결과였다고 볼 수 있다.[3] 켈트 수도원 지도자들은 드루이드의 전통을 잇는 영적인 지도자로서 '영혼의 친구'라고 불리었으며 한 설립자가 세운 여러 수도원들은 서로 밀접한 관계를 가지고 오늘날의 프란치스코 수도회나 도미니코 수도회와 같이 서로 연결되어 있었다. 이들 수도원은 아일랜드와 브리튼뿐만 아니라 대륙의 곳곳에도 세워져 끊임없이 교류하며 서로의 유대 관계를 이어갔다. 이로 인해 켈트 수도원은 켈트 그리스도교의 문화가 대륙으로 확대되고 대륙의 그리스도교 문화가 다시 켈트 그리스도교회로 들어오는 통로가 되었다.

켈트 그리스도교회의 또 다른 특징은 학구적인 전통이다. 대부분의 켈트 수도원은 수도원 내에 스크립토리움 필사본제작소과 도서관을 함께 운영하고 있었다. 켈트의 수도사들은 성서뿐만 아니라 그리스, 로마의 이교異敎적 지식에 대해서도 깊은 소양을 가지고 있었다. 대부분의 수도사는 학자이며 동시에 뛰어난 필사가이기도 했다. 대표적으로 아이오나 수도원의 초대 두 수도원장이며 사촌 형제인 성 콜롬바혹은 콜럼 키일레 St.Collm Cille 521-597와 성 바이힌St.Baithin, 536?-598? 혹은 600?은 아일랜드 장식필사본 도안의 창시자로 간주된다.[4]

이렇게 켈트 그리스도교는 대륙의 그리스도교회와는 분명히 다른 노선을 추구하며 조직적으로도 독자적인 길을 걸었던 것으로 보인다. 수도원 중심의 켈트 그리스도교는 교황과 주교좌 중심의 로마 교계 제도와는 다른 형태로 발전되었고, 문화적으로도 다른 양상으로 진행된다. 이러한 차이점 때문에, 이후 로마 교회와의 관계에서 교리와 전례 등의 많은 부분에 있어서 갈등을 겪는다.

아일랜드와 로마의 선교 경쟁 : 브리튼의 그리스도교화
브리튼의 교회는 로마 교회와 아일랜드의 켈트 교회 특징이 공존하였다.

〈그림 3〉 섬양식 문양으로 장식된 장신구 : 아일랜드 국립박물관

앵글로색슨의 정착이 조금씩 자리를 잡아가던 6세기경부터 브리튼의 재再그리스도교화가 진행되었다. 일찍이 브리튼도 아일랜드와 같이 그리스도교가 전파되었지만, 로마제국이 멸망한 이후, 앵글로색슨족의 침입으로 브리튼 안의 그리스도교는 전멸하다시피 하였기 때문이다.

브리튼의 재복음화는 비슷한 시기에 두 방향에서 이루어졌다. 하나는 로마 교황의 주도 아래 이루어진 선교활동이었으며, 또 다른 방향은 앵글로색슨의 침략 기간에도 굳건히 그리스도교의 뿌리를 유지하고 있었던 켈트 교회 선교사들에 의한 것이었다.

로마 교회의 선교활동은 교황 대 그레고리오 Gregory The Great, 재위 590-604 가 596년 아우구스티누스 St. Augustine of Canterbury, ?-604 와 40명의 수도사들을 브리튼으로 파견하면서 시작되었다. 브리튼 남동부지역 켄트 Kent 의 캔터베리 Canterbury 에 도착한 아우구스티누스는 597년 혹은 598년 처음으로 켄트의 국왕

tip

1 에텔베르트의 부인은 프랑크 왕국의 공주인 베르다(Bertha, 539-612)였다. 그녀는 이미 그리스도교인이었으므로 에텔베르트의 개종에 큰 영향을 주었다.

2 켈트 수도사들에게 있어서 선교 활동은 순교와도 같은 것이라고 인식되었다. 피를 흘리며 목숨을 바치는 적색 순교(red martyrdom)와 구별하여, 금욕과 고행을 실천하는 녹색 순교와 자발적인 유랑 생활로 자신이 가진 것을 모두 버리는 백색 순교의 실천을 종교적 모범으로 추구하였다. 이러한 관점에서 고향을 떠나 미지의 세계로 복음을 전파하기 위해 떠나는 선교활동은, 켈트 수도사들에게 종교적 이상을 적극적으로 실천하는 방법으로 받아들여졌다. 참조: 티모시 J. 조이스, 「켈트 기독교」, 56-80.

에텔베르트 Ethelbert of Kent, 560-616를 개종시키고,[tip1] 601년 캔터베리를 첫 주교좌로 삼아 적극적인 선교활동을 전개하였다. 그레고리오 교황의 적극적이고 균형감있는 선교는 큰 성과를 거두어 브리튼의 복음화는 빠른 속도로 진행된다.

한편, 켈트 선교사들은 북쪽의 스코틀랜드와 노섬브리아 지역을 중심으로 선교 활동을 펼쳤다. 켈트의 수도사들은 선교활동을 그리스도의 삶을 따르는 고행의 일부라고 받아들였다.[tip2] 그들은 로마교회의 선교사들처럼 조직적이거나 체계적이지는 않았지만, 신념과 열의를 가지고 이교도인들에게 다가가 헌신적인 활동을 펼쳤던 것으로 보인다.

브리튼에서 진행된 로마교회와 켈트교회의 선교활동으로 각 교회 특징에 따라 다른 형식의 문화가 존재하게 되었다. 아일랜드 켈트 그리스도교회의 영향을 받은 북부의 스코틀랜드교회와, 켄트 지방을 중심으로 하는 남부의 로마교회는 각기 다른 전례적, 문화적 형식을 가지고 있었다.

현재 남아있는 섬양식 필사본에서도 이러한 특성을 엿볼 수 있는데, 특히 잉글랜드 북부의 노섬브리아 왕국은 스코틀랜드와 켄트지방의 가운데 위치하여 두 가지 상이한 문화가 융합되는 모습을 살펴볼 수 있다.(지도 2)

미술사적 현상
추상적인 장식 패턴을 조형언어로

섬양식 필사본에 대한 연구가 시작되던 19세기 중반 영국의 학자인 웨스트우드 J. O. Westwood는 아일랜드와 영국–섬지역 유물에서 나타나는 특징적인 장식 요소를 다음과 같은 4가지로 분류하였다.
  ① 대각선 혹은 대칭으로 교차된 좁은 리본 모티브
  ② 하나 혹은 둘, 셋의 소용돌이가 서로 다른 쪽으로 말려들어가는 모양
  ③ 도마뱀과 같은 동물이나 새의 다양한 표현
  ④ 여러 종류의 대각선 반복 패턴들[5]

이와 같이 섬양식 필사본에 대한 초기 연구는 섬지역의 필사본에서 로마와 비잔틴 지역과는 구별되는 장식적 특징이 두드러졌다는 사실에 주목하면서부터 출발했다.

섬양식을 분류하게 된 이유, 즉 대륙의 문화와 구분되는 섬지역의 장식적 특징은 어떻게 생겨난 것일까? 르네 위그 Rene Huyghe는 섬양식에서 나타나는 이같은 장식적 특징에 대해 유목 민족이 가지고 있는 추상 개념의 차이점으로 설명한다.[6] 물체의 모양을 결정하고 배치하는 스타일은 그것을 창조한 인간의 생존양식을 반영하고 있다. 인간이 농경을 시작하면서, 주변을 둘러싼 공간과 순환하는 시간의 개념을 정적靜的이며 절대적인 '기하학적 형태'와 그 형태를 나열하는 질서로 나타내기 시작하였다. 따라서 농경 민족의 형상은 정지된 절

대적 형상으로 영원함을 표현하고, 형상의 반복으로 성장의 리듬을 표현한다.

그러나 해양 민족이나 유목 민족의 경우는 다르다. 끊임없이 변화하는 바다를 마주한 해양 민족과 역동적인 불 에너지로 금속을 다루며 대평원을 이동하는 유목 민족의 문화는 농경 민족의 절대적 형상과는 상이하게 나타난다. 그들의 미술은 정지되어 있지 않고, 시간의 흐름에 따라 무한히 확장되는 공간을 표현하고 있다.^{tip}

때문에 르네 위그는 유라시아 중앙의 스텝지역에서 이동해 온 켈트족의 문화가 농경 문화를 기반으로 하는 지중해 문명과는 근본적으로 다른 성격을 가지고 있다고 주장한다. 켈트 미술에서 나타나는 나선과 매듭형의 형상들은 서로 엉키고 풀리며 끝없이 이어져 나간다. 끊임없이 변화하고 소용돌이치는 흐름들은 농경 민족의 정적이고 절대적인 형상과는 큰 차이점을 보여준다. 또 유목 민족의 미술은 재현적인 요소와 추상적인 요소를 모두 가지고 있지만 재현적인 부분들은 반드시 동물을 형상화하고 있다는 특징을 가지고 있다. 이는 사냥을 기초로 하고 있는 유목 민족의 생활 양식에서 기인한다. 중세가 시작

---

tip

해양 민족과 유목 민족의 이러한 특징들 때문에 북유럽의 해양 민족인 바이킹의 미술과 켈트족의 미술에는 많은 공통점을 찾아볼 수 있다. 뿐만 아니라 태평양을 마주한 해양민족인 폴리네시안들의 문화에서도 이와 상통하는 조형적 특징을 찾을 수 있다.
참조: 르네위그 [예술과 영혼], 102

되면서 동물과 금속기의 속성에서 나타나는 역동성과 유연함을 보여주는 유목 민족-켈트족의 미술은, 대륙의 그리스도교 문화로 대표되는 지중해 연안의 그리스-라틴 민족의 농경 문화와 본격적으로 충돌하게 된다.

400년 이전에 섬지역으로 유입된 그리스도교는 로마제국의 멸망과 민족의 대이동으로 인한 대륙의 혼란 속에서도 섬이라는 지역적 특성 때문에 비교적 안정적이고 고립된 환경 속에서 자체적으로 발전할 수 있었다. 섬지역의 뿌리 깊은 조형적, 철학적 전통에 의해 섬지역만의 켈트 그리스도교로 현지화 되었고 이를 주변으로 확장시키기에 이르렀다. 켈트 유목민의 전통을 잇는 섬 지역의 그리스도교 문화에서 장식 요소들은 부수적으로 등장하는 것이 아니라 장식 자체로 메시지를 전달하고 있다. 르네 위그가 언급한 것과 같이 그들의

〈그림 4〉 아일랜드의 켈트 교회: St.Kevin church, 글랜달록, 위클로 주, 아일랜드

장식 요소들은 우주적 개념의 표현이며 문명의 정체성 표현이라고 볼 수 있다. 섬양식 그리스도교 문화는 그리스도교 이전의 이교도 문화에서와 마찬가지로 특정 대상의 재현적 묘사 없이, 화면을 가득 채운 장식 패턴이 주제로 등장한다. 이렇게 섬양식 그리스도교 문화는 전통적 켈트 문화의 연장으로, 섬양식 필사본에서도 전통적 장식 요소는 그 자체가 메시지를 전달하는 주된 조형언어가 된다.

섬양식 필사본
장식으로 가득 찬 신성한 문자

6세기에서 9세기경 제작된 섬양식 필사본은 온전한 형태로 남아있는 것도 드물지만 누가 어떤 이유로 만들었는지에 대해 밝혀진 내용도 거의 없다. 역사적 사실 보다는 온갖 전설과 신비로 둘러싸인 섬양식 필사본의 역사가 그 존재를 더욱 신성하게 만들어주는 것 같이 느껴진다.

   켈트 교회와 수도원의 구조를 보면 유럽 대륙의 거대한 석조 건축이나 화려한 프레스코, 모자이크에 비해 작고 소박하기 그지없다.(그림 4) 이런 곳에서 만들어진 장식 필사본은 그 자체가 신비이고 기적이라고 보아도 될 듯싶다. 켈트 교회의 대표적인 중심지였던 아이오나Iona는 8.77㎢의 작은 섬으로 켈스서를 비롯한 섬양식 필사본의 제작장소로 거론된다.(그림 14) 이렇게 작은 섬에서 340folio이상의 화려한 장식 필사본을 제작할 수 있었다는 사실 역시 상상하기 쉽지 않다.

  섬 지역의 켈트인들은 문자가 신성한 능력이 있다고 생각했다. 서사적인 내용은 구전口傳의 전통을 가지고 있었고 문자로 기록하는 행위와 기록물에는 부적과 같이 신비한 능력이 있다고 믿었다. 이러한 전통 때문인지 켈트 교회의 수도사들은 위대한 필사가이자 화가이기도 했다. 그들이 만든 필사본은 영험한 능력이 있다고 믿어져 전염병을 치료하기 위해 우물에 던져지거나 집이나 성전을 축성하는 용도로 사용되기도 했다.

  장식적 특징을 보여주는 섬양식 필사본의 최고最古본은 성 콜럼바의 카하흐Cathach, "전사戰士" 또는 "승리자"라는 뜻이다.(그림 5) 성 콜럼바가 필사했다는 전설을 가지고 있는 이 필사본은 소박한 크기의 단색 필사본으로 단락의 시작 부분에 나타나는 확장된 이니셜에서 섬양식적 문양을 찾아 볼 수 있다. 문자와 장식패턴이 합쳐진 이 양식은 대부분의 섬양식 필사본에서 찾아볼 수 있는 특징이다. 문자에 대한 특별한 인식과 장식적 전통이 결합되어 만들

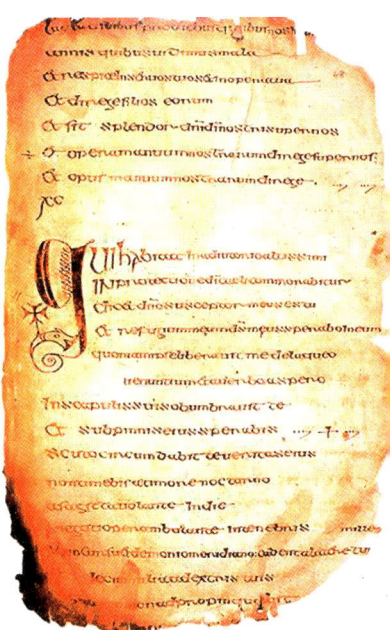

〈그림 5〉 성 콜럼바의 카하흐 Cathach, 6C말-7C, 더블린 로열 아이리쉬 아카데미

〈그림 6〉 마태오복음사가 상징 fol.21v, 더로우서, 아일랜드 더블린, 트리니티 컬리지

어진 이 장식문자들은 때로 지나치게 과장되고 확대되어 본래의 형태를 알아 보기 힘든 경우도 있다.

섬양식 필사본의 장식 페이지에서 등장하는 그림들은 끊임없이 연결되는 인터레이스interlace가 일정한 규칙을 가지고 움직이며 이어진다. 단순한 선재 또는 동물의 신체를 늘려서 과감하게 휘어지고 엮어 화려한 색채로 율동감을 더해준다. 중앙에서 회전하며 뻗어나가는 소용돌이 문양도 두, 세 갈래 뻗어 나오며 때로는 몇 겹이 되기도 한다. 이러한 장식문양들은 십자가 형태가 되기도 하고 문자와 어우러져 자획의 일부분에서 뻗어 나오면서 역동적인 화면을 이루기도 한다.

현존하는 섬양식 필사본 중에서 섬양식적 장식요소가 본격적으로 등장하는 첫 필사본은 7세기 중후반에 제작된 더로우서The Book of Durrow, Dublin Trinity College, TCD MS 57이다. 화면 전체가 추상적 장식 패턴으로 이루어진 카펫 페이지carpet page와 복음사가의 상징 페이지에서 붉은색, 녹색, 노란색의 소용돌이, 인터레이스 등 섬양식적 장식 패턴과 원, 사각형을 이용한 추상적 화면 구성을 찾아 볼 수 있다.(그림 6)

7세기 후반부터 문화적 황금기를 맞은 노섬브리아를 중심으로, 에히터나흐 복음서Echternach Gospels, Paris. Bib. N. MS. Lat. 9389, 린디스판 복음서Lindisfarne Gospels, London, British Library, Cotton MS Nero D. IV, 리치필드 복음서Lichfield Gospels or St. Chad Gospels, Lichfield Cathedral등이 제작되었다. 이들 필사본은 모두 추상적인 장식 패턴과 평면, 도식적인 인물, 동물 표현 등 섬양식적 특징이 잘 나타나 있으며 로마 그리스도교회의 영향과 앵글로색슨의 전통 역시 반영되었다.

이 중에서 현재 영국 런던의 대영 도서관British Library에 소장된 『Cotton MS Nero D.iv』는 당시 노섬브리아의 필사본 제작 수준을 잘 보여주고 있는 수작秀作이다. 일반적으로 '린디스판 복음서tip'라고 불리는 이 필사본은 총 259folios 규모로, 유실이나 훼손 없이 거의 완벽한 상태로 남아있다.

린디스판 복음서

(1) 노섬브리아 교회의 발전 켈트 교회와 로마 교회의 불안한 공존

노섬브리아는 잉글랜드 동북부에 위치한 앵글로색슨 왕국이다. 린디스판 복음서가 만들어지던 700년경의 노섬브리아는 브리튼의 여러 왕국들 중 정치적, 문화적으로 상당히 선진적인 위치에 있었다. 에드윈Edwin, 재위 616-632 치세기에, 그가 켄트Kent의 애설버트Ethelbert, 재위 560-616의 딸 에텔부르가St. Ethelburga, 605?-647와 결혼하면서 그녀가 데려온 파울리누스St. Paulinus, ?-644 주교를 통해 그리스도교가 전파되었다. 파울리누스는 에드윈에게 세례를 주고,

tip

린디스판 복음서는 700년 전후 린디스판 수도원에서 제작되었을 것이라는 의견이 지배적이다. 그러나 윌리엄 오설리반(William O'Sullivan)과 데이비드 덤빌(David Dumville)은 복음서의 또 다른 제작 장소로서 웨어모스(Wearmouth)와 재로우(Jarrow)를 거론한다. 그러나 당시 켈트 수도원들의 밀접한 연대와 스크립토리움간의 원활한 교류로 인해, 복음서의 제작 과정에서 린디스판 수도원과의 밀접한 연관성은 인정하고 있다.

627년 최초의 요크York 대주교로 임명되어 노섬브리아인들의 개종에 힘썼으나, 이후 정치적 갈등으로 노섬브리아는 다시 이교異敎화 되었다. 에드윈이 머시아의 왕 펜더Penda, 재위 626-655와의 전투632년에서 패배하여 사망하면서 노섬브리아는 잠시 펜더의 지배하에 놓이게 되었는데 펜더가 이교도였기 때문에 노섬브리아는 다시 이교도의 지배를 받게 되었던 것이다.

하지만 곧 이어 오스월드Oswald, 재위 633-641 치세 때, 그가 아이오나에서 수도사들을 초청하면서 다시 그리스도교화 되었다.^{tip} 오스월드는 노섬브리아 해안의 홀리 아일랜드Holy Island에 린디스판Lindisfarne 수도원을 세웠고635년, 에이던St. Aidan, ?-651을 비롯한 아일랜드 수도사들은 이곳을 거점으로 활발한 선교활동을 펼쳐 노섬브리아의 그리스도교가 크게 번성하였다.^{tip p. 108}

두 방향의 복음화 과정을 통해 브리튼, 특히 노섬브리아의 그리스도교는 켈

tip

노섬브리아는 북쪽의 버니시어(Bernicia)와 남쪽의 데이러(Deira)로 구성되어 있는데, 오스월드의 아버지 애설프리드(Æthelfrith)는 버니시어의 지배자였고 그가 데이러를 지배하게 되면서 노섬브리아의 왕으로 간주되었다. 오스월드는 604년 데이러의 귀족인 어머니(Acha)와에 사이에서 태어났다. 애설프리드가 616년 이스트앵글리어와의 전투에서 사망하자, 노섬브리아의 지배권은 데이러 지역으로 넘어 갔고, 오스월드의 외삼촌인 에드윈이 노섬브리아의 왕이 되면서 오스월드는 스코틀랜드로 망명하게 되었다. 오스월드가 망명한 스코틀랜드 왕국의 왕은 켈트계 그리스도교를 믿고 있었기 때문에 오스월드 역시 켈트 그리스도교에 영향을 받게 되었다. 이 당시 오스월드는 스코틀랜드 서부해안의 아이오나 수도원에서 잠시 피신하게 되면서 이곳과 인연을 맺었다

트계와 로마계 두 가지 분파가 존재하게 되었다. 두 분파의 교회는 적대적이지는 않았지만 상당한 입장 차이를 가지고 있었다. 로마에서 온 선교사들은 주교구와 주교를 중심으로 조직되어 있었고, 이러한 교계의 질서를 중요시 생각하였다. 또 지상 교회의 최고 수장인 교황의 권위와 역할에 대해서도 절대적인 충성과 믿음을 가지고 있었다. 그러나 켈트계 교회는 각 수도원과 수도원장을 중심으로 이어져 있었으며, 은둔과 금욕의 수도생활과 열성적인 선교활동을 강조하였다. 그들에게 교황과 같은 신앙의 매개자는 필요하지 않았으며 그 권위 또한 인정하지 않았다.

이 두 분파는 조직과 교리에 대한 입장차이 뿐 아니라 전례에 관해서도 상이한 전통을 따르고 있었다. 예를 들어, 두 교회 모두 부활절을 춘분 후 만월 뒤 첫 일요일로 정하고 있었지만 로마계는 춘분을 3월 21일, 켈트계는 3월 25일로 정했기 때문에 두 분파의 부활절은 다른 날짜가 되었다.

오스월드의 형제이며 오스월드의 뒤를 이어 왕위에 오른 오스위Oswiu, 재위 642-670는 켄트Kent의 공주와 결혼하였는데, 켄트는 브리튼의 앵글로색슨 왕

tip

앵글로 색슨 연대기(The Anglo-Saxon Chronicle: 9세기 후반 웨섹스의 알프레드 대왕 치세기부터 수집된, 브리튼 역사에 관한 기록 모음집)는 노섬브리아의 그리스도교화에 공헌한 세 명의 주요인물을 언급하고 있다. 린디스판의 소수도원장으로 고행적 수행을 실천한 성인인 성 커드버트(St. Cuthbert, 625-687)와 노섬브리아의 주교인 윌프리드(Wilfrid, 634-709), 그리고 재로우(Jarrow)수도원의 수도사이자 '영국민의 교회사'의 저자인 가경자 비드가 그들이다.

국들 중에서, 로마 교회에 의해 가장 먼저 그리스도교화된 지역이다. 로마 교회의 전통을 따르는 켄트의 공주가 노섬브리아의 왕비가 되면서, 결국 왕과 왕비는 서로 다른 날짜의 부활절을 지내야 하는 상황이 되었다.

이 밖에도 로마교회와 켈트 교회의 전례와 교리, 성직자들의 관습 등 뿌리 깊은 차이점[tip1]으로 인한 혼란이 계속되자, 오스위는 663년 휘트비Whitby 종교 회의를 소집하였다.[tip2] 여기에서 켈트계와 로마계의 교리와 전통에 대한 열띤 토론이 벌어졌다. 12사도의 대표자인 성 베드로부터 이어져 내려오는 로마 교회와 성 패트릭과 성 콜롬바의 위대한 정신을 이어받은 켈트 그리스도교회의 우월성에 대한 논쟁은 마침내 오스위가 성 베드로의 권위를 인정하고 그의 뒤를 이은 교황과 그 교리에 따를 것을 결정하며 끝났다.

오스위가 개인적인 신앙을 중시하는 켈트계가 아닌, 조직적인 위계를 중시하는 로마계의 손을 들어준 것은 역사적으로 매우 중요한 사건으로 기록된다.[7] 이후 주교좌 중심의 로마계 교회는 브리튼 내 앵글로색슨 왕국들에게 지대한

tip

1 켈트 교회는 성직자의 결혼을 용인하였고 교회 이외의 공간에서도 미사를 집전했다. 이외에도 수도사들의 체발 형태와 주교의 위계 등 많은 부분에서 로마 교회와 다른 차이점을 가지고 있었다.

2 휘트비 종교 회의는 로마나 혹은 켄터베리에서 소집한 것이 아니라 왕에 의해서 소집된 회의였으므로, 시노드(Synod, 종교회의)가 아니라 위탄(Witan, 국왕의 자문을 위한 귀족과 고문들의 회의)의 성격을 띠고 있다.

영향을 끼친다. 통일되지 않은 브리튼의 왕국들에게 로마 그리스도교회는 통일된 교회 조직의 형태를 보여주었고, 이는 통일 왕국에 대한 방향을 보여주는 것이었다. 그리스도교의 유일신 교리는 국왕 중심주의에 부합하는 사회적 규율을 제공하여 국가를 효과적으로 통제할 수 있는 이론적 배경을 제시하였다.

정치적 통일에 앞선 브리튼의 종교적 통일은 통일 왕국을 지향하는 브리튼 왕국들에게 이상적인 모범으로 받아들여졌다. 브리튼 앵글로색슨 왕국들 중 절대적 일인자가 되고자 소망하는 유력한 지배자들은 그의 권력에 정당성을 부여받기 위해 그리스도교회의 힘을 빌리는 것을 주저하지 않았다. 그리고 이러한 브리튼 그리스도교회의 발전은 아일랜드 켈트 교회와 마찬가지로, 문화적 전성기를 외부로 표출하는 시기를 맞게 된다.

아일랜드의 선교사들처럼 앵글로색슨의 그리스도교인들도 역시 대륙으로의 선교에 힘을 쏟는다. 성 보니패이스Winfrid Boniface: St. Bonifacius, 672?-754와 같은 수많은 선교사들이 대륙으로 진출하여 프랑크 왕국과 교황의 후원을 받아 유럽 곳곳에 수많은 수도원과 공동체를 설립한다.[8]

이렇듯 브리튼의 그리스도교회는 7세기에서 10세기까지 전성기를 구가하며 유럽 대륙에 영향을 끼쳤다. 브리튼의 앵글로색슨 전통이 더해진 섬양식을 특별히 히베르노 색슨Hiberno Saxon양식이라고 부르는데, 섬양식Insular과 거의 동일한 의미로 사용되고 있다. 켈트 교회로부터 이어받은 학문과 선교에 대한 열정으로 브리튼 교회의 선교사들도 대륙의 곳곳에서 학문과 신앙의 매개자로서 중요한 역할을 하였다. 이들이 세운 수도원과 교회를 중심으로 많은 섬양식 필사본이 제작 혹은 수집·보관되었다. 아일랜드의 켈트 교회와 브리튼 교회의 발전과 외적인 팽창은 섬양식이라는 독특한 조형양식을 발전시키며 중세 그리스도교 문화의 한 축을 이루었다.

(2) **린디스판 복음서의 조형적 특징** : 섬양식과 대륙의 양식을 함께

히베르노 색슨 양식 필사본의 수작으로 손꼽히는 린디스판 복음서는 뚜렷한 목적을 가지고, 노련하고 치밀한 디자인 계획 과정을 통해 일관성 있게 제작되었다고 평가받는다. 10세기 후반의 린디스판 수도원의 성직자였던 알드레드Aldred, 생몰연대 미상는 린디스판 복음서 말미에 영문 주석을 달면서 린디스판 복음서의 제작자에 대한 이야기를 기록해 놓았는데, 린디스판의 주교였던 에드프리드Eadfrith, 재임 698-721가 성 커드버트St. Cuthbert, 634-687 tip에 대한 경애敬愛를 위해 2년 동안 린디스판 복음서를 직접 필사하고 장식했다는 내용이다. 에드프리드가 직접적인 제작자라는 알드레드의 기록에 대해서 현 학자들은 대체로 이를 받아들이고 있지만, 그가 제작자가 아니라 주문자라는 견해도 존재한다.[9]

총 259fols로 이루어진 린디스판 복음서는 성 예로니모가 교황 다마수스

tip

영국에서 가장 유명한 성인 중 하나인 성 커드버트는 은수 수도자로 린디스판과 요크의 주교를 지냈다. 사후 성인의 유해는 많은 기적을 일으켰고 그의 유해를 모신 린디스판은 대표적인 순례여행지가 된다.

에게 보내는 편지fol. 2v-9r로 시작되고, 열여섯 페이지의 캐논 테이블fol. 10r-17v이 이어진다. 복음서의 본문은 마태오 복음서fol 18v-89v, 마르코 복음서fol. 89v-130r, 루카 복음서fol. 130r-203r, 요한 복음서fol. 203v-259r 네 복음서로 구성되었다. 네 복음서의 앞부분에는 각 복음서에 대해 성 예로니모가 기술한 복음서의 프롤로그가 나타나고, 이어서 복음사가의 초상과 십자가 카펫이 배치되었다.(그림 7) 각 본문은 장식 서두 페이지부터 시작하여 서술되며, 마태오 복음 본문의 중간에 키로Chi-rho 장식 문자 페이지fol. 29r(그림 8), 요한복음의 마지막 페이지fol. 259r에는 린디스판 복음서의 제작에 관한 알드레드의 콜로폰이 첨가되어 있다.

〈그림 7〉 마테오복음의 십자가 카펫 페이지 fol.26v, 린디스판 복음서, 런던, 영국 도서관

〈그림 8〉 마테오복음의 키로 페이지 fol.29r, 린디스판 복음서, 런던, 영국 도서관

린디스판 복음서의 삽화에서 나타나는 도상은 켈트 그리스도교회와 대륙의 그리스도교 문화의 융합을 보여준다. 십자가 카펫 페이지와 장식문자 페이지에 켈트 전통에서 뿌리내린 정교한 장식 문양이 등장하고, 복음사가의 초상은 대륙적 요소를 적극적으로 활용하

〈그림 9〉 복음사가 마르코의 초상 fol.93v, 린디스판 복음서, 런던, 영국 도서관

여 필사하고 있는 모습을 묘사한 도상을 차용하고 있다.(그림 9) 복음사가의 상징만을 등장시키거나 도식적인 인물의 정면상을 평면적으로 표현하는 다른 섬양식의 필사본들과는 달리, 복음서를 기록하는 인물의 직접적인 모습을 재현적으로 보여준다. 복음사가가 앉아 있는 스툴과 발받침 등의 입체 표현에 있어서는 비잔틴 지역의 이콘에서 나타나는 역원근법을.tip 그대로 받아들여 사용하였다.

복음서를 쓰고 있는 네 명의 복음사가는 모두 다른 모습으로 묘사되어 있다. 복음사가가 바라보는 시점도 정면, 우측면, 좌측면으로 나누어 표현하였고, 복음사가의 얼굴도 노년, 장년, 청년의 모습으로 다양하게 묘사하였다. 복음사가 한 사람 한 사람의 복식, 인물의 자세

tip

역원근법 – 바라보는 사람의 시점을 기준으로 화면에 소실점을 두고 공간감을 나타내는 원근법과 달리, 소실점을 감상자 쪽에 두고 그리는 기법을 역원근법이라고 한다. 비잔틴의 이콘에서 '신의 시점'을 기준으로 한다는 개념을 바탕으로 만들어진 전통이다.

와 주변 집기까지도 각기 다르게 묘사하여 각 복음사가의 특징을 구별되게 나타내고자 하는 구성의 치밀함이 두드러진다.

린디스판 복음서의 복음사가 초상은 대륙의 도상을 따왔지만 부분적인 표현에서는 평면적이고 장식적인 섬양식 전통 기법을 적용시키고 있다. 복음사가들의 옷주름과 머리카락 등은 사실적 묘사가 아니라 패턴화되어 평면적으로 표현되었다. 복음사가들과 함께 나오는 네 동물의 상징은 섬양식의 도상으로 묘사되어있다. 대륙의 필사본을 그대로 모사해 코덱스 아미아티누스 Codex Amiatinus, Biblioteca Medicea Laurenziana, Florence(그림 10)를 제작할 정도로 노섬브리아의 필사가들은 기술적인 부분에서 대륙의 표현방식에도 익숙했다. 그림에도 불구하고 린디스판 복음서에서 대륙의 도상을 켈트-게르만 전통으로 변용하여 표현했다는 것은 매우 흥미롭다.

복음사가 초상에서 재현적 도상의 차용은 이전의 섬양식 필사본에서 찾아보기 어려운 새로운 시도이다. 이질적인 것을 받아들여 적

〈그림 10〉 성 에즈라의 초상 fol.5r, 700년경 코덱스 아미아티누스, 메디체아 라우렌치아나 도서관, 피렌체, 이탈리아

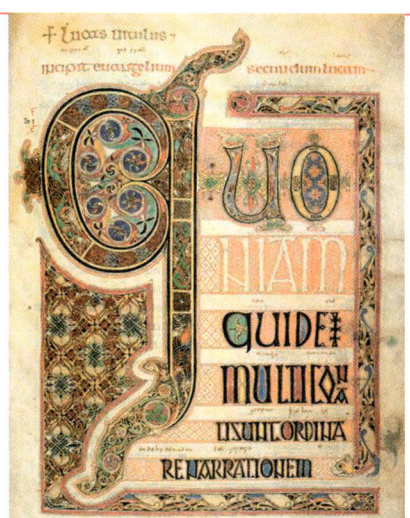

〈그림 11〉 루카복음의 서두페이지 fol.139r, 린디스판 복음서, 런던, 영국 도서관

〈그림 12〉 루카복음의 서두페이지, 리치필드 복음서, 영국, 리치필드 대성당

용한 복음사가 초상 도상을 통해 다양한 문화가 함께 공존하던 7세기 후반 노섬브리아의 시대적 상황을 엿볼 수 있다. 또한 콜럼바의 카하흐 이후 발전해 온 섬양식 필사본의 장식문자 형태를 규격화·정형화한 서두 문자의 장식 양식과 십자가 카펫 페이지에서 나타나는 다양한 디자인은 노섬브리아가 가지고 있던 풍부한 섬양식 문화의 토양을 느끼게 해준다.(그림 5, 11, 12)

린디스판 복음서는 노섬브리아의 문화적 기반의 우수성을 보여주는 대표적인 사례이다. 다양한 표현 기법이 함께 공존했다는 사실은 노섬브리아의 필사본 제작자들에게 또는 주문자들에게 필사본 삽화의 표현방식이 선택 가능한 요소였음을 알려준다. 주교 혹은 스크립토리움의 수장이었을 에드프리드는 노섬브리아의 위대한 성인인 성 커드버트를 위한 복음서를 기획하면서 당시 노섬브리아 문화의 정수를 보여주고자 노력했을 것이다. 린디스판 복음서의 복음사가 초상 도상은 다양한

문화의 융합과 창조를 추구했던 당시 노섬브리아의 사회적 배경을 바탕으로 제작되었다. 특히 7세기 초반 제작된 더로우서와 7세기 중후반의 더럼 복음서를 이어받아 섬양식의 전통을 계승하여 발전시키는 동시에 부분적으로 대륙의 도상을 적극적으로 활용하여 이전까지 섬양식 필사본에서 찾아볼 수 없었던 새로운 구성을 보여주고 있다. 새로운 문화의 융합과 전통적 도상을 체계화하려는 노력이 엿보이는 린디스판 복음서의 장식 삽화는 이후 나타나는 켈트-게르만 문화의 기준을 제시하고 발전 방향을 모색하는 것과 같은 위치에 있다고 생각된다.

이 시기의 노섬브리아에서 제작된 복음서에서는 부분적으로 대륙의 전통을 받아들이면서 동시에 섬양식의 장식요소들과 평면적 구성들을 더욱 과감하게 응용하고 있다. 각 복음서의 서두 페이지 등 섬양식 필사본에서 빼놓지 않고 등장하는 확장된 문자 장식 페이지는 커다란 비중을 가지고 표현되어 있을 뿐 아니라, 각 복음서의 서두마다 정형화된 스타일이 정착되었다. 린디스판 복음서, 에히더나흐 복음서, 더럼 복음서, 리치필드 복음서 등의 서두 페이지는 정형화된 구성 안에서 장식적 모티브 혹은 직선적, 곡선적인 변화들이 다양하게 시도되고 있다.(그림 11, 12, 13)

켈트 수도원의 필사 전통을 이어받아 장식적 전통을 유지하면서도 대륙의 방식을 흡수하며 양쪽 모두의 양식을 새롭게 적용시키고자 했던 노섬브리아의 특징은 앵글로색슨 수도사들이 가지고 있던 켈트 그리스도교회와 로마 그리스도교회의 중간자로서의 자의식 표현이라고도 해석하는데,[10] 이는 결과적으로 섬양식 전통 표현의 부분적 감소로 나타난다. 앵글로색슨 왕국들의 정치적 통일 노력과 로마교회와 유대 관계의 진전은 점차 섬양식보다는 대륙적 양식의 선호를 불러일으켰기 때문이다. 또한 800년 이후 급격히 팽창한 노르만-바이킹의 영향으로 섬양식은 또 한 번 큰 변화를 맞이하게 된다.

켈스서

800년 이후 섬양식 필사본은 켈트 교회의 자성 노력과 로마 교회의 영향력 확대로 많은 변화를 겪게 된다. 또 북부의 노르만 세력이 강성해지면서 바이킹의 조형 양식으로부터도 상당한 영향을 받았다. 800년경 제작된 켈스서에 등장하는 조형적 특징들이 이를 잘 말해주고 있다.

린디스판 복음서가 만들어진 후 약 100년의 시간이 흐른 뒤, 켈스서The Book of Kells, Trinity College Dublin MS 58, 330x255mm가 제작되었다. 린

〈그림 13〉 루카복음서의 서두페이지, fol.188r. 켈스서, 아일랜드 더블린, 트리니티 컬리지

디스판 복음서가 성 커드버트의 경애를 위해 만들어졌고, 일관성 있는 기획으로 제작되어 완벽한 상태로 보존되었다고 인정되는 것에 비해, 켈스서는 제작 장소와 시기도 불분명하고 제작된 의도와 목적 역시 알려지지 않았다. 신약성서의 네 복음서를 내용으로 하는 필사본인 켈스서는 1007년 도난 사건으로 본래의 화려한 보석장식으로 꾸며졌을 것이라고 짐작되는 겉표지는 남아있지 않다. 텍스트 역시 통상적으로 서문의 역할을 하는 성 예로니모의 편지부분을 포함한 앞부분 10여장과 복음서 중간중간의 주요 장식 페이지, 그리고 요한복음 17장 13절 이후의 뒷부분 10여장이 유실되었다. 현재 남아있는 분량은 680페이지 340folios로, 아홉 페이지의 캐논 테이블과 마태오, 마르코, 루카, 요한 복음서가 차례로 배치되어 있다. 현재 부분적으로 레이아웃만 그려진 페이지도 남아있는 미완성 상태의 필사본이다.

800년 전후, 스코틀랜드 서부 해안의 아이오나 수도원에서 제작되었을 것

〈그림 14〉 아이오나 수도원, 스코틀랜드 아이오나

이라고 추측되며, 아마도 당시 잦은 바이킹의 습격 때문에 긴급히 수도원을 이전하는 상황에서 제작되었을 것으로 생각된다. 켈트 교회의 성 콜룸바 커뮤니티의 중심지인 아이오나 수도원은 795년, 802년, 806년 연속된 바이킹의 습격으로 커다란 피해를 입고, 아일랜드 내륙으로 이전하게 된다. 당시 아이오나 수도원의 원장이었던 셀라흐Cellach mac Congaile, Abbot of Iona, ?-815?는 성 콜룸바의 유해를 비롯한 아이오나 수도원의 보물들을 가지고 아일랜드 내륙으로 도망쳐, 사우스 우이 네일South Ui Neil의 켈스 지역에 아이오나를 대체하는 공동체를 세운다.^{tip1 p.120} 얼스터 연대기에 따르면 814년 켈스 교회가 세워졌고, 켈스서는 그때부터 1653년 이전까지 〈성 콜룸바의 대 복음서〉The great Gospel of Colum Cille 라는 이름^{tip2 p.120}으로 불리며 켈스 수도원에 보관되었다.

〈그림 15〉 켈트 수도원의 석조 망루 : 외적의 잦은 침입때문에 감시와 대피공간으로 만들어졌다.

1653년부터 현재까지 더블린의 트리니티 도서관에 보관되어 있다.

상당한 훼손에도 불구하고 켈스서의 조형양식은 그 독창성과 장려함으로 커다란 주목을 받고 있다. 켈스서의 장식요소는 그보다 앞선 시기의 필사본들과 비교해 보았을 때 더욱 과감하고 화려하다. '성모자'(그림 19), '악마의 유혹을 받는 그리스도'(그림 17) 등, 이전 섬양식 필사본에서 찾아볼 수 없었던 주제의 도상들이 등장하고, 장식요소도 동물, 식물, 사람의 형태가 함께 얽힌 인터레이스와 여러 겹의 소용돌이 문양 등 더욱 다양한 응용 버전이 나타난다.

〈그림 16〉 아일랜드 더블린, 트리니티 컬리지 도서관 내의 켈스서 전시장

〈그림 17〉 악마의 유혹을 받는 그리스도, fol.202v. 켈스서, 아일랜드 더블린, 트리니티 컬리지

tip

1. 1641년 신교도 정착자들에 대항해 아일랜드인들이 폭동을 일으킨다. 이 과정에서 켈스 수도원이 큰 피해를 입자, 1653년경 켈스서는 안전상의 이유로 더블린으로 옮겨졌다.

2. 켈스서(The Book of Kells)라고 불리게 된 이유는 17세기 중반 아르마 대주교였던 제임스 어셔(James Ussher)가 성 콜럼바의 복음서 중, 더로우의 복음서(The book of Durrow)와 켈스에 보관된 복음서(The book of Kells)를 구분하여 기록하면서 시작되었다.

〈그림 18〉 켈스서가 전시되어 있는 더블린 트리니티 컬리지 도서관의 Old Library

〈그림 19〉 천사에 둘러싸인 성모자, fol.7v, 켈스서, 아일랜드 더블린, 트리니티 컬리지

현재 남아있는 것만으로도 상당히 큰 규모의 필사본인 켈스서는 본문과 장식 삽화의 내용 안에 오류와 풀리지 않는 의문이 남아있다. 오랜 시간동안 많은 부분이 훼손되어 본래의 제본 상태를 확인할 수 없고, 여느 섬양식 필사본보다도 월등히 많은 카펫 페이지 수와 복잡한 구성을 보여주는 켈스서는 8-9세기 켈트 그리스도교회에서 일어난 여러 변화를 대변하는 것으로 보인다.

(1) **8세기 전후 켈트 교회의 변화** : 켈트교회의 마지막 영광의 불꽃

7세기 후반부터 노섬브리아 등 중부 브리튼 지역에 빠르게 흡수된 로마의 그리스도교 문화는 노섬브리아와 직접적인 연계를 가진 아이오나 수도원에도 큰 영향을 끼친다. 7세기 아이오나 수도원의 수도원장이었던 아돔난은 아일랜드 세속 권력의 힘을 빌어 아일랜드 사회에 로마식 부활절 전례 방식을 설득하려고 하였다. 그는 앵글로색슨의 브리튼 교회가 휘트비 종교회의 등을 통해 로마 교회의 문화를 적극적으로 받아들이며 켈트 교회의 영향력 하에서 벗어나려는 현장을 직접 경험해야 했다. 이러한 상황 속에서 아돔난은 『성 콜럼바의 생애』Vita Columbae를 집필하여 켈트 교회의 위대함과 정통성을 알리기 위해 노력하였고, 동시에 콜럼바 커뮤니티의 켈트 교회가 브리튼 교회처럼 범세계적 그리스도교회 조직에 참여하기를 꿈꾸었던 개혁자였다.^{tip} 노섬브리아에서 나타난 켈트 교회의 위기에도 불구하고, 이 시기에도 여전히 켈트 수도사들은 선교의 열정으로 유럽 대륙 곳곳으로 뻗어나갔다. 일찍이 성 콜럼바 커뮤니티는 갈리아 지방과 스페인, 이탈리아에까지 설립되어 서로 지속적으로 교류하고 있었다. 대륙으로 나간 켈트교회의 수도자들은 그 지역의 새로운 문물을 가지고 아일랜드 켈트교회로 돌아왔다. 이와 같은 외연의 확대로, 켈트

tip

아돔난 이후 콜럼바 커뮤니티의 켈트교회가 로마 영향을 받아들인 과정에 대해서는 정확히 알 수 없지만 비드(Bede)에 의하면 716년 앵글로색슨 출신의 주교 에즈버트가 픽트(스코틀랜드)와 아일랜드에서 아이오나의 영향으로 로마식 부활절을 받아들였다고 기록하고 있다.

계 교회의 네트워크를 통한 풍부한 인적, 물적 교류가 가능하게 되었다. 아일랜드와 브리튼의 켈트교회와 대륙에 이식된 켈트교회 간의 지속적인 연계와 적극적인 선교 활동으로, 7세기경의 켈트교회는 이미 아일랜드와 스코틀랜드 지역의 고립된 은둔자가 아니었다.

그러나 켈트 교회는 7세기 이후 외부적 팽창과 더불어 본래의 명상적, 은둔적 특성이 흐려지고 세속화되었다. 본래 아일랜드는 뿌리 깊은 부족 중심의 사회로, 지역의 중심인 수도원의 권력과 재산은 대대로 세습되었고 때로 남용되기도 했다. 아일랜드의 교구들은 대부분 초기의 아일랜드 왕국들의 영토 경계와 일치한다. 각 교구는 그 지역을 다스리는 부족의 지배를 받았고, 이들 부족간의 전쟁에서 수도원 역시 제외되지 않았다. 같은 그리스도교임에도 불구하고 때때로 서로의 수도원을 약탈하고 교회를 불태우며 수도사와 수도원장, 주교를 살해하기도 했다.[11] 대표적인 예로, 아일랜드 교회의 중심지 중 하나인 카셀Cashel의 군주는 왕인 동시에 대주교나 대수도원장이기도 했다. 9세기 전반 카셀의 왕이자 주교였던 페들리미드 마흐크 크리브한Feidlimid mad Crimhthainn은 부족간의 전쟁에서 바이킹보다 더 많은 교회를 파괴한 사람이었다.[12] 바이킹의 침입이 극심하던 9세기 초 아일랜드는 수많은 소왕국으로 나뉘어 있었고 이들 중 타라Tara를 포함한 우이 네일Ui Neil과 카셀을 다스리는 에오가나크타Eóganachta가 가장 큰 세력을 가지고, 아일랜드의 일인자가 되기 위해 싸우고 있었다. 이 과정에서 우이 네일 왕국은 아르마Armagh를 중심으로 성 패트릭 커뮤니티의 영향력을 확대하고 있었는데, 로마 교회의 지지를 등에 업고 아르마를 아일랜드의 대주교좌로 만들기 위해 로마와의 연계를 적극적으로 추진하고 있었다.[13] 또 브리튼 지역의 앵글로색슨 교회들이 켈트 교회의 영향력으로부터 벗어나려는 움직임이 더욱 강화되면서 켈트 교회의 입지는 더욱 줄어들었다. 오와이어B. W. O'Wyer는 가경자 비드가 『영국민들의 교회사』를 제작한 것은 앵글로색슨 교회의 우월성을 드러내기 위한 목적을 가지고 있다고 주장하였다.[14] 비드는 '아이오나의 수도사들이 세속적이고 무식하며 고지식하다'고 묘사하고 있으며, 당시 아이오나의 수도원장인 아돔난에 대해서는 높이 평가하면서, '그는 학식있고 지혜로운 자이며 아일랜드 교회를 로마식으로 변화시켜야 하는 책임이 있어, 브리튼 교회의 모범을 따랐다'라고 설명하였다. 특히 663년의 휘트비 종교회의는 노섬브리아의 종교적 정체성의 성장을 가져온 사건으로, 이후 앵글로색슨 교회들의 주체적인 움직임이 더욱 활발히 이루어졌다. 이런 시기에 당시 아이오나 수도원의 수도원장이었던 아돔난이 저술한 『성 콜럼바의 생애』는 성 콜럼바가 행한 기적과 위대함을 상기 시키며, '노섬브리아가 이교도화 되었을 때 그리스도교 신앙을 전파한 것은 아일랜드 수도사들임을 기억하라'는 메시지를 담고 있다.[15]

오와이어는 8세기경 노섬브리아 교회가 아일랜드 켈트 교회로부터 벗어나 보다 독립적인 주체성을 갖고자 했던 움직임에 대해서 주목하였다. 부족 중심 켈트 수도원 문화는 같은 뿌리를 가진 수도원 간의 긴밀한 유대관계를 가지고 있었다. 수도원의 소유권과 수도원장의 지위도 부족 내에서 세습되었고, 아일랜드 이외의 지역에 설립된 같은 커뮤니티의 수도원들도 한 부족의 지배를 받았다. 브리튼에 세워진 켈트 수도원들도 예외가 아니었기 때문에 이들 역시 아일랜드 켈트 교회 지도자들의 영향력 아래 있었다. 브리튼에서 켈트 식민 교회의 뿌리를 뽑아야 한다고 주장했던 비드뿐만 아니라, 휘트비의 주교였던 윌프리드가 노섬브리아에 베네딕도 수도원의 규율과 전통을 소개하고 노섬브리아 수도원에 이를 적용시키려 노력했던 것 역시 아일랜드 켈트 교회의 영향력으로부터 벗어나기 위한 몸부림이었다는 것이다.[16] 그러나 여전히 8세기까지도 브리튼 내의 켈트 교회의 권한은 무시할 수 없는 것이었고, 노섬브리아 이외의 다른 여러 앵글로색슨 왕국들은 아일랜드 켈트 교회의 선진 문화를 적극적으로 받아들이는 중이었다.

8세기에서 9세기는 아일랜드 켈트 교회의 황금기와 위기가 동시에 존재하는 시기였다고 생각된다. 유럽 대륙 서쪽의 학문과 예술의 풍부한 토양을 가진 문화적 중심지였던 켈트 교회는 외부적으로 팽창하고 있었지만, 대내외의 갈등과 구조적인 특성과 한계가 내부적 자성과 비판을 초래하고 있던 상황이었다. 끊임없는 전쟁 속에 분열되었던 아일랜드의 정치 상황과 이와 밀접한 관계를 맺고 있던 아일랜드 켈트 교회는 순수한 종교적 목적을 회복하기 위해 스스로 켈트 교회의 전통을 버리고 브리튼 교회와 마찬 가지로 로마 교회의 조직 안으로 들어가야 한다는 주장이 커지고 있었다.

켈스서의 제작은 문화적으로는 절정의 시기에 있었던 켈트 교회가 내외부적인 갈등으로 혼란한 상황 속에서, 바이킹의 침략으로 커다란 피해를 입은 채 켈스로 옮겨지는 때에 이루어졌다고 추측된다.[17] 켈트 교회와 브리튼 교회, 로마 교회 그리고 세속 정치 권력과의 다각적인 연관성은 당시의 조형예술에도 변화를 가져왔을 것이다.

(2) 아이오나 수도원의 위기와 켈스서의 제작

현재 아일랜드 더블린의 트리니티 컬리지Dublin, Trinity College의 올드 라이브러리Old Library 그림18에 소장되어 있는 켈스서는 그 제작 목적에 관해 아직도 논쟁이 이루어지고 있으며, 제작 장소로는 아이오나와 켈스가 가장 유력하게 거론되고 있다.

켈트 그리스도 교회의 대표적인 중심지였던 아이오나 수도원은 6세기 성 콜럼바St.Columba 혹은 Colum Cille, 521-597에 의해 설립되었다. 이 후, 성 콜럼바누스St.Columbanus, 540-615를 비롯한 선교자들이 켈트 교회를 외부로 확장하는 구심점이 되었던 아이오나 수도원은 켈스서가 만들어지던 시기인 9세기 초, 날로 격심해지는 바이킹의 침입 때문에 아일랜드의 내륙인 켈스 지역으로 이전하게 된다.

켈스서라 명명하게 된 이유도 이 필사본이 9세기경부터 1541년 또는 1654년까지 켈스 수도원에 보관되어 있었기 때문이다. 이후 켈스에서 옮겨져 더블린의 트리니티 컬리지에 보관되었다. 버나드 미한과 케롤 파를 비롯한 켈스서 연구자들은 켈스서가 아이오나 수도원에서 제작되던 도중, 바이킹의 침입으로 긴급히 켈스로 옮겨진 다음, 그곳 수도원에서 이어서 제작되었을 것이라는 의견을 지지하고 있다.[tip 1] 켈스 수도원에 보관되는 동안 켈스서는 '성 콜럼바의 대 복음서The Great Gospel of Colum Cille'라는 이름으로 불리었는데, 이 명칭은 켈스서가 콜럼바 커뮤니티와 깊은 연관성을 가진 존재였다는 것을 보여준다. 아이오나에서 켈스로 이전하던 당시의 수도원장이었던 셀라흐는 켈스 교회가 완전히 설립된 해814년의 다음 해에 사망하였는데, 그는 마지막까지 '아이오나 수도원의 수도원장'이라는 직함을 가지고 있었다.

켈트 그리스도교회에서 전통적으로 장려한 채색 장식 필사본을 소유하고 있다는 것만으로도 큰 의미를 가졌다고 한다.[18] 수도원과 그 수도원을 후원하는 부족에게 대대로 상속되는 화려한 장식 필사본은 설립자의 유해와 더불어 가장 공경받는 유물이자 수도원의 상징이었다. 켈스서가 '성 콜럼바의 대 복음서'라고 불렸던 것도 이와 비슷한 맥락이라고 볼 수 있을 것이다.[tip 2]

tip

1 버나드 미한은 켈스서의 제작에 대해 세 가지 가능성을 제시한다. 하나는 아이오나 수도원에서 제작되어 켈스로 가지고 들어왔다는 것이고 또 하나는 아이오나에서 제작하던 도중 바이킹의 침입으로 수도원이 켈스로 이전하면서 켈스에서 이어서 제작되었다는 것이다. 마지막으로 켈스로 이전한 이후 켈스에 수도원을 세운 814년 이후 제작되었을 것이라는 의견이다. 그러나 켈스서가 부분적으로 미완성으로 남겨졌다는 사실에서 바이킹의 습격으로 급작스럽게 탈출하는 과정에서 제작이 중단되었을 것이라는 추측이 자주 언급된다고 설명하였다.

2 비슷한 예로 린디스판 복음서는 '성 커드버트 복음서(St. Cuthbert Gospel)', 아르마서(The book of Armagh)는 성 패트릭의 경전(The Canon of St. Patrick)이라는 명칭을 가지고 있다.

다른 섬양식 필사본들과 전체적인 구성을 비교해 보았을 때, 켈스서는 본문 중간에 많은 카펫 페이지들이 등장하고 장식 역시 복잡하고 화려하다. 가장 화려한 섬양식 장식 필사본 중 하나로 꼽히는 린디스판 복음서, 리치필드 복음서와 비교해 보아도 켈스서는 월등한 수의 카펫 페이지를 포함하고 있다. 켈스서의 본문 중간중간에 존재했을 것이라고 추정되는 장식 페이지들이 상당부분 유실된 것을 감안하더라도, 현재의 상태에서도 이미 상당히 복잡하고 화려한 구성이다. 이전 필사본에서 찾아볼 수 없었던 독특한 도상과, 문자를 알아보기 힘들 정도로 과장된 서두 문자 장식 페이지, 복음사가의 상징 도상들로 화려하게 장식된 캐논 테이블 등 새롭고 다양한 형식과 구성을 가지고 있는 다수의 카펫 페이지들을 보여준다.

켈스서는 680 페이지 340folios 의 우피지 牛皮紙, vellum 위에 쓰여진 복음서이다. 본래의 겉표지는 여러 번의 도난과 훼손으로 사라졌으며 현재는 총 4권으로 분리 제본되어 있다. 680 페이지에는 '각 복음서의 요약 Breves causae', '복음사가들의 짧은 전기 Argumenta'와 아홉 페이지의 캐논 테이블을 포함하여, 마태오, 마르코, 루카 복음 전체와 요한복음 17장 13절까지의 부분이 남아있다.[19] 복음서의 가장 앞부분, 통상 불가타 성서의 서문 序文 역할을 하는 '성 예로니모가 교황 다마수스에게 보내는 편지'는 10여 장이 유실된 채, 맨 마지막 부분인 '헤브루 이름들'만이 남아있다. 이어서 아홉 페이지의 캐논 테이블(그림 20)이 배치되어 있는데, 이 중 일곱 페이지는 아치와 열주로 나뉘어진 화면에 네 복음사가의 상징과 장식 문양들로 화려하게 꾸며져 있고 맨 마지막 두 페이지는 단순한 가로, 세로 격자로 나뉘어진 구조를 보여준다.

〈그림 20〉 캐논테이블, fol.5r. 켈스서, 아일랜드 더블린, 트리니티 컬리지

캐논 테이블이 끝난 다음 페이지에는 성모자가 천사에 둘러싸여 앉아있는 도상이 등장한다.(그림 19) 본래 기획된 구성이 이 위치인지는 알 수 없지만, 현재로서는 복음서의 내용이 시작되기 전, 표지와 같은 역할을 하고 있는 페이지이다. '성모자' 페이지 다음부터는 '각 복음서의 짧은 요약'과 '복음사가들의 전기'가 마태오, 마르코, 루카, 요한 복음이 뒤섞여 있고, 그 다음으로 마태오, 마르코, 루카복음과 요한복음 17장 13절까지의 본문이 이어지며 이후 부분은 유실된 상태이다. 각 복음서는 본래 네 복음사가의 상징 도상 페이지로 시작하여 복음사가의 초상 페이지, 서두 페이지가 배치되었을 것이다. 그러나 현재 마태오복음과 요한복음만이 이 구조를 모두 갖추고 있고, 마르코복음의 복음사가 초상 페이지와 루카복음의 네 복음사가 상징과 복음사가의 초상 페이지는 전해지지 않는다. 아마도 미처 제작하지 못하였거나 유실되었을 것이라고 짐작된다. 복음서의 본문의 중간중간에도 주요 장식 페이지가 배치되었다. 마태오복음서는 1장 18

절 부분에서 섬양식 필사본의 대표적 도상인 '키로Chi-rho 페이지'(그림 21)가 '옥좌의 그리스도', '십자가 카펫 페이지'와 함께 등장하며 26장 30절 부분에 〈그리스도의 체포〉혹은 올리브산의 그리스도 도상이 나타난다. 다른 복음서에도 마태오복음서와 마찬가지로 주요 전례 시기의 본문에 주요한 도상들이 배치되었을 것이라고 추측되지만, 루카복음에 남아있는 〈악마의 유혹을 받는 그리스도〉(그림 17)를 제외하고는 큰 비중을 차지하는 전면 삽화는 현재 남아있지 않다. 요한 복음은 17장 13절까지의 본문만 남아있기 때문에 그 뒤로 유실된 10여 장 중에는 중요한 장식 페이지도 포함되어 있었을 것으로 생각된다. 전체적으로 유실된 부분은 성 예로니모의 편지가 있었을 캐논 테이블의 앞부분 10장, 요한복음의 뒷부분 12장, 이외 각 복음서의 일부분들 6-12장 정도가 없어졌다고 추측된다. 필사본의 곳곳에는 여러 시기의 소장자와 연구자들에 의한 메모와 주석들도 남아있다. 또 19세기 다시 제본하는 과정에서 부분적으로 잘려나가 훼손된 페이지도

〈그림 21〉 키로 문자장식 페이지, fol.34r. 켈스서, 아일랜드 더블린, 트리니티 컬리지

〈그림 22〉 복음사가 요한의 초상, fol. 291v. 켈스서, 아일랜드 더블린, 트리니티 컬리지

있다.(그림 22)[20]

켈스서는 화면을 가득 채운 대담한 장식 페이지들로 전체적으로 화려하고 장엄한 장식 필사본의 면모를 보여준다. 장식 패턴과 복음사가 상징 도상으로 장식된 일곱 페이지의 캐논 테이블, 십자가 카펫과 키로 페이지, 마태오와 요한 복음사가 초상, 열 페이지의 복음사가 상징 페이지가 남아있고, 이외에도 다수의 전면삽화를 포함하고 있어, 현존하는 섬양식 필사본 중 가장 많은 장식 페이지를 가지고 있다. 이들 장식 페이지의 도상에서는 당시 켈트 교회가 가지고 있었던 특징적인 양식과 대륙의 영향을 받아들여 새롭게 만들어낸 도상들도 찾아볼 수 있다.

켈스서에서 나타나는 복음사가 상징 도상은 6세기부터 이어져 오는 켈트 교회 전통의 발전상을 보여준다. 복음서와 필사도구를 들고 앉아 있는 정면상의 복음사가 초상에서는 섬양식과 대륙 양식의 절충된 형태를 엿볼 수 있다. 네 복음서의 서두 페이지는 섬양식의 전통을 이어받아 첫 이니셜의 정형화된 모습을 보여주면서, 화면 안에 인물상과 상징을 첨가하여 내용을 강조하고 있다. 확대된 문자를 섬양식의 장식요소들로 꾸며 놓은 페이지는 복음서 본문의 첫 부분뿐 아니라 사순과 부활, 성탄 등의 주요 전례시기에 읽혀지는 부분에서도 나타난다.

켈스서에서는 다른 섬양식 필사본에서 찾아보기 힘든 도상을 보여주는 전면삽화도 등장하는데, 〈천사에 둘러싸인 성모자〉(그림 19)와 〈악마의 유혹을 받는 그리스도〉(그림 17), 〈옥좌에 앉은 그리스도〉, 〈그리스도의 체포〉 등이 그

것이다. 다른 섬양식 필사본에서 쉽게 찾아보기 힘든 이러한 도상들의 의미와 역할에 대해서는 여전히 여러가지 주장이 언급되고 있다.

이 밖의 섬양식 필사본

(1) 카하흐 Cathach

섬양식적 특징이 처음으로 발견되는 가장 오래된 필사본은 『카하흐 시편서』 The Cathach, RIA MS 12 R33,270×190mm, remounted 이다. 성 콜럼바가 필사했다고 전해지는 이 필사본은 본래 110장 정도의 규모로 추정되나 현재 58장 분량이 남아있다. 7세기 후반 아돔난의 『성 콜럼바의 생애』 Vita Columbea 에 의하면, 성 콜럼바는 성 피니안 St.Finian Lobhar, ?-560 의 시편서를 허락없이 필사하고 그 원본을 돌려주기를 거부했기 때문에 561년 타일티우 종교회의 Tailtiu synod. 타일티우 Tailtiu는 오늘날 아일랜드 텔타운 Teltown으로, 아일랜드 카운티 미스 County Meath. 내의 지명이다. 아이리쉬 신화에서 등장하는 여신의 이름이기도 하다. 가 열렸고, 결국 성인은 아일랜드에서 떠날 수밖에 없었다고 한다.[21]

성 콜럼바가 직접 필사했다고 전해지지만, 현존하는 카하흐는 보편적으로 7세기경에 제작된 것으로 분석되는데, 아마도 콜럼바의 저작물을 재필사한 것으로 보인다. 소박한 갈색 잉크로 쓰여진 이 필사본은 화면 전체를 장식한 카펫 페이지는 등장하지 않는 작은 규모로, 단락의 첫 대문자를 확대하여 섬양식적 장식 요소로 꾸며 놓은 간단한 형태의 서두 문자 장식이 나타난다. 단순하고 수수한 형태에도 불구하고 이후 이어지는 서두 문자 장식의 형태와 구조에서 많은 유사성을 찾아볼 수 있는 초기 섬양식 필사본이다.

(2) 더로우서 The Book of Durrow

본격적인 섬양식 장식 필사본으로는 『더로우서』The Book of Durrow, Trinity College, Dublin, MS A. 4. 5. 57. 245×145mm를 꼽는다. 7세기 중반 노섬브리아에서 린디스판 복음서 이전에 제작되었을 것으로 추정된다.

더로우서라는 이름은 성 콜럼바가 오펄리 주Country Offaly의 털러모어Tullamore 북쪽에 세운 더로우 수도원에서 유래한다. 역사적으로 더로우서는 오랫동안 성 콜럼바가 직접 필사한 것으로 믿어졌다. 이러한 믿음 때문에 더로우서는 아일랜드 교회에서 대단히 숭배되는 유물 중 하나였고 9세기 경 아일랜드의 왕이었던 플란 시나Flann Sinna, 재위 879-916는 더로우서를 위한 은제銀製 함shrine:cumdach을 만들어 봉헌했다 이것은 1689년 트리니티 컬리지의 군점령 사

〈그림 23〉 성 콜럼바의 카하흐 Cathach. 6C말-7C, 아일랜드 더블린, 트리니티 컬리지

건때 사라졌다. 얼스터 연대기에는 1095년 더로우 수도원의 화재사건 때에 더로우서 역시 피신했다고 쓰여져 있으나 fol.248v에 아일랜드어로 기록된 토지 합의문으로 짐작하건데 이 필사본은 다른 지역으로 옮겨지지 않고 계속 더로우에 있었다. 1547년 헨리8세의 수도원 해산 이후에도 여전히 이 지역에 남아서, 17세기 더로우 지역에 살던 코넬 맥에게건 Conall Mac Eochagain 이라는 학자는 더로우서의 소유자가 가축들의 질병 치료를 위해 더로우서에 물을 부어 사용하는 것을 보았다고 기록하고 있다. 이후 더로우서는 미스주 Country Meath 의 주교였던 헨리 존스 Henry Jones, 1661-1682 에 의해 더블린의 트리니티 컬리지에 헌정되어 현재까지 보관되고 있다.

더로우서의 장식패턴과 도상, 구성은 콜럼바 커뮤니티의 조형적 특징을 잘 보여준다. 또 복음사가의 상징이 마르코-독수리, 요한-사자로 등장하는 등 불가타 이전의 이레네우스 버전의 특징이 나타난다.

총 248장의 우피지로 제작된 더로우서는 캐논 테이블과 복음사가의 짧은 전기, 그리고 마태오, 마르코, 루카, 요한 복음서로 구성되어있다. 특히 더로우서의 카펫 페이지와 확장된 이니셜의 장식 등에서 섬양식 필사본의 대표적인 특징들이 잘 드러난다.

더로우서에는 섬양식의 주된 장식 요소인 인터레이스가 여섯 면에 이르는 카펫페이지에서 더욱 과감하게 표현되어 있다.(그림 24) 소용돌이 문양뿐 아니라, 일정한 규칙으로 구성된 화면 안에 인터레이스 문양이 나타난다. 화면 전체를 가득 채운 인터레이스는 붉은색, 녹색, 노란색의 선으로 서로 얽혀 반복적인 패턴을 만들어 내고 있다. 재현적인 형태가 등장하지 않고 기하학적 면

〈그림 24〉 요한복음 카펫페이지 fol.192v, 더로우서, 아일랜드 더블린, 트리니티 컬리지

분할과 장식 패턴으로만 이루어진 이러한 화면구성은 소용돌이 문양과 인터레이스가 단순히 부수적인 장식 요소가 아니라, 주제로서 메시지를 전달하는 역할을 하고 있음을 알 수 있다.

역동적으로 변화하는 자연의 에너지와 끊임없이 이어지는 시공간의 흐름은 인터레이스와 같은 세밀한 장식 패턴으로 시각화 되었다. 어떠한 대상을 이러한 패턴으로 장식하는 것은, 나쁜 기운이 들어오지 않게 하려는 액막이의 의미와 대상에 대한 경외와 봉헌의 의미를 가진다. 또한 수도원 중심의 켈트 그리스도 교회에서 많은 시간과 노력을 들여 정교한 문양을 그리거나 새겨넣는 행위는 그 자체로 금욕과 극기의 수도 방식으로 받아들여졌다.[22] 더로우서의 카펫 페이지는 장식 패턴들로 가득 채워진 화면으로 켈트 교회가 가지고 있는 그리스도교의 이해와 세계관을 표현하고 있다고 해석할 수 있을 것이다.

(3) 아르마서 The Book of Armagh

9세기 초반807년경 195×145mm 크기로 본래 222장현재는 5장이 유실의 우피지에 제작된 아르마서The Book of Armagh, Trinity College, Dublin, MS 52는 외형은 소박해 보이지만 역사적으로 매우 중요한 대접을 받았다. 아르마는 아일랜드 교회 내에서 성 패트릭 커뮤니티의 중심지이며 아르마서는 성 패트릭이 직접 필사한 것이라고 믿어지며 숭배의 대상이 되어왔다.

아르마서는 크게 세 부분으로 나누어 볼 수 있다. fol.1부터 4까지는 성 패트릭의 전기가 등장하고 25-190페이지에는 불가타 버전의 신약 네 복음서와 사도행전, 바오로서간, 묵시록이 나타난다. 그리고 마지막으로 술피키우스 세베루스Sulpicius Severus, 363-425가 지은 성 마틴St.Martin of Tours, 316-397 의 전기가 fol.192-222에 배치되어있다. 아르마서에는 세 장의 전체 삽화가 포함되어 있고 전형적인 섬양식의 장식 대문자들이 등장한다. 특히 fol.32v에는 네 개로 분할된 화면에 검은 잉크로 그려진 네 복음사가의 상징인 천사, 사자, 황소, 독수리를 찾아 볼 수 있는데 도식적, 평면적이고 패턴으로 장식된 전형적인 섬양식 도상을 보여준다.(그림 25)

성인의 전기-뮈르흐Muirchu, 아일랜드 랜스터의 수사, 역사가, 7세기가 저술한『성 패트릭의 삶』The Life of St. Patrick과 티에르한Tirechan, 아일랜드의 주교, 7세기이 저술한『성 패트릭의 이야기』St. Patrick's Episodes—와 성 패트릭이 직접 쓴 기록물이라고 전해지는『고백』Confessio과『천사의 서』The Book of The Angel는 성 패트릭 커뮤니티와 아르마 교회의 권위를 이해하는데 매우 중요한 기록이다. 사실 성 패트릭의 저작물은『고백』과『코르티코스에 보내는 편지』Letter to Coroticos 뿐

〈그림 25〉 네 복음사가의 상징, fol.32v, 아르마서, 아일랜드 더블린, 트리니티 컬리지

이지만 수세기 동안 『천사의 서』도 성인이 직접 쓴 것이라고 믿어왔다. 성인의 전기에서 성 패트릭은 아일랜드의 사도로 언급되고 특히 『천사의 서』에서는 천사가 성 패트릭과 그의 후계자들에게 부여한 특권에 대해 나열하고 있다. 아일랜드의 사도인 성 패트릭과 그의 권위를 물려받은 성 패트릭 커뮤니티, 그리고 성 패트릭 커뮤니티의 중심지는 아르마 교회였다. 성 패트릭 커뮤니티는 아일랜드 그리스도 교회 안에서 성 콜럼바 커뮤니티와 경쟁하며 아르마 교회의 우위권을 주장한다. 성 패트릭과 성 콜럼바 커뮤니티로 분열된 아일랜드 교회는 결국 아르마 교회가 로마교회를 등에 업고 아일랜드의 대주교좌가 되면서 일단락되었다.

성 패트릭 커뮤니티는 『아르마서』가 성 패트릭이 쓴 필사본이라는 믿음을 강화시키기 위해서 『아르마서』에 나타나는 콜로폰들을 지우기도 했으며 이것은 19세기 이후 연구로 다시 발견되었다.

『아르마서』의 제작자는 9세기 초반 아르마

의 주교였던 페르돔나흐Ferdomnach, ?-845 또는 846이다. 얼스터 연대기에는 그가 훌륭한 학자이며 동시에 뛰어난 필사가이자 화가라고 기록되어 있다. 일반적으로 『아르마서』의 연구자들은 페르돔나흐 이외에도 두 명 정도의 필사가가 함께 작업했을 것이라고 추측한다.

『아르마서』는 937년에 아일랜드의 왕이었던 도너후Donnchadh Don mac Flainn, ?-944의 명령으로 아르마 교회에 봉안되었고 1005년 아르마를 방문한 아일랜드의 왕이 20온스의 금을 하사했다는 기록도 남아있다. 이 후 1134년에는 나욜Niall 가문이 성 말라키St. Malachy, 1094-1148가 아르마의 대주교가 되는 것을 방해하기 위해 성 패트릭 커뮤니티의 권위를 상징하는 세 가지 성물인 '예수의 지팡이'와 '성 패트릭의 종', '아르마서'를 가지고 도주하여 사라졌는데, 이 후 1178년 존 드 코시John de Courcy 1150-1219가 아일랜드 왕의 연합세력을 패퇴시켰을 때 다운패트릭Downpatrick의 학살현장에서 시신들 사이에 있던 필사본이 발견되었다. 1680년까지 맥모이어Mac Moyre 가문에서 보관하다가 1707년 아더 브라운로Arthur Brownlow의 소유로 넘어갔으며 1846년 로얄 아이리쉬 아카데미에 맡겨졌다. 이 때 찰스 그레이브Charles Graves, 1812-1899, 아일랜드의 성직자, 학자의 연구로 콜로폰들이 해독되었다. 1853년 윌리엄 리브Dr. William Reeves가 300파운드에 구입한 후 아르마의 대주교이자 더블린 대학의 총장이었던 존 베어포드 경Sir. John Beresford에게 팔아 트리니티 컬리지에 헌정되었다.

(4) 디마서 The Book of Dimma

켈스서와 비교했을 때 약 1/4 크기인 디마서The Book of Dimma, Dublin, Trinity College, MS.59. 175×142mm는 신약의 네 복음서를 내용으로 한다. 74장의 우피지에 쓰여진 작은 규모이지만 선명한 채색으로 장식된 마태오, 마르코, 루카 복음사가의 초상과 요한의 상징 페이지를 가지고 있다. 휴대와 이동이 간편한 크기로 주로 학습용이나 성찬례 의식 때 사용할 목적으로 만들어졌을 것이라고 짐작된다.

디마서라는 명칭은 성 크로난St. Cronan of Roscrea, ?-640이 디마Dimma라는 필사가에게 네 복음서를 필사하도록 주문했다는 전승에서 유래했다. 12세기에 라틴어로 쓰여진『성 크로난의 전기』에는 디마가 성 크로난을 위해 하루 이상 일하는 것을 원하지 않았기 때문에, 성인이 40일 동안 해가 지지 않게 하는 기적을 일으켜 단번에 복음서를 완성하게 했다고 한다. 디마는 40일 밤낮으로 먹는 것도 자는 것도 요구하지 않았으며 오로지 필사작업에 몰두했고 그는 이 시간이 단 하루와 같이 느껴졌다는 이야기가 전해온다.[23]

8세기 후반의 것으로 추측되는 이 필사본은 전승과는 달리 다수의 필사가와 화가에 의해 제작되었다고 분석된다.

디마서에 등장하는 마태오, 마르코, 루카 복음사가의 초상과 요한 복음사가 상징 도상은 평면이며 도식적으로 표현되었다.(그림 26) 특히 요한 복음사가 상징 페이지는 인터레이스와 격자무늬, 붉은 점 패턴의 반복 등 섬양식적 요소들로 장식된 프레임을 볼 수 있다.(그림 27)

12세기에 로스크리아가 주교좌 독립 20주년을 기념하며 성 크로난에게 봉헌된 로마네스크식 성당을 지었는데, 이즈음에 디마서도 장식 브론즈 패널로 이루어진 성물함에 봉안되었다.

사라진 필사본과 성물함이 19세기에 새 둥지를 찾던 소년에 의해 다시 발견되었다는 이야기는 사실이 아니다. 대대로 이 지역 수도원과 관련되었던 오쿠아닌O'Cuanain 가문의 보호아래 로스크리아에서 보관되었다. 18세기 이 가문 출신의 로스크리아 교구 사제가 자신의 후임자인 윌리엄 미거William Meager 신부에게 디마서와 성물함을 주었고 그의 조카인 필 미거Phil Meager 신부가 헤리슨 박사Dr. Harrison of Nenagh에게 이것들을 빌려주었는데, 새 둥지를 찾는 소년의 이야기는 헤리슨 박사가 지어낸 것이다. 그는 200파운드를 받고 골동품상인 헨리 몽크 메이슨Henry Monck Mason에게 이 성물들을 팔았다. 그가 1816년과 19년에 런던과 더블린에서 디마서와 성물함을 전시하면서 윌리엄 베텀 경Sir. William Betham에게 매매되

〈그림 26〉 복음사가 마르코의 초상, 8C후반, 디마서, 아일랜드 더블린, 트리니티 컬리지

〈그림 27〉 복음사가 요한의 상징, 8C후반, 디마서, 아일랜드 더블린, 트리니티 컬리지

었으며 1836년에 다시 트리니티 컬리지에 팔려 현재에 이르고 있다.

(5) **물링서** The Book of Mulling

99장의 우피지에 세 복음사가의 초상 페이지와 장식 문자가 남아있는 물링서The Book of Mulling, Trinity College, Dublin MS 60. 165×120mm 역시 작은 규모의 섬양식 필사본이다.

개인적인 용도였을 것으로 추측되는 물링서는 휴대용 포켓 복음서로 분류된다. 850년 이전의 것으로, 전설에 의하면 성 물링St. Mullins or Moling, 614-697이 제작한 필사본이라고 전해진다.^{tip} 그러나 이와는 달리 서두, 요한복음서, 그리고 나머지 세 복음서가 각각 다른 사람의 작품이라고 분석된다.

이 필사본은 의식용이 아닌 만큼 상대적으로 소박하고 작은 크기로 제작되었다. 하지만 작은 규모에도 불구하고 서두에 성 예로니모의 편지와 캐논 테이블이 배치되어 있다. 단락의 처음 부분에 등장하는 확대된 이니셜도 섬양식적 장식요소들로 비교적 밀도 있게 꾸며져 있고 복음사가들의 초상도 밝은 색상에 유려한 필체의 드로잉을 보여준다.(그림 28)

물링서는 전체적으로 의식용 필사본에서 등장하는 카펫 페이지 같이

tip

그러나 학자들은 물링서가 성 물링의 후대에 세 명의 필사가에 의해 제작된 것으로 분석한다. 아마도 성 물링이 제작한 필사본을 베껴쓴 것이라고 추정된다.

화려하게 장식되지는 않았지만 핵심적인 비례와 양식에서 세련되고 정형화된 섬양식의 전통을 찾아볼 수 있다. 또 물링서의 마지막 페이지인 fol. 94v에 등장하는 두 개의 동심 원이 있는 드로잉은 매우 유명한데, 원 바깥으로 8개의 십자가가 그려져 있다. 각각 십자가에는 네 명의 복음사가와 구약의 예언자의 이름이 중앙 위쪽부터 시계방향으로 마르코, 예레미야, 마태오, 다니엘, 요한, 에제키엘, 루카, 이사야 순서로 쓰여있다. 또 두 원의 사이에 하나, 원 안쪽에도 세 개의 십자가가 그려져 있고, 원 안쪽에 쓰여진 글들은 현재는 완벽하게 읽을 수 없는 상태이다. 해독 가능한 글은 '성령의 십자가… 선물… 위로부터 천사와 함께…그리스도와 그의 사도들…' 등의 단어 정도이다. 이 같은 그림이 무엇을 의미하는지는 정확하게 밝혀지지 않았으나, 몇몇 학자들은 지도 혹은 기획서라고 주장하거나 물링 수도원의 건물이나 성벽, 십자가의 위치를 표시한 그림이 아닐까 추측하기도 한다. 또 복음사가와 예언자들이 적힌 위치를 봤을 때 필사본 삽

〈그림 28〉 복음사가 요한의 초상, 8C전반, 물링서, 아일랜드 더블린, 트리니티 컬리지

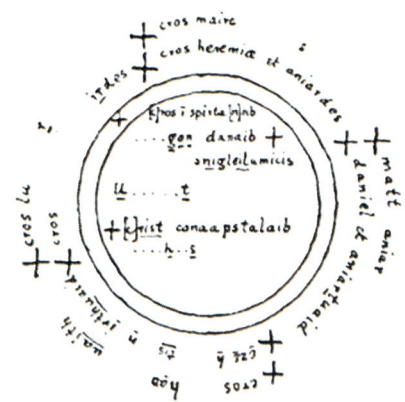

〈그림 29〉 건축기획서? 도상배치도? fol. 94v, 물링서, 아일랜드 더블린, 트리니티 컬리지

화를 위한 도상 배치도일 가능성도 제기되었다.

　레인스터를 지배하던 맥머라 카브너MacMurrough Kavanagh 가문이 대대로 세인트 물링St. Mullins, 아일랜드 남동쪽 Country Carlow 인근의 地名의 고대 유적과 물링서의 수호자였고, 1402년 레인스터의 왕이었던 아트 맥머라하Art Mac Murchadha, 1357-1417가 물링서를 위한 성물함을 주문하였다. 1793년 성물함과 필사본은 골동품 전문가인 찰스 발란시 장군General Charles Vallancey, 1725-1812에게 보내져 점검 받은 후, 안전한 보관을 위해 트리니티 컬리지에 맡겨졌다. 필사본은 1895년부터 트리니티 컬리지의 소유가 되어 1977년에 필사본의 복원과 재제본 작업을 마쳤다. 성물함은 카브너Kavanagh 가문으로부터 대여의 형태로 아일랜드 국립박물관에 전시되어 있다.

　앞서 살펴본 바와 같이 섬양식의 필사본들은 시대와 지역에 따라 각기 다른 특징을 가지고 있다. 그러나 동시에 섬양식으로 통칭될 수 있는 요소를 공유하고 있다. 섬양식 필사본의 가장 뚜렷한 특징은 추상적인 장식요소가 주제로서 표현되었다는 것이다. 동물이나 사람을 묘사하는 경우에도 재현적이고 사실적인 방법보다 평면적이고 도식적인 방법을 선호함으로서, 필사본의 텍스트를 보충하는 삽화의 개념이 아닌 본질을 추상적 개념으로 전달하는 도상을 보여준다. 대상을 단순화, 추상화시키는 섬지역의 조형전통과 예술의지가 섬양식이라는 분류를 가능하게 만든 것이다. 섬지역의 그리스도교인들은 자신들의 이러한 전통을 그리스도교를 표현하는 수단으로 사용하여 섬양식 필사본을 제작하였다.

켈트 교회의 수도사들은 학문적, 종교적 소양도 뛰어났을뿐 아니라 그리스도교를 전파하려는 선교 열정으로도 유명하다. 일찍이 그들은 7세기경 혹은 그 이전부터 서유럽 전역과 예루살렘, 북아프리카 지역까지도 활발히 다녀갔다. 지금도 서유럽 곳곳에서 이들의 이름을 딴 지명과 수도원을 쉽게 찾아볼 수 있다.[tip] 섬과 대륙의 켈트 수도원 안에는 그리스와 로마의 고전과 성서 연구물을 소장한 도서관과 훌륭한 스크립토리움을 운영하였으며 학자와 성직자를 훈련시키는 교육시설도 함께 가지고 있었다. 아일랜드와 브리튼의 켈트 교회와 이들이 세운 대륙내의 수도원에서 섬양식으로 제작된 필사본들이 이와

tip

가장 널리 알려진 켈트 교회의 선교사로 성 콜롬바누스(St. Columbanus, 543-615 *아이오나 수도원의 창립자인 성 콜롬바와는 다른 인물)를 들 수 있다. 밀라노의 산 콜롬바노 알 람브로(San Colombano al Lambro), 투린의 산 콜롬바노 벨몬테(San Colombano Belmonte), 제노바의 산 콜롬바노 체르테놀리(San Colombano Certenoli) 모두 그의 이름을 딴 곳이다. 그의 동료와 후계자들에 의해 대륙 곳곳에 켈트계 수도원들이 세워졌고 대표적으로 프랑스의 뤽세이(Luxeuil)과 주아흐(Jouarre), 퐁뗀느(Fonteines), 스위스의 산 갈(St. Gall), 오스트리아의 브레겐츠(Bregenz), 이탈리아의 보비오(Bobbio) 수도원 등을 들 수 있다.

같은 상황을 잘 설명해 준다.

중세의 성서 필사본은 그 필사본을 제작하고 소유한 주체의 경제적, 문화적 수준을 가늠하게 해 주는 척도라고 할 수 있다. 필사본 한 권을 만들기 위해서는 상당한 규모의 경제적 비용과 학문적 수준, 기술적 숙련도가 요구되기 때문이다.

11세기 웨일즈의 수도자였던 기랄두스Giraldus Cambrensis, 1140-1223는 아일랜드의 한 교회에 소장된 섬양식 필사본을 보고, '이것은 사람의 손으로 만들어진 것이 아니다. 천사가 만든 것임이 분명하다'고 기록할 정도로 감탄을 금치 못했다. 기랄두스는 브리튼 귀족 출신으로 로마 가톨릭의 고위 성직자였다. 당시 로마 교회는 켈트 교회의 전통을 이단 혹은 야만적인 것으로 규정하였고 기랄두스는 켈트 교회의 로마화를 위해 파견된 관리였다. 이러한 인물마저도 켈트 교회의 필사본 앞에서는 경탄할 수밖에 없었다는 사실에서 섬양식 그리스도교 미술의 깊이와 화려함을 짐작해 볼 수 있다.

9세기 이후 켈트 교회는 내외부적인 혼란과 로마교회의 세력확장으로 구심점을 잃고, 12세기 전후로는 로마 교회에 동화되어 그들의 문화적인 특성도 점차 희미해져갔다. 그 뒤로 섬지역 켈트 교회의 문화는 오랫동안 잊혀져 변방 이민족들의 조악한 공예 양식으로 인지되기도 했다. 19세기 말 재조명되어 이후 아일랜드와 영국을 중심으로 꾸준히 연구가 이어지고 있지만 잊혀진 1000년의 시간 동안 많은 것이 유실되거나 훼손되고 서사적인 기록물도 매우 드물어 섬지역 켈트 교회의 실체는 여전히 신비한 안개 속에 있는 듯하다.

미주

1. 티모시 J. 조이스, 『켈트 기독교』, 채천석역, 기독교문서선교회 2003, 20.
2. 홍성표, 『중세 영국사의 이해』, 충북대학교 출판부 2012, 30.
3. 에드워드 C. 셀너, 『켈트 성인들 이야기』22-26.
4. 테오 W. 무디-프랭크 X. 마틴, 『아일랜드의 역사』, 81.
5. Carl Nordenfalk, "One hundred ane fifty years of varying views on the early insular gospel books", 『Ireland and Insular art A.D.500-1200』, 1.
6. 르네 위그, 『예술과 영혼: 미술, 그 표현 기법의 역사』, 김화영역, 열화당 1997, 70-102.
7. 나종일-송규범, 『영국의 역사-상』, 52-53.
8. A. 프란츤, 『세계 교회사』, 155-157.
9. Michelle P. Brown, 『The Lindisfarne Gospels and The Early Medieval World』, 63-64.
10. Michelle P. Brown, The Lindisfarne Gospels:society, spiritulity & the scripe, 287-288.
11. 티모시 J. 조이스, 『켈트 기독교』, 92-93.
12. 테오 W. 무디-프랭크 X. 마틴,『아일랜드의 역사』, 67-68, 110.
13. Michael Richter,『Medieval Ireland: The Enduring Tradition』, 95-98.
14. B. W. O'Wyer,"Celtic-Irish Monasticism and Early Insular Illuminated Manuscripts", 429.
15. Ibid, 430.
16. Ibid.
17. Bernard Meehan, 『The Book of Kells』, 2010, 10.
18. Ibid, 434-435.

19 Ibid,92.
20 Ibid.
21 Michael Richter, 『Medieval Ireland:The Enduring Tradition』, 52-54.
22 Michelle P. Brown, 『The Lindisfarne Gospels and The Early Medieval World』,38.
23 Timothy O'Neill, The Irish Hand:Scribes and their manuscripts from The earliest times, Cork University Press, Cork 2015, 26.

Carolingian Manuscripts

제3장

카롤링 필사본
Carolingian Manuscripts

김재원

카롤링 양식의 시대적 배경
샤를마뉴(카를) 대제의 등장과 프랑크 제국의 탄생

샤를마뉴 카를 대제의 등장

막강했던 로마제국은 게르만족 출신의 장교 오도아케르Odoaker, 433-493가 당시 미성년이던 서로마제국의 마지막 황제 로물루스 아우구스툴루스Romulus Augustulus, 460-476?를 퇴위시킴으로써 유럽대륙에서 사라지게 되었다. 서로마제국의 멸망476년은 서로마제국의 영토가 프랑크족, 반달족, 동고트족, 서고트족, 랑고바르드족롬바르드족 등으로 이루어진 게르만족이 지배하는 지역으로 바뀌게 된 것을 의미하였다.

서로마제국의 영토를 완전히 장악한 게르만족은 7세기경까지 더 넓은 영토를 차지하기 위해 부족 간에 끊임없이 투쟁하며 대혼란기를 이어가게 된다. 이러한 혼란 속에서 라인강 하구에서 마인츠에 이르는 지역에 자리 잡은 게르만족의 한 종족인 프랑크족이 서서히 두각을 나타내기 시작하였다. 프랑크족은 한 명의 지배자에 의해 통치되었던 것이 아니라, 수많은 부족장이 각자 자신들의 지배력을 주장하며 권력이 분열된 상태로 살고 있었다. 이들 가운데 가장 두드러졌던 인물이 바로 메로빙 왕조Merovingian dynasty, 476-750를 이루게 되는 클로비스Clovis, 재위 482-511였다. 15세에 왕위부족장를 이어받은 클로비스는 그의 할아버지였던 메로베히Merovech, ?-457/8의 이름에서 유래한 메로빙 왕조를 세운, 강한 권력욕을 가진 인물이었다. 그는 정적들을 차례로 제거하여 명실공히 프랑크족의 왕이 되었다. 그는 파리를 나라의 중심도시로 정하고, 분산되어 있던 나라의 권력을 파리로 집중시켰다. 정복 전쟁을 통해 그는 갈리아 지역뿐만 아니라, 현재의 전 독일 지역과 피레네산맥의 북쪽에 이르는 거대한 지역을 통치하기에 이른다.[1]

클로비스의 네 아들이 그의 사후 왕국을 분할하여 상속받게 되는데, 이는 프랑크 부족의 관습법인 살리크 법the Salic law에 따른 것이었다.^{tip} 그 결과 파리, 랭스, 오를레앙, 수아송으로 나뉜 프랑크 왕국은 상속자들 간의 반목과 내전으로 클로비스 통치 당시의 모습을 한동안 되찾지 못하였다. 뿐만 아니라 클로비스 이후 메로빙 왕조의 프랑크 왕국은 시간이 지남에 따라 왕위를 계승한 후계자들이 일찍 사망하거나 후계자를 남기지 못하는 경우가 빈번하게 발생하였다. 어린 왕자들이 왕위를 계승하게 되면서 정치적 실권은 귀족들, 특히 왕실 관리인인 궁정 장관궁재이 장악하게 되었다. 이들 프랑크 왕국의 궁재

---

tip

살리크 법

500년 경 클로비스 I세가 성문화시킨 게르만 족의 법률로 게르만족 가운데에도 최고 정복자인 살리크족에게 해당되는 법이었다. 살리크 법전은 주로 형법과 민사소송법에 관한 법전으로 각종 규칙위반과 범죄에 대한 벌과금목록을 자세하게 싣고 있다. 이 법전은 중세를 거쳐 근세에 이르기까지 영향을 미쳤는데, 특히 유럽의 왕위계승문제에 살리크법이 종종 인용되기도 하였다. 여성의 경우 어떠한 경우에도 상속권을 가질 수 없으며, 왕의 사후 오직 왕자들이 왕국을 분할하여 상속받도록 규정하였다. 여자는 결코 왕위에 오를 수 없는 것이 살리크 법이다.

중에서 특히 주목해야 할 인물이 679년에 궁재가 된 피핀 II세Pippin II, 640-714 이다. 프랑크 왕국을 실질적으로 장악한 피핀의 통치로 메로빙 왕조는 사실상 종식되기에 이른다. 피핀 II세가 사망한 714년, 모든 권력이 적자에게 승계되는 것에 대한 반발로 치열한 후계자 경쟁이 일어났다. 결국 경쟁에서 승리한 그의 서자 카를 마르텔Karl Martel, 689-741이 권력을 독차지하게 되었다. 카를 마르텔은 타고난 전사로 용맹과 지략이 뛰어났으며, 메로빙 왕조의 무능한 왕들을 내세우고 배후에서 자신의 권력 기반을 쌓아갔다.[2]

카를 마르텔에 의해 프랑크 왕국의 메로빙 왕조는 서서히 마감하게 되었고 카롤링 왕조의 시대가 열리게 된다. 카롤링 왕조는 카를 마르텔의 이름 카를Karlus에서 유래하였다.[3] 새 왕조의 시조始祖가 된 카를마르텔은 수많은 전쟁을 치렀으며, 특히 뛰어난 전략으로 732년에 유럽대륙으로 진출해 온 이슬람 군대를 뚜르와 푸아티에 전투에서 물리쳤는데, 이 승리는 이슬람으로부터 서유럽을 지켜낸 역사적 사건으로 평가된다.[4] 뚜르 전투를 승리로 이끈 후, 프랑크인들은 용맹을 떨친 카를에게 마르텔Martel, 즉 '망치'라는 별명을 붙여주었고, 이후 그는 '카를 마르텔'로 불렸다. 그는 죽기 전인 741년에 카를만Karlmann, 706/714-754과 피핀Pippin the Short, 714-768 두 아들에게 자신의 지위를 넘겨주었으나, 747년에 큰아들인 카를만이 수도원으로 들어가 속세와의 인연을 끊음으로써 모든 실권은 동생인 피핀혹은 단신왕 피핀에게 넘어갔다. 피핀은 교황Pope Zachary, 679-752에게 사절을 파견하여 프랑크인들의 왕은 실권이 없음에도 불구하고 왕의 직책을 계속 소유해야 하는가를 물었고, 교황은 이에 적절한 질

서유지를 위해 실권자가 왕이 되어야 한다고 대답하였다.[5] 피핀은 이와같이 교황의 승인을 유도하여 메로빙의 마지막 왕인 힐데리히 III세Childerich III를 몰아내고 751년에 프랑크 왕, 피핀 III세로 즉위함으로써 프랑크 왕국의 카롤링 왕조를 공식적으로 열었다. 새로운 권력을 인정할 수밖에 없었던 당시의 정치적 상황에서 교권과 속권은 새로운 질서를 성립해 나아가게 된다.

이렇게 시작된 카롤링 왕조는 유럽을 재통합할 군주를 낳았고, 그가 바로 샤를르마뉴 즉, 카를대제大帝, 라틴어 Carolus Magnus 혹은 Karolus Magnus, 독일어 Karl der Große, 프랑스어와 영어 Charlemagne, 747-814이다. 샤를르마뉴는 피핀 III세와 베르트라다Bertrada, 725년경-783 왕비의 장남으로 747혹은 748년에 출생하였다. 768년에 피핀 III세가 죽자 왕국은 큰 아들 카를Karl, 747/8-814과 작은 아들인 카를만Karlmann I, 751-771에게 상속되었으나 왕국의 동쪽 지역을 상속받은 카를만 1세가 771년에 사망하자 프랑크 왕국의 전 지역은 샤를르마뉴의 지배하에 들어가게 되었다. 샤를르마뉴의 전기를 쓴 아인하르트Einhard, Einhart 혹은 Eginhard, 775년?-840는 "프랑크인들은 만장일치로 샤를르마뉴를 단독왕으로 선출하였다"고 그의 집권을 미화하고 있지만, 그 또한 권력투쟁의 결과였을 것이다.[6] 또한, 그를 위대한 영웅으로 묘사한 아인하르트는 "당대의 그 어떤 지배자보다도 유능하고 출중했다. 무엇이든 한번 손댄 일이면 무슨 일이 있어도 끝을 보았으며, 궁지에 처해서도 절망하지 않고, 행운 앞에서도 교만해지지 않았다"고 전한다.[7] 그는 조부로부터 물려받은 장신長身과 전투적 용기와 지략으로 군사력을 강화하여 영토를 확장해 갔다. 프랑크 왕국에는 거대한 영토의 확보와 절대왕권의 확립을 향한 샤를르마뉴의 숨 가쁜 질주가 시작되었다.

프랑크 제국의 탄생

유일한 프랑크 왕국의 지배자로서 샤를르마뉴카를의 집권 초기는 험난하였으나 무력과 회유로 왕권을 확립하고 영토확장을 이어갔다. 확고한 국가개념이 없던 시기이기는 하였으나 어느 정도 권력의 안정을 확보한 샤를르마뉴는 남동 지역으로 진출하여 오늘날의 오스트리아 지역을 새로운 경계로 삼았고, 북부 이탈리아에서 빈번하게 로마의 교황을 위협하던 랑고바르드족을 평정하였다. 샤를르마뉴가 800년 크리스마스 기간에 로마로 가서 성탄 미사에 참석하고 교황 레오 III세Pope Leo III, 재위 795-816로부터 서로마 황제의 관을 받았는데, 그의 황제 즉위로 교황과 대제는 476년에 멸망한 서로마 제국의 정통성을 계승하려 했던 것이다.[8] 적지 않은 역사적 의미를 지녔던 샤를르마뉴 대제의 대관식에 관해 아인하르트가 전하는 바로는 대제가 대관식을 원했던 것이 아니라, 레오 III세의 주도로 대관식이 기습적으로 이루어졌으며, 이는 교황의 정책적 결정이었다고 주장하고 있다.[9] 어떠한 경우였든 간에, 또 하나의 황제프랑크 제국 출현은 그 파장이 매우 컸다. 고대 로마제국의 후계자는 동로마 제국의 황제들이었고, 서로마 제국의 멸망 이후 동로마비잔틴는 로마제국의 정통 후계자임을 더욱 공고히 하려 하였다. 그러나 이제 두 명의 황제가 양립하게 되었고, 이는 정치적으로나 종교적으로나 커다란 갈등을 야기하는 사건이 되기에 충분하였다.

샤를마뉴의 황제 즉위는 서로마 제국을 멸망시킨 게르만 부족인 프랑크의 왕이 로마의 정식 후계자로, 적어도 로마 교황으로부터 인정받았다는 것을 의미하였다. 나아가서 그는 동로마 제국으로부터도 황제로 인정받기를 원하였고, 그의 외교적 설득과 인내로 마침내 성취하게 된다. 그는 옛 로마제국의 문화적 전통과 영광을 회복하려 하였다. 그러나 샤를마뉴가 지배하고 통치한 새로운 제국은 이전의 로마제국과는 근본적으로 다른 프랑크족의 제국이었음은 분명하다.

게르만족의 프랑크 왕국은 이제 황제 샤를마뉴가 통치하는 제국이 되었고, 그 영토는 동쪽으로 엘베강, 서쪽으로는 대서양, 남쪽으로는 피레네 산맥과 이탈리아, 북쪽으로는 덴마크에 이르는 광대한 지역을 차지하게 되었다. 샤를마뉴의 제국은 813년에 자신의 종말을 감지한 대제와, 두 형의 이른 사망으로 유일한 상속자가 된 '경건왕' 루드비히 1세독일어 Ludwig I 혹은 Ludwig der Fromme, 불어 Louis le Pieux 778~840에 의해 공동으로 통치되었다. 그리고 대제는 이듬해인 814년에 사망했다. 샤를마뉴가 세운 제국에서 그의 아들 경건왕 루드비히 I세가 사망840년하자 루드비히 I세의 아들 간에 치열한 골육상잔이 벌어졌다. 그 결과 843년의 베르덩Verdin 조약으로 카롤링 왕조의 프랑크 왕국은 세 지역으로 분할되었다. 중프랑크통치자: 로타르 Lothar I, 795-855: 現 이탈리아, 서프랑크통치자: 대머리왕 카를 Karl II. „der Kahle", 823-877: 現 프랑스, 동프랑크통치자: 독일왕 루드비히 Ludwig "der Deutsche", 806-876: 現 독일의 세 왕국으로 제국이 삼분된 것이다. 870년의 메르센Meerssen 조약으로 각 영토의 경계가 다소 조정되었으나 제국의 분할은 영구화되었다. 샤를르마뉴의 사망 후 30년 만에 제국은 분열되었고, 서유럽은 이후 다시 하나로 통일되지 못했다.[11] 911년 동프랑크 왕국의 왕 루드비히 4세Ludwig IV, 재위 899~911가 후사없이 요절하면서 카롤링 왕조의 혈통은 단절되었다. 프랑크 귀족들은 콘라트Konrad, 재위 911-918를 동 프랑크의 새로운 왕으로 선출하여 프랑크 왕국의 카롤링기는 막을 내리고 오토Otto기가 도래하게 된다.

교회사적 배경
로마 가톨릭 세계의 교권과 속권의 관계확립

새 수도를 중심으로 로마제국의 그리스도교화와 번영을 꿈꿨던 콘스탄티누스 대제라틴어: Flavius Valerius Aurelius Constantinus Augustus, 재위 307-337년가 330년에 오랜 역사를 지닌 로마를 떠나 비잔티움Byzantium으로 천도한 이후 로마제국의 종교와 정치의 중심은 더 이상 로마에 있지 않았다. 그의 꿈을 담아 비잔티움을 '콘스탄티누스Constantinus의 도시'라는 의미의 콘스탄티노폴리스라틴어: Constantinopolis, 영어: Constantinople로 개명하였고, 사실상 로마제국의 동로마 시대가 열린 것이다. 서로마 제국의 멸망으로 콘스탄티노플의 위상은 더욱 견고해졌다. 5세기경부터 동로마 제국은 콘스탄티노플의 총대주교Patriarch를 최고위로 하여, 그리스도교 세계를 다섯 곳의 교구 콘스탄티노플, 예루살렘, 로마, 안티오키아, 알렉산드리아로 분할, 관리하였다. 로마는 이제 그리스도교의 중심이 아니라 다섯 교구 중의 하나로 그 의미가 축소되었다.^{tip} 로마의 주교를 '아버지papa'로 표현한 최초의 기록은 박해시대에 로마에서 활동한 마르첼리누스 주교Marcellinus, 재위 296-304의 행적을 기록한 시리치우스 교황Pope St. Siricius, 재위 385-399의 글에서 발견된다.[11] 로마의 주교를 교황으로 칭하는 것에서도 콘스탄티노플과 로마교구의 독립적 질서확립을 향한 로마 교황 측의 노력을 짐작할 수 있다. 로마의 귀족 출신으로, 베네딕트 수사로 있다가 교황에 추대되어 그리스도교 포교, 교회의 성상수용, 교회음악, 교황권의 확립 등에서 엄청난 업적을 남긴 성 그레고리우스 I세 교황Pope St. Gregorius I, 재위 590-604에 이르러 로마의 주교를 교황으로 성문화하였다. 이후 로마 대주교보다는 교황이라는 명칭의 사용이 일반화되었다. 그레고리우스 I세 교황은 멀리 앵글로 색슨에게까지 전교하도록 하였고, 특히 게르만족의 중요성을 인정하여 프랑크족族과의 관계를 돈독히 하였다. 로마 가톨릭교회는 메로빙 시기와 카롤링 시기 내내 이교도에 대한 전교 활동, 로마교구의 교황권 확립, 동로마 제국과의 관계 정립이라는 세 가지 간과할 수 없는 힘겨운 과제와 직면하고 있었다.

tip

《교황청 연감(敎皇廳年鑑)》에 교황이란 "로마의 주교, 예수 그리스도의 대리자, 사도(使徒)의 우두머리인 베드로의 후계자, 전세계 가톨릭 교회의 수장, 서(西)유럽의 총대주교(總大主敎), 이탈리아의 수석대주교(首席大主敎), 로마 관구대주교(管區大主敎)이자 수도대주교(首都大主敎), 바티칸의 주권자"로 규정되어 있듯이, 교황의 역할과 명칭은 매우 다양하게 변화해 왔으며 로마 가톨릭교회의 수난사를 그대로 반영하고 있다고 하겠다.

프랑크 왕족장이었던 클로비스가 5세기에 갈리아 지역을 침입하였을 당시, 프랑크족은 여전히 야만적인 이교도 집단이었다. 그러나 그가 점령한 갈리아 지역의 원주민들은 이미 고대 로마의 문화에 익숙한 로마 가톨릭교도들이었다. 이에 그는 로마의 문화적 전통을 고수하고 있던 이 지역의 원주민과 프랑크족 사이의 원활한 융합을 위해 신앙을 통한 접근을 적극적으로 시도하였다. 즉, 갈리아 지역을 완전히 정복한 클로비스는 왕국의 수도, 파리를 중심으로 게르만족과 갈리아 지방에 거주하고 있던 옛 로마인과의 융합을 위해 로마 가톨릭을 적극적으로 지원하였다. 더군다나 부르군디 출신의 그의 왕후 클로틸데Clotilde는 일찍이 가톨릭으로 개종한 상태였다.[12] 클로비스는 스스로도 496/497년 성탄절에 랭스Reims의 주교 성 레미기우스St. Remy, 437경-533에게 세례를 받고 로마 가톨릭으로 개종하였다. 로마 가톨릭으로 개종함으로써 클로비스는 자신이 전투를 통해 정복하여, 이후 다스리게 될 백성의 마음을 성공적으로 얻을 수 있었다. 또한 클로비스는 통일 프랑크 왕국이 교황 제도와 로마제국이 남긴 유산과 이어져 있다는 사실을 간접적으로 보장해 주고, 옛 로마문화를 많은 부분 보존하여 정복당한 이들이 쉽게 동화하도록 하였다.[13]

클로비스의 개종이 유럽 역사에 미친 영향은 적지 않다. 그 이후 프랑스의 국왕들은 반드시 그가 가톨릭으로 개종한 랭스 대성당에서 즉위하도록 정해졌으며, 프랑스와 독일이 향후 유럽의 로마 가톨릭 세계의 중요한 국가로 발전하는 데에도 클로비스의 개종이 중요한 역할을 한 것으로 전해진다. 3천 명에 달하는 부하들이 그를 따라 세례를 받았다는 기록도 있을 정도이다. 피셔의 주장대로 '왕의 신앙이 곧 백성의 신앙'이 되었던 것이다. 중세 말에 이르러 클로비스는 시성되지 않았는데도 프랑스 왕국을 건설한 성인으로 추앙되었다.[14] 이와 같이 프랑크 왕국의 게르만족은 메로빙 왕조 시기부터 그리스도교화를 추진하였고, 이를 통해 유럽대륙에서 그 뿌리를 확고히 내릴 수 있었다.

피핀 II세에 이르러서는 현재 독일의 프랑켄, 튀링겐, 바이에른 지역에 그리스도교 전파를 통해 영향력을 더욱 강화하였고, 작센 지역의 실권자들에게는 작위를 주는 동맹 정책을 실시하여 내부적 결속과 외부 민족의 침입에 대비하는 방어 전선을 구축하였다. 이교도의 침입을 뚜르와 푸아티에에서 방어한 카를 마르텔은 앞서 이야기되었듯이 그리스도교 지역인 서유럽을 절대절명의 위기로부터 구원한 인물로 기록되고 있다. 그렇다고 해서 교권과 속권이 항상 명확하고 우호적인 질서관계를 유지하고 있었던 것은 아니다. 랑고바르트의 공격을 받은 교황 그레고리우스 III세재위 731-741가 카를 마르텔에게 군사원조를 요청하였을 때 그는 교황청의 요청에 대해서 교회를 보호할 수는 있으나, 교회의 신하는 아니라는 이유로 거절하였다고 전해진다.[15]

그러나 교황 자카리는 피핀 III세의 프랑크 왕 즉위를 승인했고, 754년 교황 스테파누스 II세 Pope Stephanus II, 재위 752-757년도 로마 교회에 대한 군사적 보호를 요청하면서 생 드니 St. Denis 수도원에서 피핀 III세를 왕으로 도유 예식을 거행하고, 그가 프랑크 왕국의 합법적인 국왕이라고 선언하였다. 이어서 그는 그의 두 아들, 카를과 카를로만도 왕위 후계자로 축성하였으며, 이들에게 '로마의 수호자'라는 명예로운 칭호를 부여하였다. 피핀 III세는 그 보답으로 756년 랑고바르드 왕국의 일부 영토를 정복해 교황 스테파누스 II세에게 기증하였다. 이로써 프랑크 왕국과 로마 교회는 더욱 긴밀한 관계를 형성하게 되었다. 거대한 영토를 물려받은 샤를르마뉴는 772년 교황 하드리아누스 I세Pope Hadrianus I, 재위 772-795로부터 랑고바르드 왕국의 침공에 대한 교황령 보호를 요청받자 출정하여 랑고바르드의 나머지 영토를 정복하였고, 로마를 방문해 부왕 피핀 III세에 이어 교황령을 보장해 주었다.[16]

    샤를르마뉴는 교황 레오 III세가 교황에 선출되자 우호적인 관계를 유지하였고, 799년 교황의 반대자들이 교황을 공격하였을 때 교황을 보호해 주었다. 또한 샤를르마뉴의 서로마프랑크제국 황제 즉위는 교황의 입장에서는 동로마 제국의 황제에 대응하고 견제하려는 정치적 목적과 교황청의 안전과 교황권을 보장받을 수 있는 실질적인 보호막을 제공 받으려는 이중의 목적이 충족되는 것이었다. 당시 교황은 콘스탄티노플 총대주교의 통제를 받아야 하는 입장에서, 베드로의 후계자로서 로마 교황의 수위권을 공의회를 통해 재차 강조하고 확인하려 하였다. 게다가, 랑고바르트의 무력 침범이나 교황 반대파와의 무력충돌 등을 교황의 자체 군사력으로 해결하기는 불가능한 현실이었다. 때문에 교황권을 보호해 줄 수호세력이 절실한 상황이었다. 이에 교황 레오 III세는 샤를르마뉴에게 황제의 관을 씌어주고 교회의 수호자로 임명하였던 것이다.

한편 샤를르마뉴의 입장에서는 사방에서 끊임없이 일어나는 침략과 반란을 억누르기에 무력만으로는 한계를 느끼고 있었기에 교회의 권위를 빌리고자 하였다. 이러한 상황에서 '교회의 수호자' 샤를르마뉴는 가톨릭교회와의 결속을 다짐으로써 무력진압의 정당성을 주장할 수 있게 된 것이다. 또한 샤를르마뉴에게는 그가 프랑크 제국의 황제가 됨으로써, 그리고 로마 가톨릭교회의 수호자가 됨으로써, 동로마 제국에 상응하는 황제로서의 정통성과 정치적 영향력을 확고히 할 기회가 주어진 것이다. 로마 교황의 정책적 요구와 샤를르마뉴의 정략적 야심이 합작한 프랑크 제국의 출현은 결과적으로 동로마 제국의 영향력을 견제하면서 로마 가톨릭교회의 입지를 굳히려는 새로운 권력의 등장을 더욱 공고히 하게 되었다.

대제는 대내적으로 프랑크 제국의 그리스도교회를 적극 독려하였다. 예를 들어 그는 점령지의 백성들에게 그리스도교도가 될 것을 강력히 요구하였으며, 미사에 빠지거나 금식 주간을 소홀히 한 사람조차 처형하였다. 또한 체계적 교육을 통한 인재양성과 제국의 학문적 발전을 통한 개혁정책을 추진하였고, 곳곳의 수도원에 학교를 부설하여 인재를 양성하도록 하였다. 뿐만 아니라 황제의 아헨궁정에 궁정학교를 세우고 당대 유럽 각지의 고명한 학자들을 초청하여 신학, 문헌학, 문학, 철학의 발전을 도모하였다. 이들 대부분은 수도사인 학자였으며, 이들의 활약은 결과적으로 장차 중세 수도원의 전성기를 이룰 학문적 기반을 닦고 있었던 것이다. 대제의 사후에 영토는 비록 분할되었지만 그의 전全 프랑크 제국의 그리스도교회 정책과 그가 쌓아놓은 교황청과의 우호적 관계는 카롤링기가 종식된 이후에도 오토기로 이어지게 된다.

카롤링 르네상스와
미술사적 · 문화사적 현상

동로마 제국의 황제 레오 III세Leo III, 재위 717-741가 725년에 내린 성상금지령으로 인하여 100년이 넘는 동안 동로마 교회가 콘스탄티노플을 중심으로 성상 논쟁이라는 혼란을 겪고 있을 때, 서유럽은 카롤링 왕조의 프랑크 왕국 출현으로 크나큰 전환점을 맞고 있었다. 771년 거대한 영토를 지닌 프랑크 왕국의 유일한 왕으로 즉위한 샤를르마뉴는 여러 차례의 이탈리아 원정을 통해 옛 로마제국과 동로마 제국의 영화를 간직한 도시들을 방문하였다. 그는 이 원정에서 서로마의 멸망 이후부터 그의 시기에 이르기까지 대략 300여 년이 넘는 동안 피폐해지고 잊혀진 고대의 문화유산을 발견하였고, 그 문화에 깊이 감탄하였다. 동시에 게르만족이 한낱 변방에 불과하며, 문화적인 면에서도 낙후하고 토속적인 수준을 벗어나지 못했다는 인식이 뚜렷해졌다. 그는 왕국의 문화 부흥의 필요성을 절감하였다.

프리드만Paul H. Freedman은 로마를 중심으로 하여 유럽에 셀 수 없이 많았던 고전 서적들이 500-750년 사이에 무차별 파손되어 750년경에는 오로지 264권만 남아 있었다고 전한다. 그 가운데 26권을 제외하고는 모두 종교적인 주제를 다룬 것이었고, 이 26권 중 8권은 법률, 8권은 의학, 6권은 문법에 관한 것이었다고 한다.[17] 아마도 그 안에는 파본으로 남아있는 경우도 많았을 것이다. 이와같이 대부분의 고전문학을 잃어버린 현실에서 고대 로마문화를 신뢰하고 존경했던 샤를르마뉴의 로마문화 복구에 대한 집념은 대단한 것이었다. 가장 시급한 문제는 아마도 언어의 통일이었을 것이다. 그는 제국의 언어를 라틴어로 정했다. 그러나 로마시대에 쓰여진 라틴어는 대문자와 소문자 구분이 없었고, 로마자 필기체로 신속하게 쓰여진 책과 문서는 일관된 규칙없이 쓰는 이에 따라 각양각색이었기 때문에 해독하기가 쉽지 않았다. 아인하르트의 전언을 참고하여 유추해 보면, 샤를르마뉴는 당시의 라틴어 표기법이 체계적이지 않았기 때문에 야기되는 불편과 비효율성을 누구보다도 잘 알고 있었다. 대제가 문맹이었다는 주장과 실제로 그가 문맹이었을 가능성은 매우 낮다는 주장이 공존한다. 그러나 아인하르트가 전하는 바로는 샤를르마뉴가 일찍부터 라틴어를 배우려는 노력을 기울여서 말하기와 읽기는 모국어처럼 익숙하게 이해하고 구사할 수 있었지만, 쓰기는 너무 늦게 시작하여 말년이 되어서도 익히지 못했다고 한다. "그는 글을 쓰려고 노력했고, 그의 베개 밑에 공책과 서관을 두곤 했는데, 여가 시간에 글자를 익히기 위해 그의 손에 기회를 줄 수 있었다. 그러나 그는 적절한 시기에 글자 쓰기 노력을 시작하지 않았고, 말년에는 그의 노력이 그다지 성공적이지 않았다".[18]

샤를르마뉴는 당시 코르비의 베네딕트 수도원 Corbie Abbey에 머물고 있던 노섬브리아 출신의 유럽의 저명한 대학자인 수도사 알쿠인 Flaccus Albinus, 730–

804에게 의뢰하여, 780년경 카롤링 서체 Carolingian minuscule 의 출현을 가능하게 하였다. 고대 로마의 언셜자체字體와 섬양식 글씨체를 참고하여 조합한 카롤링 서체는 전소 카롤링 왕국에서 사용되었을 뿐만 아니라, 이후 유럽 라틴어 표기의 기초가 되었다.[19] (그림 1, 2, 3)

나아가서 샤를르마뉴는 사라진 고전의 부활을 열망하여 어렵게 살아남은 고전 원본을 구해 궁정의 스크립토리움필사실에서 필사하도록 하였다. 키케로 Marcus Tullius Cicero, 고대 로마의 철학자 BC 106-43, 호라티우스 Quintus Horatius Flaccus, 고대 로마의 시인 BC 65-8, 스타티우스 Publius Papinius Statius, 고대 로마의 시인, AD 45?-96, 루크레티우스 Titus Lucretius Carus, 고대 로마의 시인, 철학자 BC 99-55, 테렌스 Publius Terentius Afer, BC 195/185-159 로마시대의 극작가, 율리우스 카이자르 Gaius Julius Caesar BC 100-44, 보에티우스 Anicius Manlius Severinus Boethius, 로마시대 후기의 철학자, 정치가 AD 480-524, 마르티아누스 카펠라 Martianus Capella, 5세기의 철학자 등의 고전 작품들을 되살려내도록 하였으며, 다양한 성서, 시편, 전례서들을 탄생시키도

〈그림 1〉 켈스 서 The Book of Kells 텍스트 페이지 부분, AD 800년경, 소위 섬양식 서체 insular manuscule 로 불리는데, 이는 아일랜드에서 유래한 언셜체의 변형으로 여겨진다..

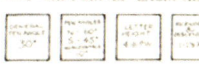

〈그림 2〉 언셜체의 한 예인데, 대부분은 대문자로만 필사되는 경우가 많았으며, 4세기에서 8세기에 통용된 라틴어, 그리스어 표기 서체였다.

〈그림 3〉 카롤링 서체

록 적극 독려하였다.[20]

　카롤링기에 총 약 10만 권에 달하는 필사본이 제작되었으며 그중에서 약 7%에 해당하는 6천~7천 권만 현존해 있을 것이라는 연구 결과가 있다.[21] 샤를르마뉴가 786년에 그의 선조로부터 오랜 기간 인연을 맺어온 아헨을 수도로 정하고 유럽 각지에서 걸출한 학자들을 아헨으로 초빙하여 프랑크 왕국에서 고대 로마의 학문적, 문화적 전통을 이어갈 새로운 역사를 창출하고자 했던 것은 매우 독보적이다. 국가 운영에 직접적으로 필요한 외교나 경제부흥을 위해 외국의 전문가를 초빙하는 경우는 종종 있었다. 하지만, 순수 학문의 발전과 부흥을 위해 신학, 철학, 문학, 역사학 등 다양한 순수 인문학 분야의 전문가들을 국가운영자가 자신의 궁정으로 초빙하여 그들로부터 학문적으로 지원받는 경우는 유례가 없는 일이었기 때문이다. 샤를르마뉴는 782년 알쿠인을 아헨의 궁정학교로 초대하였다. 알쿠인은 교장으로 추대되어 샤를르마뉴와 그의 아들들에게 인문학을 가르치면서 삼학사과trivium과 quadrivium,

문법·수사·논리 등 3학과와 산술·기하·음악·천문 등 4학을 합친 '교양 7학과'를 의미의 체제 속에서 신학, 천문학, 역사학, 문헌학, 문학, 철학의 발전을 도모하여 궁정학교의 학문적 기틀을 잡아갔고, 대제의 스승이 되었다. 궁정학교는 귀족 자녀를 교육하기 위해 선대에 설립되었는데, 샤를르마뉴는 인문학과 종교 연구를 교육과정에 포함시키도록 하였다. 알쿠인과 더불어 문법 학자였던 피사의 페트루스Petrus Pisanus, 744-799는 776부터 790년 사이에 샤를르마뉴에게 라틴어를 가르쳤고, 라틴어와 관련된 그의 작품들은 유럽 사회에서 라틴어가 교회 언어이자 공용어로 쓰이게 되는데 크게 기여하였다. 신학자였던 아퀼레이아의 파울리누스 II세Paulinus II, Aquileia, ? -802년는 776년부터 787년에 궁정 학자로 초대되었으며, 샤를르마뉴는 787년 그를 아퀼레이아의 총대주교로 임명하였다. 랑고바르드 귀족 가문 출신으로 역사학자이자 베네딕도회 수도사였던 부제 파울루스Paulus Diaconus, 725/ 730-797/799는 782년부터 787년 사이에 궁정학교에서 가르쳤고, 787년 샤를르마뉴는 그를 몬테카시노의 베네딕도 수도원 본원 원장으로 임명하였다. 서고트족 후손이며 시인이자 문필가였던 오를레앙의 테오둘푸스750/60 -821, Theodulf, Orléans는 782년부터 797년 사이에 궁정에서 봉사했으며, 797년 샤를르마뉴는 그를 오를레앙의 주교로 임명하였다. 특히 테오둘푸스는 궁정에 머무는 동안 샤를르마뉴의 참모로서 교회 개혁을 위해 많은 역할을 담당하였으며, 교회 관련 지역 밖에서도 공공 학교가 설립될 수 있도록 많은 노력을 기울였다.

이처럼 샤를르마뉴는 인문학, 신학, 철학 등의 학문이 꽃피울 수 있는 여건을 궁정에 조성하였고, 궁정 학교뿐만 아니라 교구 학교나 공공 교육기관을 설립하여 많은 백성에게 교육의 기회를 제공하도록 하였다. 이러한 국가적 사업을 성공시키기 위해 자신의 주변에 다수의 엘리트 수도사들을 포진시켰던 것이다. 아헨은 이제 새로운 로마로서의 지위를 누렸고, 프랑크 왕국의 정치, 경제, 군사, 문화개혁의 중심지가 되었다. 샤를르마뉴는 오랜 기간의 혼란을 극복하고 새로운 절대권력의 제국을 건설하기 위해 그리스도교를 중심으로 하는 종교의 통일을 이루고, 고대 로마문화를 부활시키며 제국의 새로운 문화적 전통을 차곡차곡 쌓아갔다. 이러한 그의 노력은 앞서 거론된 엘리트 수도사들의 도움에 힘입어 찬란하게 꽃을 피울 수 있었고, 유럽 중세의 문화와 학문과 교육의 체계적이고 탄탄한 기틀을 마련하였다. 궁극적으로 로마제국의 고전 문화와 그리스도교, 그리고 게르만 민족 정신은 프랑크 제국에서 샤를르마뉴 대제가 통치하던 시기에 완전한 통합을 이루었다고 하겠다. 그가 그리스도교를 중심으로 뛰어난 문화정책을 펼친 결과, 오늘날 카롤링 르네상스라 불리는 찬란한 문화의 시대가 열리게 된 것이다.

프랑크 제국 백성의 삶의 중심에 그리스도교가 들어와 있었지만 카롤링 미술은 아직 교회건축 공간을 주축으로 하여 전개될 수는 없었다. 콘스탄티누스 대제의 명령으로 로마의 성 베드로의 무덤 위에 지어진, 옛 성 베드로 바질리카Old St. Peter's Basilica, 318-322년 축조 건립을 전후하여 로마와 동·서로마 지역에 교회 건축물이 많이 들어섰다. 그러나 5세기의 민족 대이동 이후 서로마 지역 교회건축물의 출현은 8세기 카롤링기가 도래하기까지 기다려야 했다. 프랑크 지역의 교회는 피핀 III세 집권 말기와 샤를르마뉴의 집권기에 그들의 잦은 이탈리아 원정으로 로마, 라벤나 등지의 거대한 교회건축과 비잔틴 양식의 중앙집중식 석조 교회건축물을 발견하면서 비로소 세워지기 시작하였다. 프랑크 제국에 768-855년 사이에 대성당이 27곳, 수도원 417곳, 왕궁도 100여 곳이 세워졌다. 이 가운데 샤를르마뉴 집권기에 세워진 건축물만 16개의 대성당과 무려 232곳의 수도원, 왕궁도 65곳에 이른다.[22] 이러한 건축 열기는 거대한 확장세로 전 유럽에 퍼진 첫 번째 건축 양식인 로마네스크 건축물의 등장에 주요한 밑거름이 되었고, 그에 따른 숙련된 건축 기술자들의 양성은 그 유명한 고딕 건축기사들의 조합인 바우휘테Bauhütte로 이어지는 출발이 되었을 것이다. 독일지역에서 최초의 석조건물로 추측되는 로르쉬Lorsch의 베네딕트 수도원764년 설립 건물은 카롤링 건축의 상징으로 여겨진다. 전형적인 카롤링기 르네상스맨으로 대제의 측근에서 그를 보좌하던 아인하르트가 이 건축물을 지은 숙련된 석조기술자들을 총지휘했을 것이라고 키조프는 보고 있다.[23] 이탈리아 원정을 계기로 로마와 동로마의 옛 도시에서 샤를르마뉴가 발견한 석조 건물에 대한 놀라움은 고대의 조각과 건축도 그의 전리품 목록에 포함되게 하였다. 아헨의 궁정교회현재의 아헨 대성당 Aachener Dom를 지을 때 모델이 되었던 성당은 옛 서로마 제국의 수도 라벤나의 중앙집중식 팔각성당인 성 비탈레San Vitale 성당이었는데, 샤를르마뉴는 800년경에 축조한 그의 궁정교회 내부의 기둥들도 라벤나에서 가져온 것으로 알려져 있다. 그는 유적지의 예술품과 건축물 부분들을 아헨으로 가져와 자신이 세운 궁전과 교회의 건축자재로 사용했던 것이다.[24]

로마네스크나 고딕 양식 교회의 내, 외부 공간에 세워진 조각상과 부조작품은 중세 조각의 다양한 양식적 변화과정을 그대로 담아내고 있으나, 카롤링기에는 그러한 본격적인 조각상의 출현은 아직 더 기다려야 했다. 다만 카롤링기에 엄청난 양의 필사본이 제작되면서 코덱스의 표지를 장식하고 있는 상아부조나 금속조각 판넬에서 카롤링 조각의 예를 찾을 수 있을 뿐이다. 표지에 부착된 부조작품이 보여주는 조형적 특성 즉 비현(사)실적 인체비례, 소박하고 설명적인 장면묘사, 부정확한 공간묘사와 단조로운 배경처리 등은 필사본의 채색세밀화에서도 그대로 관찰된다. 그에 더하여 필사본은 다양한 채색세밀화를 통해 색채의 상징적 의미를 함유하고 있어, 필사본이 드러내는 조형적 특성을 통해 카롤링기 회화의 진면모를 살펴볼 수 있다.

필사본은 유럽 그리스도교의 전교 루트를 따라 약 800년 동안에 서서히 진행된 다양한 양식적 변화를 보여준다. 즉, 비잔틴 필사본이 섬으로 전해졌고, 섬에서 그들의 토속적이고 장식적인 조형성과 비잔틴 전통이 융합되어 하나의 새로운 섬양식 필사본의 전성기를 일궈냈다. 섬양식 필사본은 역으로 섬을 벗어나 대륙으로 진출한 수도사들에 의해 대륙으로 옮겨졌고, 대륙에서는 그들의 영향을 드러내는 다양한 표현기법이 당대의 신학적 해석과 민속적 요소를 만나 메로빙기를 거쳐 카롤링기 필사본의 전성기로 이어지게 되었다. 따라서 카롤링기 회화의 핵심적 특성은 비잔틴으로부터 다양한 루트로 옮겨져 오면서 융합된 여러 지역의 흔적이 고스란히 드러나는 필사본에서 찾아진다. 약 1,200−1,300여 년 전에도 그리스도교의 전교여건과 방향, 속도에 따라 다양하게 문화적 교류가 이루어졌으며 독특한 양식이 형성되고 토착화되었음이 발견되는 것은 매우 흥미롭다. 로마네스크 후기에 들어서 거대한 스테인드글라스 작업이 교회공간에 등장하기 전까지 필사본은 중세 회화를 보여주는 거의 유일한 장르였다.

750년경 메로빙기에 양피지에 제작된 〈겔라시우스의 미사전례기도집〉 Sacramentarium Gelasianum, Rom, Biblioteca Vaticana 소장, Reg. Lat. 316은 라틴어 필사본으로 파리근교 셸Chelles에 있는 베네딕트 수녀원에서 유래하였다. 이 필사본에는 교황 겔라시우스 1세Pope Gelasius I, 재위 492-496가 쓴 미사기도문이 수록되어 있다. 이 필사본에 들어있는 채색세밀화는 갈리아의 민속적 요소, 로마의 전통과 섬양식으로부터의 영향을 짐작하게 한다. 또한 카롤링 필사본을 관찰해 보면 이전 시기비잔틴이나 섬양식, 메로빙의 필사본에 비하여 엄청난 양의 필사본이 현존하고 있으며, 이전 양식으로부터 다양한 조형적 영향을 받았던 것을 확인하게 된다. 예를 들어 비잔틴이나 섬양식의 영향뿐만 아니라 로마회화에서 보이는 인물상들의 자세나 의복의 표현, 설화를 표현하는 기법[continues narrative] 등과의 연관성을 어렵지 않게 발견할 수 있다.

다신교도들에 의해 오랜 전통으로 이어져 온 고대 로마의 예술적 유산은 중세로 접어들면서 의도적이었건 아니었건 간에 표면적으로는 거의 소멸되었다. 그 자리에 민족 대이동으로 서유럽 세계에 새로운 주역으로 자리잡은 게르만족 혹은 켈트족의 민속적인 조형적 특성이 서서히 당시의 미술로 등장하게 된다. 따라서 초기 중세미술은 고대 로마의 미술과는 전혀 다른, 투박하고 단순하지만 장식성이 강하고 상징적인 형태로 특징지어진다. 그러나 좀 더 세밀하게 관찰해 보면 이러한 새로운 조형성은 부분적으로나마 이어져 온 고대 로마미술의 조형적 요소와 게르만족 혹은 켈트족의 민속적인 조형적 특성이 융합되어 하나의 새로운 전통으로 창출된 것이며, 이후 필사본이나 고딕의 건축 장식 등에서 꽃피우게 된다는 사실을 발견하게 된다. 이로써 새로운 종교나 철학으로 인한 이념의 본질적 변화에도 불구하고, 이전에는 한 번도 존재하지 않았던, 그러니까 완벽하게 새로운 양식의 출현은 불가능하다는 시각예술에서의 본질적이고 보편적인 특성을 확인하게 된다.

카롤링 필사본
화파와 그 대표적 작품들

〈그림 4〉 중세 스크립토리움의 실내 묘사

〈그림 5〉 성 그레고리안 대제와 그의 세 필사가, 9세기 후반기, 로렝 혹은 메츠에서 제작되었을 것으로 추정, 상아부조 20.5×12.5cm , 비엔나 미술사박물관 소장

개혁정부Restauratio imperii를 표방하며 나라를 부흥시키고 옛 로마문화를 복원하려는 샤를르마뉴의 집념은 엄청난 역사적 변화를 만들어 갔다.^{tip} 이미 살펴본 바와 같이 게르만족은 5세기에 서로마 제국을 정복한 이후 오랜 혼란기를 겪으면서 이렇다 할 문화를 형성하지 못하였다. 이러한 상황에서 통치자샤를르마뉴에게 발견된 고대 로마문화는 거대한 문화적 욕망을 유발시키기에 충분했다. 드디어 서유럽에 옛 로마문화를 대체할 새로운 문화에 대한 욕구가 싹트기 시작한 것이다. 오래전에 잊혀진 옛 로마인들이 이룬 문화를 부활시키고자 했지만 종교적·민속적 배경이 달랐고, 역사적 경험의 폭이 매우 협소하였다. 로마문화를 복원하는 일이나 그리스도교를 전파하고 교육 체계를 잡아가는 일 모두 문자화된 자료의 축적과 원본 확보와 필사 작업이 우선되어야 했다. 그러기 위해서는 가장 먼저 그들이 사용하고 있는 비체계적인 문자를 정비해

---

tip

개혁정부 Restauratio imperii

라틴어 'restauratio imperii'의 사전적 의미는 개혁정부이다. 옛 권력, 나아가서 로마제국의 지배력을 복원하려는 의미로 로마제국 혼란기의 황제들도 빈번히 사용하였다. 샤를르마뉴는 로마 황제의 전통을 이어간다는 의미에서 이 개념을 자신의 정복정책에 반영하려 하였다. 예를 들어 로마 제국과 같이 통일된 체제를 이루려 하였고, 법령이나 관습에서도 로마의 전통을 부활시키고자 하였다. 이러한 의도는 이미 800년 12월 25일 로마에서 교황 레오 3세가 주도한 샤를르마뉴의 대관식에서도 나타나는데, 참가자들은 이를 "제국의 양도(translatio imperii)"로 이해했다. 샤를르마뉴의 제국으로부터 1806년까지 이어진 신성 로마 제국의 강력한 그리스도교 제국으로서의 자기 이해, 정체성 확립 의지를 함유한 본질적 개념이다.

야 했을 것이다. 새로이 개발된 카롤링 서체를 통해 통일된 체계를 갖춘 소문자와 더불어 문법의 체계를 구축함으로써 문자의 비효율성을 극복할 길이 열리게 되었다.

샤를르마뉴는 유럽 각지에서 초빙한 유수한 학자들의 조언에 따라 제국의 주요 지역에 많은 수도원과 교회를 건립하여 도서관을 설립하였고, 각 수도원에 스크립토리움을 두도록 하였다. 대략 8세기 말부터 카롤링 왕조가 마감되는 9세기 말경에 이르는 약 100년 동안 제작된 필사본을 카롤링 필사본이라 여긴다. 필사본 제작은 널리 알려진 바와 같이 성서에 대한 당대 신학자의 탁월하고 체계적인 통찰과 해석, 라틴어에 통달한 필사가, 그리고 뛰어난 화가의 긴밀한 협업으로 제작될 수 있었기 때문에, 제작 기간과 제작 비용을 감내하고 지원해줄 수 있는 당대 최고위층의 주문과 최고의 전문가들이 동원되어야 했다. 따라서 소규모의 개인 작업장에서 제작되기는 사실상 불가능하였고, 우수한 신학자들이 모여있던 수도원이나 왕궁에 예속된 스크립토리움에서 제작될 수밖에 없었다. 그러다 보니 특정 스크립토리움에 속하는 필사가, 화가들의 공통적인 필사체나 화풍이 자연스럽게 형성되었고, 각 스크립토리움에서 형성된 화풍은 서서히 화파를 이루게 되었다. 특히 샤를르마뉴 시기에는 아헨궁정이 필사본 제작의 중심이 되었고, 아헨궁정에 속했던 것으로 추측되는 두 화파, 즉 아다화파Ada Gruppe 혹은 궁정화파 Hofschule와 비엔나 대관식 복음서 화파Gruppe des Wiener Krönungsevangeliars 혹은 궁전화파 Palastschule의 활동이 두드러졌다. 이후로도 통치자나 고위 성직자의 근거지를 중심으로 형성된 화파의 전통이 한동안 이어졌다.

카롤링 필사본 화파의 활동은 아헨의 두 화파, 대제의 후계자인 경건왕 루드비히 시대의 화파, 베르덩 조약으로 제국이 분할된 이후 대머리 칼 왕 시대의 화파로 대분할 수 있다. 대제의 사후에는 강력한 중심을 잃어버린 채 왕궁이나 왕궁과 밀착해 있던 성직자들에게 소속되었던 스크립토리움들이 단기간씩 운영되었다. 경건왕 루드비히 시기에는 수도원을 중심으로 랭스Reims, 뚜르Tour, 메츠Metz로 분산되어 화파의 활동이 이어졌고, 대략 840년 이후에는 대머리 칼 왕이 적극 후원한 뚜르화파의 눈부신 활약상이 전개되었다. 유명 스크립토리움의 절정은 약 20년을 상한으로 지속적으로 순환, 변화하였다. 다만 뚜르 수도원의 스크립토리움은 853년 수도원이 해체될 때까지 존속하였고, 이후에도 한동안 뚜르 화파의 화풍은 이어졌다고 전해진다. 필사본 화파의 형성과 활성화는 결국 통치자의 신앙심이나 열정 혹은 정치적 영향력과 깊은 연관 관계에 놓여 있었다.

지금까지 알려진 바로 카롤링 필사본은 대략 두 가지 경로에 의해 주문 제작되었는데, 하나는 샤를르마뉴를 비롯한 집권자의 주문이다. 그들의 주문으로 제작된 필사본이 가장 화려하고 많았을 것은 거의 확실하다. 특히 샤를르마뉴와 직접적으로 관련이 있었던 것으로 짐작되는 두 화파아다화파와 복음서화파의 활약과 그 화풍을 이어받은 여타의 화파들도 존재했던 것을 고려하면 그의 영향은 실로 막강하였다. 예를 들어 대제가 주문하여 제작된 것으로 알려진 다굴프 시편 Dagulf Psalter은 그가 교황 하드리안 I세에게 기증하기 위해 주문 제작되었던 것이었으나, 교황의 갑작스런 사망으로 전달되지는 못하였다. 『성 리퀴에르 복음서』Saint-Riquier Evangeliar 역시도 대제의 주문으로 그의 사위 안길베르트Angilbert를 위해 제작된 것이다. [25] 경건왕 루드비히도 827년에 수아쏭 성 메다르 Saint-Medard 수도원에 주문하여 『수아쏭 복음서』Evangeliar aus Soisson를 완성토록 하였다.

다음으로는 귀족이나 고위성직자들이 공식적으로 주문한 경우인데, 왕궁이나 교회 혹은 수도원에서 사용하기 위한 주문도 있었지만, 대부분 기증을 위한 전례서가 많았다. 특출한 필사본 소장은 소장자의 신앙심과 권력을 상징하는 것이었기 때문에 빈번하게 주문 제작되었고 기증되었다. 예를 들어 846년 비비앙 수도원장은 성경 필사본 Vivid Bibel을 주문하여 대머리 칼 Karl der Kahlen 왕에게 기증하였고, 대머리 칼 왕은 869/870년경에 이 필사본을 메츠 Metz 대성당에 기증하였던 것으로 추측되고 있다. 이와 같이 카롤링 필사본은 대제를 비롯한 왕이나 귀족, 최고위층 성직자들의 주문에 의해 활발하게 제작될 수 있었다.

카롤링 시기의 소장자들이 소장하고 있던 필사본 규모는 현재로서는 추정하기 어렵다. 그러나 기록자료들을 참고하여 추정해 보면 대략 다음과 같다; 생 갈렌 수도원은 약 430점 정도의 필사본을, 로르쉬 수도원은 590점, 무르바흐Murbach 수도원은 340점 정도의 필사본을 소장하였던 것으로 추정된다. 그

외에도 유언장 등을 통해서 개인 소유의 소장 규모를 짐작할 수 있으나, 샤를르마뉴 대제가 그의 도서관에 소장하고 있던 필사본의 규모는 안타깝게도 알려져 있지 않다. 그의 유언에 따라 일부는 팔려나가고 일부는 상속되기도 하였으나, 대제의 개인도서관에 주목할만한 수많은 필사본과 채색세밀화가 들어있는 화려한 필사본이 포함되어 있었을 것으로 추정되며 그가 수집한 그리스와 로마의 고전들과 비잔틴 서적들도 다량 있었던 것으로 알려져 있을 뿐이다. 안길베르트는 자신이 세운 성 리퀴에르Saint-Riquier 수도원에 200여 점에 달하는 필사본을 소장하고 있었고, 그 수도원 소장 필사본 가운데에서 『성 리퀴에르 복음서』가 발견되었다. 막연하게나마 그의 개인도서관도 대규모였을 것으로 추측되고 있다.

카롤링 필사본 가운데에 현존하는 대부분의 필사본은 채색세밀화가 들어있지 않고 텍스트만으로 구성되어 있다. 화려한 장식표지와 채색세밀화가 들어있는 필사본들은 아마도 일상적 사용을 위한 것이기보다는 별도로 보고寶庫에 보관하여 관리되다가 특별한 경우에만 사용했을 것으로 추정되고 있다. 따라서 그 필사본들의 훼손 가능성은 그만큼 낮았으며 필사본들이 현재까지 비교적 온전한 상태로 보존되어 온 이유일 것이다. 가장 의미깊고 화려한 카롤링 필사본으로 꼽히는 『고데스칼크 전례용 복음서』Evangelistar, 『비엔나 대관식 복음서』, 『로르쉬 복음서』Lorsch, 『비비앙 성경』Vivian Bibel, 『성 에머람 복음서』Codex Aureus von St. Emmeram, Evangeliar 등의 귀중본들이 비교적 양호한 상태로 현재까지 보존되어 온 것은 우리에게 크나큰 행운이 아닐 수 없다.

현존하는 주요 카롤링 필사본 가운데 주목되는 52점(도표참조)을 선별하여 정리한 자료를 관찰해 보았다. 52점 가운데 그리스도교적 용도에 따른 필사본이 44점으로 주를 이루고 있고, 시집이나 과학, 천문에 관한 필사본은 오직 8점에 불과하였다. 44점의 그리스도교 관련 필사본 가운데 채색세밀화가 들어있는 필사본은 총 41점에 이른다. 물론 도표에 정리된 필사본 중에는 온전한 상태의 수작과 졸작, 그리고 일부만 현존하는 낱장 필사본이 혼재되어 있기는 하지만 그들 모두 역사적 검증을 거친 귀중한 문화적 유산임에는 틀림없다.

총 41점의 카롤링 성서 필사본 중에서 성서 필사본의 종류별 분포도를 보면 복음서 Evangeliar가 21점으로 가장 많았고, 시편 8점, 성경 Bibel 4점, 미사전례기도집 Sakramentar 3점, 전례용 복음서 Evangelistar 2점, 묵시록 1점이었다.(도표 참조) 복음서 필사본이 절반이나 되었고, 신약성서 제작에 집중되었던 것을 알 수 있다.tip 그 가운데 17권이 대제의 집권기에 제작되었으며, 그중 13권이

tip

카롤링기 성서 필사본의 종류는 매우 다양하나 제작빈도를 참작하면 대략적으로 다음의 5가지로 축약된다.
① **복음서**(Evangeliar): 신약의 네 복음서가 모두 수록되어 있는 성서이다.
② **전례용 복음서 혹은 미사전례성서**(Evangelistar 혹은 Perikopenbuch): 교회력에 따라 주일과 축일미사에 읽히는 복음서이다. 복음은 신약성서에서 발췌되어 수록되어 있다.
③ **미사기도문 혹은 미사전례기도집**(Sakramentar): 미사 경본의 한 부분을 이루는 것으로 성체성사를 거행하는 사제와 예식을 주도하는 주례자의 기도를 담고있는 책이다.
④ **미사경본**(Missale): 미사 때 바칠 기도문과 예식 순서를 수록한 전례서로, 모든 미사에 공통으로 적용되는 '미사 통상문'과 전례 시기나 축일에 따라 지정된 '고유 기도문'이 들어 있다.
⑤ **성경**(Bibel): 성경에는 대부분 구약과 신약이 합본되어 있으며, 두 부분의 합본은 3세기경에 정식으로 인정되었다.

아헨에서 제작되었다는 것으로도 대제의 신앙심과 필사본 제작에 대한 열의를 짐작하게 한다. 채색세밀화가 들어있는 41점의 카롤링 필사본은 현재 파리 10점를 포함하여 프랑스에 13점아브빌, 몽펠리에, 에페르네, 독일에 14점뮌헨 3, 베를린 3, 트리어 2, 쾰른 1, 뒤셀도르프 1, 밤베르그 1, 뷔르츠부르그 1, 아헨 1, 슈트트가르트 1, 스위스에 3점생갈렌 2, 베른 1, 영국에 3점런던, 오스트리아 2점비엔나, 이탈리아 2점로마, 브레시아, 벨기에 2점브뤼셀, 겐트 그리고 네덜란드위트레히트, 루마니아부카레스트-알바이 올리아에 각 1점씩, 모두 유럽에 소장되어 있다.

샤를르마뉴 집권기의 필사본 화파

(1) 아다화파 Ada Gruppe

아다화파 혹은 샤를르마뉴의 궁정화파 Ada-Gruppe 혹은 Hofschule Karls des Großen[26]로 불리는 이 화파는 샤를르마뉴의 적극적인 후원하에 아헨의 궁정을 중심으로 활약한 카롤링 초기의 핵심적 화파이다. 빌헬름 쾰러 Wilhelm Köhler에 의하면 이 화파의 활동 시기는 780년에서 830년 사이에 이르는 약 50년 정도이며, 그 시기에 제작된 화려한 채색세밀화가 들어있는 필사본만 해도 9권에 이른다고 한다.[27] 그 가운데『고데스칼크 전례용 복음서』,『아베빌 복음서』,『트레브 복음서』,『수와송 복음서』,『로르쉬 복음서』등 총 7권이 현존한다. 이 중에서『아베빌 복음서』와『트레브 복음서』는 아쉽게도 파본만 남아있다.

아다 Ada의 주문으로 790년경에 제작된『아다 복음서』Ada Evangeliar에 관한 연구가 20세기 초에 진행되면서 이 복음서를 제작한 화파를 아다화파라 부르게 되었고, 학문적 관심도 높아졌다. 아다는 샤를르마뉴의 여동생으로 알려져 있으며, 당시 전설적인 수녀원장으로 활약했던 인물로 추측되고 있다. 아다화파는 초기에는 섬양식, 메로빙 필사본의 영향을 드러냈으나, 점차적으로 초기의 조형적 특성을 극복하고, 논리적이며 사실적인 형태에 기반한 표현으로의 양식적 변화를 이루어 내었다. 이러한 변화는 샤를르마뉴가 이탈리아 원정에서 발견한 고대 로마 후기의 표현방식과의 연관성을 짐작하게 한다. 특히 복음사가상이 다양하게 변형되면서 필사본의 중요한 부분을 차지하게 되는데, 이 또한 고대 로마의 초상화 전통의 유입에서 그 원인이 찾아진다. 로마 시대 이후 처음으로 인물상에 명확한 윤곽선, 입체적 의복 표현, 3차원적 공간이 그려지면서 물성을 다시 부여받게 되었음을 논할 수 있게 되었다. 전체 화면을 보면 빈 공간, 즉 여백에 대한 두려움horror vacui을 가졌던 듯 복음사가들의 배경은 건축적 요소나 식물문양 등으로 가득 채워져 있다.

이같은 변화는 주된 주문자였던 샤를르마뉴의 의도가 많이 반영되었을 것으로 보이는데, 이는 그의 고전문화에 대한 열정과, 전소 제국의 그리스도교화 정책 그리고 강력한 문화육성 정책에 따른 결과였을 것이다.

① 고데스칼크 전례용 복음서Godescalc Evangelistar, 781-783, Aachen
현재 파리 국립도서관에 소장되어 있는『고데스칼크 전례용 복음서』Ms. Nouv. acq. lat. 1203, 크기 31×21cm는 라틴어 카롤링 서체로 필사되었으며, 매우 화려하게 장식된 필사본이다. 카롤링 서체가 완성된 직후에 제작된 필사본으로 샤를르

마뉴의 문화정책을 반영한 주요 결과물로 여겨진다. 이 필사본은 샤를르마뉴의 로마교황 하드리안 I세 방문과 새로 태어난 아들, 피핀의 세례를 기념하기 위하여 샤를르마뉴와 그의 아내 힐데가르드가 주문하여 아헨의 궁정에서 781년부터 783년에 제작되었다고 필사가는 밝히고 있다. 아다화파 초기의 필사본이며, 동시에 카롤링 시기의 초기 필사본 중에서도 가장 중요한 자료에 속한다. 이 전례용 복음서는 캐논 테이블 없이 첫 장부터 6점의 전면 채색세밀화, 즉 네 복음사가상 마태오, 마르코, 루카, 요한, 우주의 절대자 그리스도상 Majestas Domini, 생명의 샘 Fountain of Life 과 문자장식 페이지로 이어진다. 그리고 네 번째 2절판 folio 4, 좌측 페이지 verso 부터 복음서 텍스트가 시작되는데, 텍스트는 자색으로 채색된 양피지 위에 금색과 은색 글씨로 수록되어 있다. 복음서 끝에는 필사가의 헌정시로 마무리되며 총 127장 254쪽에 달한다.

고데스칼크 Godescalc 는 헌정시에서 자신이 필사한 것임을 밝히고 있는데, 이러한 경우는 당시에는 매우 드문 일이었다. 이 필사본의 명칭은 의심할 바 없이 필사가 고데스칼크에서 비롯된 것이다. 헌정시에서 자신이 샤를르마뉴의 '마지막 동반자 ultimus famulus'로 780-781년 이탈리아 원정에 따라갔었고, 로마에서의 교황 알현, 베드로 무덤 참배 등 왕의 이탈리아 원정에 대해, 그리고 하드리안 I세 교황 주례로 열린 샤를르마뉴의 아들 피핀의 세례식에 대해서도 자신이 현장에 있었음을 암시하며 자세히 전하고 있다. 이 헌정시에서 루드비히와 피핀, 두 왕자의 대관도 하드리안 I세 교황의 주례로 이루어졌다는 것을 연대기적으로 정확하게 보고하고 있어 후대 사학자들에게 신빙성이 매우 높은 자료로 활용되고 있다. 왕 부부가 특별한 계기에 주문한 필사본이었음을 상기하면 당대 최고의 필사가가 최선을 다하여 제작한 필사본임이 틀림없다.

　미술사적으로 주목되는 부분은 역시 6쪽에 달하는 전면 채색세밀화이다. 전체적으로 섬양식 필사본 표현양식의 영향을 배제할 수 없으나, 네 복음사가상과 그리스도상 등의 인체 표현에서 사실적·입체적 표현을 시도하였고, 배경과 표현된 인물상의 사실성에 기반한 논리적 관계를 표현하려 했던 점 등은 카롤링 필사본에서 처음 만나게 되는 특징이다. 이는 앞서도 지적했듯이 고대 로마 후기의 표현 방법을 참고했을 가능성이 매우 높아 보이는 부분이다. 뮈터리히 F. Mütterich는 "이들의 조형적 표현방식은 평면성의 극복, 깊이감과 입체감을 묘사하는 색채의 표현 등의 고대 전통에 정복당했다"고 주장하였다.[28] 실제로 의복의 주름이나 이목구비의 세세한 표현은 아다화파에서 비로소 나타나는 새롭고 뚜렷한 조형적 특성이라 하겠다. 이러한 특성은 이후 대제의 화풍으로도 불리며 많은 추종자를 양산하였다.

　복음사가상은 각각 마태오, 마르코, 루카, 요한의 순으로 전면 페이지에 묘사되어 있는데, 그들은 모두 각 화면의 중앙에 자신의 좌측을 향해 비스듬히 앉아있다. 그들의 머리 배경에 씌여진 문자와 우측 상단에 등장하는 복음사가들의 상징인 마태오–천사, 마르코–사자, 루카–황소, 요한–독수리를 통해 각각의 복음사가가 확인된다. 복음사가들은 각 페이지의 장식 테두리 안쪽 하단에 위치한 좌대 위에 각기 다른 형태, 크기, 수량의 원통형 방석에 올라 앉아서 왼손에는 책을, 오른손에는 필기구를 들고 있다. 모두 풍성하게 주름잡힌 콜로비움과 팔리움을 입고 있으나 색채나 장식이 동일하지는 않다.^{tip} 그들은 각 상징들로부터 영감을 받고 있는 듯이 보이며, 복음사가도 상징도 모두 머리에 금색 후광이 그려져 있다. 좌대의 투시법 표현은 정확하지는 않지만 입체감을 표현하려는 시도로 읽힌다. 의복의 주름이나 좌대 등 기물묘사에서도 입체감을 표현하려는 시도는 보이나 아직 평면적 특성이 확연하다. (그림 6, 7: 마태오 복음사가, 루카 복음사가, 고데스칼크 전례용 복음서)

복음사가 요한의 다음 페이지에 우주의 지배자 그리스도상 Majestas Domini 이

tip

필사본에 비교적 자주 묘사되는 그리스도나 복음사가 혹은 황제 등이 착용하는 의상을 대략적으로 정리하면 다음과 같다.
- **튜니카**(라틴어: tunica, 독일어: Tunika, 영어 tunic): 고대 로마시대부터 중세에 이르기까지 여성, 남성 모두 입었던 기본 의상으로 소매가 없거나 짧게 있는 속옷에 해당하며, 길이는 대개 무릎까지 온다.
- **콜로비움**(colobium): 길이가 긴 튜니카를 의미하는 경우가 일반적이나, 경우에 따라서는 왕이 대관식에서 덧입는 의복을 의미하기도 한다. 이 경우는 성직자의 달마티카(dalmatic)에 해당한다.
- **달마티카**(dalmatica): 소매가 길고 폭이 넓으며 양 옆이 터져 있고 무릎까지 오는 겉옷으로 로마 가톨릭과 성공회, 감리교에서 사용하는 전례 의상이다.
- **팔리움**(pallium): 직사각형의 겉옷으로 모직물 또는 마로 5.5×1.8m 정도 크기의 것을 왼쪽 어깨에서 비스듬히 걸쳐 입었다. 1세기경 철학자나 웅변가들에 의해 도입되었고 4세기에는 일반에게 보급되었다. 5세기가 되자 퇴화되어 상징적인 것이 되었고 주로 성직자 사이에 승계되었다. 8세기의 팔리움은 가슴 위에 V자형으로 만들어져 늘어뜨리는 장식띠로 되었으며, 10세기에는 V자형이 원형으로 되어 앞뒤에 수직의 띠를 늘어뜨리는 모양이 되었다. 오늘날에도 로마 가톨릭이나 그리스 정교의 고위 성직자의 공식 외의(外衣)로 Y자형 어깨띠로 남아 있다.
- **클래미스**(chlamys): 고대 로마의 황제나 군인 등의 젊은 남성이 입던 짧은 망토로 직사각형 또는 반원의 천을 어깨에 두르고 왼쪽 어깨에 브로치로 고정시켰다.

〈그림 6〉 복음사가 마태오, 고데스칼크 전례용 복음서

〈그림 7〉 복음사가 루카, 고데스칼크 전례용 복음서

그려져 있다. 우주의 지배자 그리스도상은 아마도 이 필사본 채색세밀화 가운데 가장 자주 인용되는 대표적 채색세밀화일 것이다. 복음사가들과 마찬가지로 그리스도도 화면 중앙에 위치한 좌대에 놓인 방석 위에 정면을 직시하며 왼손으로는 닫혀진 성서를 들고, 오른손으로는 축복하는 자세를 취하고 앉아 있다. 전형적인 우주의 지배자 그리스도상이다. 그의 머리 양옆의 글자 IHS/XP는 그가 그리스도임을 알려준다. 그리스도의 황금색 후광 안에 머리를 중심으로 십자가가 그려져 있어 복음사가들의 후광과 구분된다. 커다란 눈과 어깨까지 내려오는 긴 머리는 젊은 그리스도를 연상시키며, 둥근 얼굴의 부드러운 윤곽선으로 인자함을 강조하려는 듯하다. 배경을 이루는 굳건하게 구축된 성곽은 예루살렘 성을 암시하는 동시에 그리스도의 교회를, 그리고 다양한 형태의 식물들과 장식들은 천국을 상징한다. 이 우주의 지배자 그리스도상은 천상의 왕좌 교회의 중심에 앉아있는 젊고 엄격하지만 인자한 그리스도상을 시각화한 것으로 해석된다. (그

림 8: 우주의 지배자 그리스도상(Majestas Domini), 고데스칼크 전례용 복음서)

또 한 가지 눈에 띄는 것은 고데스칼크 필사본에 현존하는 카롤링 시기의 전례용 복음서Evan-gelistar 최초로 '생명의 샘'이 등장한 것이다. 장면 중앙에는 지붕 상부가 십자가상으로 마무리된 왕관 형태의 건축물이 세워져 있고, 건축물 양옆으로는 많은 종류의 새와 식물, 사슴이 대칭을 이루고 있다. 생명의 샘은 낙원의 샘으로도 불렸으며, 초기 그리스도교 시기부터 낙원에서의 영혼의 위안을 상징하는 주제였다. 동시에 영원한 생명의 샘은 곧 그리스도를 상징하는 것으로 알려져 있기도 하다. "목마른 사람은 다 내게로 와서 마셔라. 나를 믿는 사람은 성경 말씀대로 '그 속에서부터 생명수의 강들이 흘러나올 것이다.'"(요한 복음 7장 37-38절)에 따라, 생명의 샘에서 솟아나는 물, 즉 그리스도를 통한 영원한 삶에 대한 소망이 담겨져 있다. (그림 9: 생명의 샘, 고데스칼크 고데스칼크 전례용 복음서)

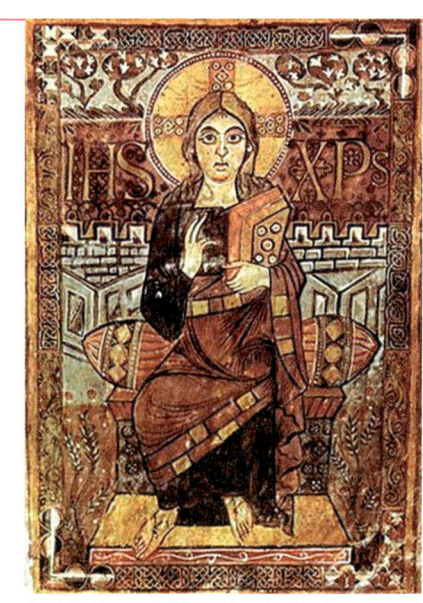

〈그림 8〉 우주의 지배자 그리스도상, 고데스칼크 고데스칼크 전례용 복음서

〈그림 9〉 생명의 샘, 고데스칼크 고데스칼크 전례용 복음서

고데스칼크 복음서는 샤를류마뉴 대제의 아들 루드비히 1세Ludwig Ⅰ, 경건왕 루드비히, 재위기간 814-840에 의해 툴루즈Toulouse의 생 세르냉St. Sernin 수도원으로 옮겨져 그곳에 소장되어 있다가 프랑스 혁명 시기에 툴루즈의 지역 박물관으로 옮겨졌다. 1811년 나폴레옹의 소장품에서 발견된 후, 국고로 환원되어 1872년부터 파리 소재 프랑스 국립도서관Bibliotheque nationale에 소장되어 있다.

② 로르쉬 복음서 Lorsch Evangeliar, 810년, Aachen, Ada, 37.4 × 27cm, 총 474 쪽

810년경에 대제의 주문으로 아다화파에 의해 제작된 것으로 알려져 있는 로르쉬 복음서의 라틴어 명칭은 "Codex Aureus Laureshamensis"이다. 이 필사본은 아다화파의 후기에 제작된 것으로, 카롤링 필사본 가운데에서 가장 높이 평가되는 필사본에 속한다. 정교하고 섬세한 기술로 제작된 이 복음서는 알려지지 않은 특별한 계기에 제작되었을 것으로 짐작되는 귀중본이다. 로르쉬 복음서로 불리는 이유는 9세기부터 로르쉬의 베네딕트 수도원이 해체된 1556년까지 이 수도원에 소장되어 있었기 때문이다. 아다화파에 의해 제작되었으나 대제의 사후인 820년경에 아헨에 파견되어 있던 로르쉬 베네딕트 수도원 소속 수사가 로르쉬로 옮겨간 것이 거의 확실하다. 860년경의 로르쉬수도원 도서목록에는 이 필사본이 "금색으로 필사되었고, 삽화가 들어있으며 정교한 상아 판넬로 외장된 복음서"라고 기록되어 있다. 1479년에 수도원이 이 복음서를 재제본하면서 무슨 이유에서인지 두 부분으로 분리하였고, 종교개혁 이후 매우 극적인 과정을 거쳐 오늘에 이르고 있다.

로르쉬 수도원은 독일에서 종교개혁이 한참 진행되던 1556년에 신교세력에 의해 해체되었는데, 그 과정에서 팔츠의 선제후 오트하인리히Kurfürst Ottheinrich von der Pfalz, 1502-1559는 이 복음서를 포함하여 대부분의 수도원 도서들을 자신의 개인도서관Bibliotheca Palatina, 하이델베르크으로 가져갔다. 30년 전쟁 1618-1648 중이던 1622년 하이델베르크를 점령한 가톨릭 세력은 이 도서관 소장의 거의 모든 도서를 교황 그레고리오 15세Pope Gregorius XV, 재위: 1621-1623의 명에 따라 로마로 옮겨갔다. 거기에 두 부분으로 분리된 이 필사본도 포함되어 있었으나, 운송과정에 이 필사본의 앞부분을 포함한 다량의 도서가 교황으로부터 운송특명을 받았던 그리스인 특사Leone Allacci에 의해 빼돌려졌다. 로르쉬 복음서의 뒷부분은 무사히 바티칸에 도착하여 바티칸 도서관에 소장되어 있다.Pal. Lat. 50-Biblioteca Apostolica Vaticana 바티칸 소장본은 루카복음과 요한복음이 들어있는 124쪽 분량이다. 기념비적인 가치를 지닌 이 필사본의 상아부조 앞, 뒤표지 가운데, 뒤표지인 소위 '그리스도 판넬'은 텍스트와 분리되어 바티칸 박물관에 소장되어 있다. 한편, 운송과정에서 빼돌려진 로르쉬 복음서 앞부분은 300년 이상 유럽의 종교적, 정치적 격변을 거치면서 여러 차례 소유자와 소장처가 변화하였고, 출몰이 교차하면서 파손된 것으로 여겨졌으나, 1992년에야 비로소 양호한 상태로 현존한다는 것이 처음 학계에 알려졌다. 1999년부터 루마니아의 알바이 울리아Alba Iulia 소재 국립도서관 분관에 소장되어 있다. 상아부조 앞표지, 소위 '성모 마리아 판넬'은 1785년에 텍스트 부분과 분리된 것으로 추측되는데, 1853년 한 러시아 귀족의 여타 소장품들과 함께 매물로 나왔다가 현재는 런던의 빅토리아 앤 앨버트 미술관Victoria and Albert Museum,

Inv.-Nr. 138-1866에 소장되어 있다. 결과적으로 네 부분으로 분리된 로르쉬 복음서는 각각 다른 소장처에 현존해 있으며, 이러한 험난한 경로를 거쳤음에도 불구하고 빈번하게 사용되지는 않았었는지 소장상태는 모두 양호하다.

라틴어로 필사된 이 복음서의 텍스트 부분은 네 복음서와 성 히에로니무스 St. Hieronymus, 347년경-420의 편지 두 점으로 구성되어 있으며, 12개의 캐논 테이블Canon Table과 5점의 전면 채색세밀화, 1점의 부분 채색세밀화가 포함되어 있다. 5점의 전면 채색세밀화에는 복음사가 -마태오folio 14 verso와 마르코folio 148 v., 루카folio 7 v.와 요한folio 67 v.-의 상과, 우주의 지배자 그리스도folio 18 v.상이 속하며, 부분 채색세밀화에는 그리스도와 선조들folio 27 v.이 등장한다. 로르쉬 복음서의 각 텍스트 페이지 좌우 양 끝에는 황금색으로 그려진 두 개의 기둥이 있고, 그 사이에 복음서의 텍스트가 수록되어 있다.

앞표지인 상아부조 '성모 마리아' 판넬런던은 5개의 각기 다른 크기의 작은 판넬들로 분할되어 그 안에 여러 장면들이 저부조로 묘사되어 있다.(그림 10: 로르쉬 복음서의 전면 상아표지) 가장 큰 중앙판넬에는 둥근 아치 아래에 왼팔로 아기 예수를 안고 있는 성모 마리아Hodegetria가 왕좌에 앉아있다. 좌측 판넬에는 세례자 요한, 우측 판넬에는 자카리아가 중앙판넬과 유사한 형태의 둥근 아치 아래에 서 있다. 세례자 요한은 왼손으로 펼쳐진 두루마리를 들고 있고, 오른손은 가슴에 올린 채 검지로 중앙판넬을 가리키고 있다. 그의 맨발은 광야에서 생활한 세례자 요한을 의미한다. 우측 판넬에서 오른손에 향로를, 왼쪽에 향 상자를 들고 있는 인물은 자카리아이다. 향로와 향 상자는 자카리아를 상징한다. 맨 위 판넬의 양측에서 부유하고 있는 두 천사는 그들 사이에 그리스도 흉상^{판토크라토어}이 새겨진 메달을 떠받치고 있다. 하단 판넬에는 '아기 예수의 탄생', '구유의 그리스도', '목자에게 기쁜 메시지를 전하는 천사'의 세 장면이 좌측부터 나란히 묘사되어 있다.

앞표지와 유사하게 분할된 5개의 작은 판넬로 이루어진 뒤표지 상아부조, '그리스도' 판넬^{바티칸}의 중앙에는 그리스도 입상이, 좌, 우 양측에는 천사상이 새겨져 있다.(그림 11: 로르쉬 복음서의 배면 상아표지) 중앙 판넬에는 왼손에 책을 들고 오른손의 검지와 중지를 펴 가슴에 올리고 있는 그리스도가 서 있다. 그의 후광에 십자 형태의 띠가 새겨져 있어 그가 그리스도임을, 그가 들고 있는 책은 성경임을 암시한다. 그는 팔에 천을 두르고 성경을 들고 있는데, 이는 거룩한 것에 대한 경의를 의미한다. 그는 사자와 용을 밟고 서 있고, 그 위로는

〈그림 10, 11〉 로르쉬 복음서의 전면 마리아 판넬, 배면 그리스도 판넬 상아표지

양옆에서 독사와 토끼가 떨어져 내리고 있는데, 이는 "너는 사자와 독사 위를 거닐고 힘센 사자와 용을 짓밟으리라"는 시편 91장 13절의 내용을 묘사한 것이다. 뒤표지 상단에는 앞표지와 마찬가지로 그리스도를 상징하는 십자가가 새겨진 메달을 부유하는 천사들이 받쳐 들고 있고, 하단에는 무리의 인물들이 양옆으로 갈라져 묘사되어 있는데, 이는 헤로데를 찾아간 동방박사 세 사람좌측과 그들이 별을 따라 드디어 새로 태어난 아기 예수를 찾아가서 경배하는 장면우측이 묘사된 것이다.

이 저부조의 앞, 뒤 상아표지는 장식문양뿐만 아니라 세부적 인체묘사에서도 특히 정교함이 두드러진다. 인체의 비례나 옷주름 묘사, 그리고 자세의 표현에서 특히 중세적 투박함이 약화되었고, 고대 조각상의 원숙함이나 비잔틴 상아 저부조 조각의 섬세함이 강하게 두드러진다. 로르쉬 복음서는 그리스도의 육화성모 마리아 판넬와 그리스도의 지상에서의 행적네 복음서, 천상의 그리스도그리스도 판넬를 통해 그리스도의 승리와 영광을 강조하는 도상학적 제작의도를 보여주고 있다.

로르쉬 복음서의 우주의 지배자 그리스도상에는 화려하게 장식된 사각형의 테두리 안에 원형의 만돌라가 배치되어 있다.(그림 12: 우주의 지배자 그리스도상, 로르쉬 복음서) 원형 만돌라 중앙에는 파란색 콜로비움과 자주색 팔리움을 입고 있는 그리스도가 왕좌에 정면을 향하고 근엄하게 앉아있다. 그의 황금색 원형 후광, 축복의 자세를 취하고 있는 오른손, 펼쳐진 성서를 들고 있는 왼손은 전형적인 우주의 지배자 그리스도상이다. 왕좌의 배경은 무한한 공간과 천상을 암시하는 푸른색으로 채색되어 있다. 둥근 만돌라의 굵은 테두리에는 그리스도를 중심으로 상하좌우에 각각 네 복음사가의 날개 달린 상징이 작은 메달 안에 위치해 있고, 그 사이 공간에는 여러 천사 반신상들과 문양들이 서로 교차하여 등장한다.

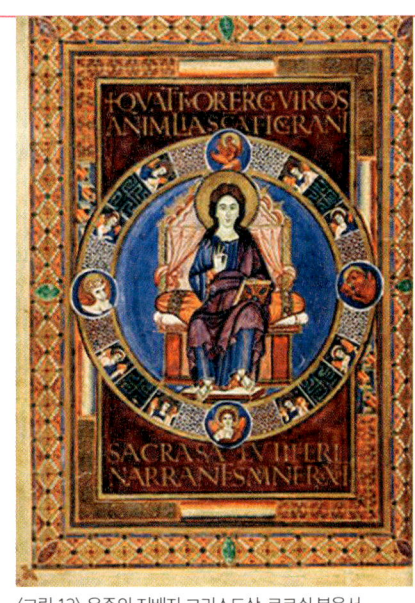

〈그림 12〉 우주의 지배자 그리스도상, 로르쉬 복음서

고데스칼크 전례서와 로르쉬 복음서의 우주의 지배자 그리스도상은 도상학적으로 자주 비교되곤 하는데, 두 필사본의 우주의 지배자 그리스도상은 젊은 그리스도를 표현하고 있다는 공통점 외에는 많은 차이가 두드러진다. 즉, 카롤링 초기에 보이던 인체의 평면적 표현 고데스칼크에서 입체적 표현 로르쉬으로, 근경에서 바라본 그리스도의 모습 고데스칼크에서 원경에서 바라본 모습 로르쉬으로, 교회의 중심에 정좌한 그리스도 고데스칼크에서 만돌라의 권좌에 군림하고 있는 그리스도 로르쉬로 변화한 것이 발견된다. 아마도 이들은 지상의 그리스

〈그림 8〉 고데스칼크 복음서

카롤링 필사본   191

〈그림 13〉 복음사가 요한, 로르쉬 복음서

〈그림 6〉 복음사가 마태오, 고데스칼크 전례용 복음서

도고데스칼크와 천상의 그리스도로르쉬를 암시하는 것이며, 제작 당시의 신학적 해석과 교회사적 입장에서 그 변화의 원인은 찾아질 것이다.

샤를르마뉴 대제는 교회의 전례를 체계적으로 정비하기를 독려하였고, 이러한 맥락에서 수많은 성서 필사본 제작을 후원하였다. 특히 로르쉬 필사본은 그리스도교 전례와 교회 내 위계질서의 체계적 확립을 향한 그의 숨가쁜 경주의 결론적 유물로 여겨지고 있다. 초기의 필사본고데스칼크에서 보이던 섬양식에서 이어져온 표현기법이나 장식문양이 후퇴하고, 비잔틴이나 이탈리아의 회화적 표현기법이나 화풍이 강조된 것로르쉬은 동진東進을 통해 그리스도교 세력을 공고히 하려는 그의 의지를 반영한 것으로 유추된다.

(2) **비엔나 대관식 복음서화파**

비엔나 대관식 복음서화파Die Gruppe des Wiener Krönung-sevangeliars 혹은 궁전화파Palastschule로 불리는 이 화파는 앞서 언급되었듯이 아다화파와 비슷한 시기에 역시 아헨에서 샤를르마뉴의 후원을 받으며 활동했던 것으로 알려져 있다. 조형적으로 아다화파의 화풍과는 상당히 다른 특성을 드러낸다.(그림 15) 800년경에 제작된 이 화파의 대표적 필사본인 대관식 복음서의 채색세밀화를 살펴보면 화면의 구성, 인체 표현, 인물의 자세, 색채 등에서 고대 로마나 비잔틴의 회화적 특성을 발견하게 된다. 이러한 특성을 근거로 비잔틴의, 혹은 적어도 비잔틴이나 이탈리아에서 수학한 화가가 아헨으로 진출하여 이 화파의 제작 활동에 참여했던 것으로 추측되고 있다. 이 화파가 제작한 작품이 소량에 불과한 것을 미루어 보면 대제의 생존시에는 이 화파가 아다화파의 그늘에 있었던 것은 아닌가 짐작된다. 그러나, 대제의 사후에는 아다화파의 영향을 뛰어넘어 대관식 복음서 화파의 영향이 더 컸던 것으로 드러난다. 이 화파의 화풍은 이후 오토기의 양식이 새로운 필사본 양식으로 자리잡게 될 때까지 다양하게 이어진다.

〈그림 14〉 복음사가 마르코, 로르쉬 복음서

〈그림 15〉 복음사가 요한, 대관식 복음서

① 대관식 복음서 혹은 제국의 복음서
  Krönungsevangeliar 혹은 Reichsevangeliar, 32.4×24.9cm

전설에 의하면 신성로마제국의 오토 III세가 1000년에 샤를르마뉴 대제의 무덤을 열었는데, 그의 곁에서 화려하게 제작된 이 복음서가 발견되었다고 한다. 이후로 샤를르마뉴 대제를 존경하는 신성로마제국의 황제들이 대관식에서 이 복음서에 맹세하였고, 그에 따라 이 복음서의 명칭이 대관식복음서 Krönungsevangeliar 혹은 제국의 복음서 Reichsevangeliar로 불리게 되었다는 것이다. 샤를르마뉴 무덤에서 발견되었다는 것은 전설에 불과할 수도 있으나, 이 필사본이 신성로마제국의 황제대관식에서 쓰였다는 것은 분명한 역사적 사실이다.

이 복음서는 샤를르마뉴가 황제에 등극하기 직전에 샤를르마뉴의 후원을 받아 아헨궁전에서 활약하던 대관식 복음서 화파에 의해 제작되었다. 이 화파의 대표작인 이 필사본은 1794년까지 아헨 마리아재단 Marienstift, 오늘날의 아헨 주교좌 대성당 보고에 소장되어 있었다. 1792-1807년에 있었던 유럽 동맹 군주국들의 대불對佛 전쟁 중, 1794년에 아헨에서 파더본 Paderborn으로, 그리고 1811년에는 비엔나로 옮겨졌다. 현재는 비엔나미술사 박물관 Wien, Kunsthistorisches Museum, Inv. XIII 18에 소장되어 있다. 그리하여 이 복음서는 원래 유래했던 대로 대관식 복음서, 제국 복음서 혹은 소장처에 따라 비엔나 대관식 복음서로 불리고 있다. 이 필사본의 화려한 금세공 표지는 1500년경에 아헨의 금속공예가, 한스 폰 로이틀링겐Hans von Reutlingen에 의해 제작된 것으로 카롤링 양식과는 무관하다.(그림 16)

총 236쪽에 달하는 이 복음서에는 네 복음사가상이 묘사된 전면 채색세밀화와 16개의 캐논 테이블이 들어있고, 네 복음서의 텍스트는 어두운 자색으로 채색된 양피지에 금색과 은색으로 기록되어 있다. 네 복음사가들은 화면 중앙에 흰 의상을 입고 앉아서 글을 쓰고 있다. 머리에는 큰 황금색 후광이 있고, 흰옷은 어두운 색상의 건축적 배경과 강한 대비를 이루며 그들을 강조하고 있다. 하단 테두리에 걸쳐져 입체적으로 묘사된 발판은 이 초상화의 현실감을 더욱 두드러지게 한다. 앉아있는 복음사가들의 자세나 인체묘사, 활기찬 붓놀림으로 묘사된 옷주름, 실제적 풍경을 연상시키는 배경 등은 고대 후기의 초상화와 매우 흡사하다. 양식적으로 이 필사본이 주목받는 이유는 고대 후기 초상화의 회화적 표현양식이 적극적으로 수용된 예가 이전의 필사본에

〈그림 16〉 대관식 복음서 표지, 16세기 초

서는 발견되고 있지 않기 때문이다. 배경처리에서도 아다화파와 달리 빈 공간에 대한 공포horror vacui가 드러나지 않는다. 또한 대관식 복음서의 복음사가상에서 발견되는 어둡고 채도가 낮은 색감도 역시 동부 유럽의 특성을 보여주고 있다.

② 보고寶庫 복음서 Schatzkammer-Evangeliar, 30.1×23.3cm,
　아헨의 주교좌 대성당 소장, Aachener Domschatzkammer, Inv.-Nr. 4

일명 카롤링 복음서로 불리기도 하는 이 필사본은 9세기 초에 아헨의 대관식 화파에 의해 제작되었을 것으로 추정된다. 대제의 가족경당에 보관되어 있다가 현재는 아헨 주교좌 대성당 보고에 소장되어 있다. 이 복음서는 총 280쪽의 양피지가 사용되었고, 복음서의 텍스트 부분은 카롤링 서체로, 제목과 각 장의 머리글은 고대 로마 서체Capitalis Rustica로 쓰여 있다. 성 히에로니무스의 서언fol. 2, 5. recto으로 시작되며, 교황 성 다마수스Damasus I, 304년경-384, 교황재위 366-384의 편지fol. 5 r.-7 v., 12개의 캐논 테이블과 한 면에 네 복음사가가 모두 묘사되어 있는 한 점의 전면채색화fol. 14 v.가 뒤따른다. 이어서 네 복음서로 연결된다. 각각의 복음서는 간략한 머리글자로 시작된다. 아주 독특하게도 복음사가들이 그들의 상징과 함께 한 페이지에 모두 그려져 있는데, 이러한 경우는 카롤링 필사본에서 유일하다.(그림 17) 캐논테이블은 기둥 위에 지붕이 얹혀진 건축적 형태로 그 테두리가 장식되어 있는데, 이러한 캐논테이블도 카롤링 필사본에서 유일하게 보이는 예이다. 그 외에는 극히 소극적으로 장식된 마태오 복음서의 테두리 장식이 있을 뿐, 그 이상의 채색세밀화는 보이지 않는다. 따라서 이 필사본에서는 복음사가들이 모두 등장하는 전면 채색세밀화 한 점 이외에는 미술사적 관심을 끌만한 대상은 발견되지 않고 있다. 그럼에도 불구하고 이 필사본이 지닌 유일무이한 특성으로 인해 카롤링 필사본의 주요 예로 항상 거론되고 있다. 이 복음서는 주일미사와 축일미사에서 읽히는 복음서 목록Capitulare Evangeliorum fol. 258 r. - 280 v. 으로 마무리되어 있는데, 이 또한 매우 드문 경우에 속한다. 전체적으로 당시의 필사본의 정형을 따르지 않았다는 특이점이 이 필사본을 주목하도록 한다.

네 부분으로 나뉜 화면(그림 17)에 각각 푸른 빛을 띤 동굴 같은 공간에 흰 의상을 입은 네 복음사가들이 모두 화면의 바깥쪽을 향하고 앉아서 열중하고 있다. 자세는 조금씩 다르지만 그들이 입고 있는 의상이나 후광, 좌대나 독경대 등의 기물은 거의 유사하다. 복음사가들이 입고 있는 하얀 의상은 고대의 철학자들이 입었던 의상을 상기시킨다. 그들 머리 위의 상징으로 요한독수리, 루카황소, 마르코사자, 마태오천사를 구분할 수 있다. 상징들도 모두 유사한 후광과 날개를 지니고 있다. 상징들과 복음사가들이 서로 교감하지는 않고, 단지 상징으로서 근접해 있다. 대관식 복음서에서와 유사한 활기찬 붓자국과 채도가 낮은 색채, 배경처리 등이 눈에 띈다. 원경에 나무들이 서 있는 분홍빛 하늘이 보이는데, 원본에는 원경에 성벽이 희미하게 드러난다고 하나, 도판에서는 확인되지 않는다. 이 전면 채색세밀화의 테두리에는 푸른색의 타원형 보석과 초록색의 사각형 보석이 복음사가 장면을 장식하고 있다.

이 필사본의 황금 앞표지(그림 18)는 10세기 후반 오토기의 상아표지로 대체

〈그림 17〉 네 복음사가, 보고 복음서　　　　　　〈그림 18〉 보고 복음서 앞표지, 10세기 후반

된 것이라는 견해에 대부분의 연구자들이 동의한다. 이 앞표지의 중앙에는 상아부조로 제작된 성 모자상호데게트리아이 위치하고 있다. 그 양옆에는 네 복음사가의 상징이 4개의 작은 판넬에 묘사되어 있고, 그 위와 아래에는 예수의 탄생위이나 부활아래과 연관된 장면이 각각 2개의 판넬에 부조되어 있는데, 이 총 8개의 장면은 모두 매우 섬세한 황금부조로 제작되었다. 비잔틴 양식과의 연관성이 뚜렷해 보인다. 그러나 이 앞표지의 출처나 제작 장소와 관련해서는 아직도 연구자들 사이에 논쟁이 지속되고 있다.

경건왕 루드비히 시기의 화파 랭스, 뚜르, 메츠

(1) **랭스화파** Reims Schule

샤를르마뉴 대제의 아들로, 그의 뒤를 이어 후계자가 된 루드비히 I세 Ludwig I, 778-840, 황제 재위 814-840 는 돈독한 신앙심과 온화한 성품으로 인해 10세기부터는 '경건왕 루드비히' Ludwig der Fromme 로도 불렸다. 그러나 그가 물려받은 방대한 제국을 통치하고 유지할 능력을 겸비하지 못해 그의 통치 기간에 제국은 안정적이지 못했고, 결국 그의 사후 제국은 분할되었다.

루드비히 I세 황제 유모의 아들이라고도 전해지는 에보 Ebo, 778-851 는 샤를르마뉴의 선의로 자유인이 되었고, 그의 특별허가로 아헨궁정에서 장래의 황제 루드비히와 함께 수학하며 자라날 수 있었다. 뛰어난 재능과 성실성을 보였던 에보는 아키텡에 있는 루드비히 I세의 도서관을 담당하는 사서가 되었고, 816년에는 황제가 된 루드비히 I세에 의해 랭스의 대주교가 되었다. 에보는 고위성직자 가운데 유일하게 비귀족 출신으로 주교에 오르게 되었다. 이는 당시로서는 매우 파격적인 사건이었다. 에보 대주교는 자신이 아헨궁정에서 경험한 문화를 동반하여 랭스로 왔다. 즉 카롤링 르네상스를 랭스로 옮겨와 부흥시켰던 것이다. 랭스를 기반으로 하여 자신의 권력 기반을 쌓아가는 한편, 황제의 측근으로서 정치, 문화, 경제 등 다방면에서 막강한 영향력을 행사하였다. 그는 성직자로, 선교사로, 외교관으로 활약하였으나, 833년 제국의 분열이 우려되는 상황에서 황제 루드비히 I세의 반대편에 섬으로써, 수도원에 감금되었다. 840년, 황제가 사망하자 수도원을 탈출하여 로타르 I세에게로 가서 랭스 대주교로 복권되었으나, 841년에 또다시 퇴위당하고, 서프랑크의 왕이었던 대머리 칼 왕으로부터도 영구히 랭스를 떠나라는 명령을 받게 된다. 이후 동프랑크의 독일왕 루드비히에게 겨우 받아들여져, 851년 생을 마감할 때까지 힐데스하임 주교로 지내게 된다. 그가 랭스에 있었던 시기는 816-835년과 840-841년으로 구분된다. 그는 랭스에서 대관식 복음서 화파의 영향을 뛰어넘어 활기찬 감정이 느껴지는 독자적인 필사본을 탄생시키도록 랭스화파를 적극 후원하였다. 여기에는 비잔틴 지역에서 진행된 성상파괴운동을 피해 서유럽으로 이동해 온 비잔틴 화가들의 영향이 작용했을 것으로 보는 견해가 우세하다. 랭스화파의 대표작으로는 에보 복음서Ebo-Evangeliar와 위트레흐트 시편Utrecht-Psalter이 꼽히는데, 두 필사본은 모두 820-830년 사이에 제작된 것으로 추정되고 있다. 이는 에보 대주교가 자신의 영향력을 도전적으로 키워가던 랭스시기816-835년에 문화를 꽃피우고 화파를 육성했을 것으로 추측되기 때문이다.

① 에보 복음서
Ebo-Evangeliar, Épernay 시립도서관, Sig. Ms. 1, 26×20,8cm

랭스의 대주교 에보의 주문으로 823년경에 제작된 것으로 추정되는 에보 복음서는 현재 북프랑스의 도시 에페르네Épernay의 시립도서관Bibliothèque Municipale에 소장되어 있다. 이 복음서는 랭스부근의 오비에Hautviller에 소재하던 베네딕트 수도원의 페트루스Petrus 원장이 복음서 제작을 위해 소집한 화가, 필사가들에 의해 제작되었다고 전해진다. 이 필사본은 비잔틴의 영향을 받은 아헨의 대관식 복음서 화파에서 파견된 화가, 혹은 적어도 그 화파로부터 지대한 영향을 받은 화가에 의해 제작되었을 것이라는 견해가 주목받고 있다. 에보 대주교는 이 귀중본을 랭스에 보관하고 있다가 그가 퇴위하게 되는 835년 이전에 오비에 수도원에 기증하였을 것으로 학자들은 보고 있다.

〈그림 19〉 복음사가 마태오, 에보 복음서, fol. 18 v.

이 복음서는 주문자인 에보 대주교를 칭송하는 시詩로 시작된다. 178쪽으로 각각 전면 채색세밀화로 그려진 네 복음사가상과 12점의 캐논테이블이 들어있고, 금색 텍스트로 쓰여져 있다. 특히 눈에 띄는 것은 대관식 복음서와 마찬가지로 복음사가들의 의상, 배경의 풍경묘사 등에서 고대 후기 초상화, 풍경화의 전통을 보여주고 있다는 점이다. 나아가서 수직, 수평 방향 혹은 지그재그로 표현된 빠른 붓자욱이 화면에 불어넣고 있는, 분출하는 듯한 생동감과 움직임 묘사는 고대 로마 후기의 영향을 능가하는 독창성을 드러낸다. 긴장하여 앉아있는 복음사가의 하얀 의상과 꼬

〈그림 20〉 복음사가 마르코, 에보 복음서, fol 60 v:

⟨그림 21⟩ 복음사가 루가, 에보 복음서 fol. 90 v:

불꼬불한 머리와 진지한 얼굴 표정이 매우 빠른 필치로 묘사되어 있는데, 이러한 격정적 필치는 표현주의적 특성을 강하게 드러내며 인체의 표현뿐만 아니라, 복음사가들이 체험하고 있을 내적 신비, 영적 에너지, 열정 등을 담아내고 있는 듯하다. 화면 상단에 하늘을 배경으로 바람에 휘날리는 듯 묘사된 식물과 건물, 복음사가의 상징 등이 어우러져 있다. 여기에서, 복음사가들의 상징이 화면 상단의 우측 모서리에 배경의 일부처럼 소극적으로 표현되어 있는 것도 매우 독특하다.(그림 19~21) 절제된 색채와 역동적인 선묘사가 강조된 에보 복음서의 채색세밀화는 위트레흐트 시편의 독특한 삽화와 조형적으로 연결된다.

② **위트레흐트 시편** Utrechter Psalter,
위트레흐트 대학 도서관 소장, Ms. 32, 33×25cm

한때 이 시편은 고대로마의 서체 Capitalis Rustica로 쓰여졌기 때문에 6세기의 필사본이 아닌가 하는 기대가 제기되었으나 삽화의 조형적 특성이 대관식 화파나 에보 복음서와 매우 유사하다는 지적이 나왔고, 면밀한 세부분석 결과,

제작연도가 9세기 이전으로 올라가기는 어렵다고 결론지어졌다. 에보 대주교의 주문으로 에보 복음서와 비슷한 시기820-830에 오비에의 베네딕트 수도원에 소집된 필사가와 화가들에 의해서 제작되었을 것이라는 추론에 많은 학자들이 동의하고 있다. 이 필사본은 에보 복음서와 함께 랭스화파를 대표하는 필사본이며, 카롤링 필사본 중 여러 측면에서 매우 독보적이다.(그림 22)

이 필사본이 어느 시점에 에보 대주교의 손을 떠났는지는 알 수 없으나, 9세기 후반 메츠 지역에 대머리 칼 왕의 궁정에 있었던 것은 확실시되고 있다. 그 후 알려지지 않은 경로를 통해 1000년경에 영국의 캔터베리 대성당에 당도하였고, 적어도 2세기 동안은 캔터베리 수도원에 소장되어 있었다. 그러나,

〈그림 22〉 위트레히트 시편의 시작 페이지

헨리 8세의 종교개혁과 수도원 해체1536-1541가 진행되는 와중에 이 필사본은 다시 사라졌다가 1631년에 영국의 유명한 골동수집가인 로버트 코튼Robert Cotton의 손으로 들어갔다. 그의 소장품으로 주목받게 된 이 필사본을 코튼은 당대의 위대한 수집가였던 아룬델의 토마스 하워드 백작Thomas Howard, Earl of Arundel에게 빌려주었다. 그러나 하워드 백작은 영국 시민전쟁1642-1651을 피해 망명길에 올라야 했고, 그는 1642년 이 필사본을 가지고 네덜란드로 떠나갔다. 1646년 백작이 네덜란드에서 사망하자 그의 아들과 미망인은 이 필사본을 매물로 내놓았다. 이 필사본은 또다시 사라졌다가 1716년에야 네덜란드 위트레흐트의 시민 빌렘 드 라이더Willem de Ridder가 소장하고 있는 것으로 밝혀졌고, 1732년에 비로소 위트레흐트 대학도서관에서 영구 안식처를 만나 오늘에 이르게 되었다. 그리하여 이 필사본은 〈위트레흐트 시편〉으로 불리게 되었고, 네덜란드가 소장하고 있는 가장 중요한 중세 필사본이며 2015년 유네스코 세계문화유산으로 지정되었다.

짧은 기간 이 〈위트레흐트 시편〉을 소유하였던 코튼은 필사본을 재제본하였는데, 8세기 초에 노섬브리아Northumbria에서 제작된 성서 낱장 12점을 원본에 합본하였다. 또한 이 필사본은 영국에서 세 차례나 필사되었는데, 그 복사본 가운데에는 채색세밀화로 개작한 경우도 있다. 그 필사본들은 원본은 아니지만 현재 모두 귀중본으로 수용되어 영국의 주요 도서관에 소장되어 있다. 이 위트레히트 필사본은 이후 영국의 필사본 제작에 크나큰 영향을 주었다.

이 필사본은 시편 원작가의 하나인 다윗상으로 시작되었을 것으로 연구자들은 짐작하고 있다. 150편의 시편과 16편의 송시 cantica를 포함하여 모두 166편의 텍스트와 그에 수반된 166개의 단색 세밀선화로 구성되어 있다. 현재까지 발견된 카롤링 필사본 가운데 〈위트레히트 시편〉과 같이 단색 세밀선화로, 이렇게 많은 장면묘사가 들어있는 필사본은 아직 발견되지 않았기 때문에 그 가치는 더욱 높을 수밖에 없다. 각 시편과 송시에 그림 한 편씩 동반되어 있는 것이 매우 독특하다. 단색갈색의 세필細筆로 윤곽선을 힘차고 숙달된 솜씨로 묘사하고 있는 이 시편의 세밀선화는 아마도 채색세밀화에 비해 제작비나 제작 시간을 크게 단축하여 완성될 수 있었을 것이다. 각 세밀선화는 극적인 운동감과 생동감을 표출하고 있다. 비교적 희미하게 스케치된 풍경을 배경으로 각 시편의 장면들은 세밀하고 능숙하게 묘사되어 있다. 텍스트의 내용을 축약하여 상징적 암시에 중점을 두는 전통적인 필사본 세밀화의 표현방식과 달리, 위트레흐트 시편의 텍스트는 정교한 시각적 장면묘사와 절묘하게 결합되어 있다. 이 특이한 형식의 제작 목적은 불분명하다. 더러는 이 필사본의 특이한 장면묘사와 다소 큰 크기를 근거로 미사나 기도 중에 성가대의 여러 수사들이 함께 읽고 노래할 수 있도록 제작되었을 것으로 추정한 바 있다. 또 다른 한편에서는 수도원에서 새내기 수사들의 교육용으로, 그들이 시편을 익히고 이해할 수 있도록 제작되었을 가능성을 제안하기도 한다.

(2) 뚜르Tours 와 메츠Metz 의 화파

점차적으로 거대한 수도원이 설립되면서 황제의 궁에서뿐만 아니라 각지의 수도원이나 대주교의 궁정들도 앞다투어 스크립토리움을 병설하였고, 그들은

〈그림 23〉 예수 부활 장면이 들어있는 이니셜 'D', 드로고 미사전례기도집, folio 58 r.

〈그림 24〉 예수 승천 장면이 들어있는 이니셜 'C', 드로고 미사전례기도집, folio 71 v.

괄목할만한 성과를 이뤘다. 샤를르마뉴의 궁정에 머물며 그의 종교와 문화 정책의 참모로 보좌를 도맡았던 알쿠인은 샤를르마뉴에 의해 796년에 뚜르의 생 마르텡 St. Martin 수도원장으로 임명되어 그가 생을 마감하는 804년까지 그곳에 머물렀다. 프랑크 왕국의 중요한 도시였던 뚜르를 개혁하기 위한 참신한 정책이 필요하다는 샤를르마뉴의 판단에 의한 것이었다. 알쿠인은 당시 유럽의 가장 뛰어난 석학으로 수많은 후학을 길러냈고, 그곳에서도 종교적, 문화적 육성에 그의 경험과 학식을 경주하였다. 그는 스크립토리움을 적극 후원하였으면서도 성서 내용을 그림으로 표현하는 것에는 비판적이었다. 따라서 그가 후원한 수많은 중요 필사본에는 캐논테이블을 제외하고는 어떠한 장면묘사나 장식없이 텍스트만 필사토록 하였다. 그 예를 알쿠인 성경 Alcuin Bibel, 현재 로마 발리첼라, Vallicella의 Sta. Maria 성당의 경당 도서관 소장에서 확인할 수 있다. 그는 히에로니무스에 의해 기록되었다고 전해지는 불가타 성경의 오류를 수정하는 작업에 몰두하였다. 그가 육성한 스크립토리움에서 제작한, 대부분 텍스트만으로 이루어진 필사본을 알쿠인 시기의 뚜르파Tours-Schule라 이른다.

한편 샤를르마뉴의 혼외자였던 드로고Drogo, 801-855/6는 황제가 된 이복형, 루드비히 I세에게서 성직자가 될 것을 제안받았으나, 오랜 숙고 끝에 818/823년경에 자의自意로 사제가 되었고, 메츠의 주교823년로 임명되었다. 드로고는 833년에 루드비히 I세와 그의 세 아들들 사이에서 있었던 상속권 분쟁에서 소수였던 루드비히 I세의 입장을 지지함으로써 그의 신임을 받게 되었다. 844년 그는 메츠의 대주교로 임명되었고, 황제궁의 주임사제를 맡게 되었다. 루드비히 I세는 사망하기 직전 드로고에게 황제의 표창을 하사하였다. 황제 루드비히 I세의 후계자 로타르 I세는 세르기우스 II세Pope Segius II, 재위 844-847가 교황으로 선출되자 자신의 삼촌이 되는 드로고를 교황청 사절로 파견하는 등 제국의 교회 안에서 중요한 임무를 수행하도록 하였다. 그의 염원에 따라 황제로는 최초로 메츠 대성당에 경건왕 루드비히루드비히 I세가 묻혔고, 대머리 칼 왕의 대관식도 이 성당에서 열렸다. 드로고 대주교는 855/56년 사고를 당하여 갑작스럽게 사망하여 사제가 된 후 평생을 머물던 메츠에 묻혔다. 그는 예술을 극히 아끼는 애호가였고 9세기 카롤링 미술의 강력한 후원자였다. 그는 메츠 대성당을 성공적으로 복구하였으며, 그 성당은 여전히 카롤링 미술의 대표적 유물로 여겨지고 있다. 특히 그의 후원을 받아 육성된 필사본 화파를 메츠화파라 부른다.

메츠 화파의 대표적 필사본이 바로 840/850년경에 드로고 주교의 주문으로 주교궁 소속 스크립토리움에서 제작된 것으로 전해지는 드로고 미사전례기도집Drogo Sakramentar: Paris, 프랑스 국립도서관 소장, MS lat. 9428, 26.4×21.4 cm, 총 130 folios이다. 다수의 필사가들에 의해 제작된 이 필사본은 개인적 용도로 제작되었던 것으로 알려져 있다. 그림 23, 24에서 볼 수 있듯이 메츠화파의 괄목할 만한 업적으로 새로운 이니셜의 개발을 들 수 있다. 그들은 이니셜에 섬양식의 영향에서 완전히 벗어나 식물문양을 풍부하게 수용한 독자적인 민속적 장면과 독창적인 장식 활자를 넣어 화려하고 섬세한 색채의 장식을 개발하였다. 이니셜 표현에 새로운 지평을 열었다고 평가될 만하며, 이는 이후 중세 필사본에 매우 중요한 요소로 기능하게 된다.

대머리 칼칼 II세 왕의 궁정화파

루드비히 I세경건왕 루드비히의 후손 4남 5녀 가운데 차남 피핀 I세는 아키텡의 왕으로 있다가 838년에 사망하였고, 루드비히 I세의 사후840년에는 장남 로타르 I세가 황제의 자리를 이어받았다. 그러나, 3남 독일왕 루드비히와 막내아들인 대머리 칼 왕의 반발로 제국은 3년 후843년 세 왕국으로 분열되었음은 이미 앞에서 언급되었다.

카롤링 필사본은 제국의 분열 후 대머리 칼칼 II세, 823-877 왕이 통치하던 서

프랑크에서 뚜르의 생 마르텡 수도원을 중심으로 꽃피우게 된다.^{tip} 뚜르화파는 대머리 칼 왕의 궁정화파라고도 불릴 정도로 칼 왕의 적극적인 지원을 받게 된다. 뚜르의 생 마르텡 수도원은 칼 왕의 후원을 받아 주교좌 대성당 소속 참사수도원Kanonikerstift이 되었고, 수도원의 스크립토리움을 중심으로 독자적인 서체를 개발하고, 고도의 화려하고 섬세한 필사본 제작술을 이루어 냈다. 뚜르화파의 활약은 앞서 언급되었듯이 알쿠인이 이끌던 시기약 796-804와 대머리 칼 왕칼 II세이 후원한 시기약 830/840-853로 나뉜다. 텍스트 위주로 제작된 전기알쿠인 시기의 필사본이 미술사적으로는 주목받지 못하고 있는 반면에, 화려하고 독창적인 채색세밀화가 들어있는 후기 뚜르화파대머리 칼 왕시기의 필사본들은 카롤링 후기필사본의 절정을 보여준다.

후기의 뚜르화파는 에보 대주교가 육성한 랭스화파의 전통을 이어받았을 뿐만 아니라, 오랜 꼬르비 화파의 업적, 그리고 중세 미학의 정초를 놓은 철학자 에리우게나Johannes Scotus Eriugena, 810년경-877년경의 이론을 적극 수용하였다. 특히 수도원장 아달하르트Adalhard는 오랜 전통을 지닌 스크립토리움을 운영

tip

829년 보름스(Worms)에서 열린, 루드비히 I세에게 제국의 영토분할과 승계권을 요구하는 왕자들의 항의 의회에서 칼 II세는 가장 어린 왕자였기 때문에 분할권 요구에서 제외되었고, 아무런 영토도 차지하지 못했기 때문에 빈털터리라는 의미의 은유적 표현으로 대머리 칼이라는 별칭이 주어졌다고 전해진다.

하던 꼬르비수도원의 수도원장Corbie, 재임기간 780-826년을 지낸 후, 뚜르로 이동하여 생 마르텡의 수도원장재임기간 834-843년이 되었다.[29] 그와 수도원장 비비앙Vivian, 재임 기간 844-851년 시기에 생 마르텡 수도원의 스크립토리움은 크나큰 활약상을 보였다. 약 840년경부터 수도원의 증축을 기념하기 위해 채색세밀화가 담긴 화려하고 거대한 성서가 속속 제작되었다. 그들의 육성책에 힘입어 제작된 필사본의 예로서 840년경에 제작된 그랑발 성경Moutier-Grandval-Bibel, London British Library, Sign. Add. Ms. 10546과 846년에 제작된 비비앙 성경Vivian-Bibel, Paris Bibliothèque nationale, Ms. lat. 1 등을 들 수 있다. 두 필사본 모두 신·구약 합본 성경이다. 대머리 칼 왕과 로타르 황제 사이에 평화협정이 체결849년된 후 이 수도원은 황제와도 빈번한 교류가 이루어졌다. 로타르 복음서849-851년, Paris Bibliothèque nationale, Ms. lat. 266, 대머리 칼 왕의 미사전례기도집Sakramentar Karls des Kahlen, 성 에머람 황금코덱스Codex Aureus von St. Emmeram 등은 뚜르화파의 절정기 필사본에 속한다.

853년에 종교적, 정치적으로 유서 깊은 도시 뚜르는 하스팅Hasting이 이끄는 노르만의 갑작스러운 공격으로 주교좌 성당도, 수도원도 모두 피괴되었다. 다행히 이 도시에 소장되어 있던 성인들의 유골과 유물은 꼬르메리의 바오로 수도원Abtei Saint-Paul de Cormery으로 옮겨질 수 있었다. 뚜르화파는 수도원이 완전히 폐쇄될 때853년까지 활발한 활동을 지속하였다. 생 마르텡 수도원의 폐쇄 후 뚜르화파의 전통은 파리 근교의 생 드니로 옮겨간 듯하나 이견이 존재한다.

뚜르화파의 이동 이후에도 얼마 동안 화려한 채색세밀화가 들어있는 필사본들이 제작되었는데, 그 시기의 시편869과 미사전례기도집Sakramentar 파본이 현존하고 있다. 이 시기에 제작된 필사본의 가장 화려한 겉표지의 예는 870년경에 대머리 칼 왕의 주문으로 생 드니에서 제작된 것으로 추측되는 그 유명한 성 에머람 필사본Codex Aureus von St. Emmeram, Bayerische Staatsbibliothek, München, Clm 14000 황금 표지에서 볼 수 있다.

① 로타르 복음서 Lothar-Evangeliar, Tours, 840-851년, 25×32.2 cm,
Paris Bibliothèque Nationale, Ms. lat. 266

로타르 복음서는 대머리 칼왕서 프랑크과 로타르 황제동 프랑크 형제간의 전쟁 직후인 845/846년으로 봐야한다는 주장과, 그들 사이에 평화협정860년이 체결된 직후 제작되었을 것이라는 학설이 공존한다. 제작시기에 대한 이견에도 불구하고 이 복음서가 뚜르의 생 마르텡 수도원에서 로타르 I 세를 위해 제작되었을 것이라는 견해에는 모두 동의한다. 약 221장에 이르는 양피지가 사용되었으며, 6점의 채색세밀화, 9장의 서두페이지, 12점의 캐논테이블, 18점의 테두리쳐진 장후 목차와 5점의 머리글자 페이지가 포함되어 있다. 텍스트는 모두 금색으로 필사되어 있다.

로타르 황제는 그의 할아버지나 아버지와 달리 그의 초상화는 전해지지 않고 있다. 이 필사본에 들어있는 좌상(그림 25)이 현존하는 유일한 그의 모습이다. 그는 뒤편에 휘장이 드리워져 있는, 금색과 자색으로 채색된 화려한 왕좌에 푸른색 튜니카tinica 위에 적갈색의 화려하고 긴 클래미스Chlamys를 걸치고

〈그림 25〉 로타르 황제의 전신좌상, 로타르 복음서 fol. 1 v.

〈그림 26〉 우주의 지배자 그리스도상 영광의 그리스도와 날개달린 네 짐승, 로타르 복음서 fol. 2 v.

앉아있다. 머리는 약간 좌측을 향하고 있고 오른손에는 가늘고 긴 홀笏을 잡고 있으며 머리에는 황금색 왕관을 쓰고 있다. 그의 우측에는 검을 든 병사가, 좌측에는 창과 방패를 든 병사가 검은 모자를 쓰고 양옆에서 그를 엄호하고 있다. 고대 그리스의 황실 축제에 참석하고 있는 최고 권력자의 복장이나 자세와 매우 흡사하다. 쉐퍼스Schäpers는 그가 앉아있는 왕좌와 휘장, 옷주름의 표현, 자세 등을 참작하면 고대 후기 초상화 양식의 영향을 강하게 드러낸 것으로 보고 있다. 더구나 부분적으로 보이는, 그가 깔고 앉아있는 주황색의 방석은 고대 다신교에서 자주 등장하던 신들의 방석pulvinar을 차용한 것이라고 주장한다.[30] 고대문화를 적극 수용하려는 의지를 확인할 수 있다는 주장이다. 전체적으로 보면 강력한 황제로서의 현존을 강조, 칭송하려는 의도에서 제작된 초상화라는 인상이 매우 짙게 든다.

화면(그림 26)의 중앙에 자리한 아몬드형 만돌라 안에, 우주의 구球에 걸터앉아 있는 그리스도상이 전면채색화로 등장한다. 그는 왼손으로 닫힌 성서를 잡고 있고 오른손은 축복의 자세를 취하고 있다. 전형적인 '우주의 지배자 그리스도상'이다. 머리 뒤 후광에는 십자가가 중앙에 들어있다. 만돌라는 사각형 외곽선으로 둘려져 있는데, 만돌라와 사각형 사이의 모서리 공간에는 날개달린 네 복음사가의 상징들이 매우 정교하게 그려져 있다. 대관식 복음서 화파의 보고 복음서나 에보 복음서에서 인물들이 입고 있는 의상의 옷주름 표현에서 강한 움직임을 연상시키는 거친 선과 옷 가장자리의 날카로운 지그재그 선이 드러내는 극적 효과를 우리는 이미 보았다. 이 지배자 그리스도상에서도 예외가 아니다. 차분한 파스텔톤의 색감이 매우 특징적이고 섬세하게 느껴지지만, 그리스도상에서 보이는 강한 옷주름의 표현과 날카로운 지그재그 선묘사는 매우 강한 대비를 드러내며 앞의 복음서들과의 연관성을 짐작하게 한다.

〈그림 27〉 캐논테이블, 로타르 복음서, fol. 12 r.

캐논테이블(그림 27)도 마찬가지로 현재까

지의 카롤링 필사본에서 보아왔던 것과는 확연히 구별되는 색감과 구성이 눈에 띈다. 기존 카롤링 필사본의 캐논테이블에서 테두리 역할을 하던 아치는 화려하고 정교한 장식이 사각형 테두리 안으로 들어갔고, 사각형 프레임에 부착된 장식은 마치 금속세공 작품을 묘사하고 있는 듯 섬세하고 우아하다. 〈그림 26〉에서 고대 로마의 초상화 전통과 표현방식이 적극 수용되고 있음을 볼 수 있고, 〈그림 27〉의 매듭문양이나 동물문양에서는 오랜 기간 프랑크 문화에 융합되어 온 섬양식 장식의 영향이 더욱 약화, 변형되고 있음을 발견하게 된다.

② 비비앙 성경 Vivian-Bibel, Tours, St. Martin수도원, 845/846년, 49.5×34.5cm, Paris, Bibliothèque nationale, Ms. lat. 1

비비앙 성경은 뚜르의 생 마르텡 수도원의 비비앙 원장 재임 시기844-851년에 그 수도원 소속 수사에 의해 제작되어 대머리 칼 왕에게 헌정된 것으로 전해진다. 대머리 칼 왕이 846년 성탄절에 뚜르의 성당을 방문한 기념으로 헌정되었고, 이 필사본은 대머리 칼 왕의 재임 시기에 제작된 첫 번째 성경으로 알려져 있다. 그는 베르됭 조약 이후 서프랑크의 왕843-877년이 되었고, 후875-877년에는 이탈리아의 왕과 로마제국의 황제를 겸하였다. 대머리 칼 왕은 이 필사본을 869/870년경에 메츠의 주교좌 성당에 기증하였는데, 한동안 그 소재가 불분명하였으나 1675년 프랑스의 재무대신 꼴베르Jean-Baptiste Colbert, 1619-1683년가 소장하고 있는 것으로 밝혀졌다. 그의 사후 이 필사본은 왕립도서관으로 이관되었고 현재는 파리 국립도서관에 소장되어 있다.

비교적 큰 크기의 이 성경은 423장의 양피지가 사용되었고, 8점의 전면 채색세밀화와 87점의 장식문자가 포함되어 있다. 8점의 전면 채색세밀화에는 성 히에로니무스의 생애 장면fol. 3v., 창세기fol. 10v., 출애굽기fol. 27v., 다윗왕과 시편fol. 215v., 우주의 절대자상Majestas Domini, fol. 329v, 바오로의 개종fol. 386v, 묵시록fol. 415v, 대머리 칼 왕에게 헌정 장면fol. 423r이 속한다.

〈그림 28〉 비비앙 성경, 헌정화, fol. 423 r.

이 장면(그림 28)은 대머리 칼 왕에게 비비앙 성경이 헌정되는 장면이다. 대머리 칼 왕이 승리의 아치 중앙에 위치한 웅장한 왕좌에 왕관을 쓰고 적색 튜니카 위에 황금색의 긴 클래미스를 두르고 앉아있다. 그의 머리 위로는 하얀 대형 휘장이 드리워져 있고 그 위에는 하느님의 손이 왕을 향해 빛, 즉 성령을 내려보내고 있다. 왕의 양옆에는 수행원과 병사가 각 한 명씩 보좌하고 있으며 그들은 하얀 구름에 둘러싸여 있다. 칼 왕은 화면 좌측에 서 있는 한 무리의 수사들과 비비앙 원장이 헌정하는 필

〈그림 29〉 성 히에로니무스 삶. 상: 성인이 로마로 향하는 장면, 중: 로마의 경건한 귀족부인들에게 설교하는 장면, 하: 구약성서를 라틴어로 번역하고 있는 장면, folio 3 v.

〈그림 30〉 우주의 지배자 그리스도상, 비비앙 성경, fol. 329 v.

사본을 받으려 오른손을 내밀고 있다. 화면의 하단에 왕, 왕의 동반자들, 몇몇 수사들과 달리 갈색 바닥에 발을 딛고 서 있는, 역시 수사들로 보이는 한 무리의 인물들이 화면 상단에서 벌어지는 사건을 바라보며 양손을 들고 칭송하고 있는 듯하다. 그들은 모두 얇은 푸른색의 긴 콜로비움 위에 붉은색, 갈색, 푸른색의 팔리움을 입고 있다.

화면 중앙(그림 30)에 큰 규모의 두 원이 상하로 합쳐진 형태의 만돌라Mandorla 안에 우주의 지배자 그리스도상이 우주의 구에 걸터앉아 있다. 그는 푸른색 콜로비움 위에 황금색의 팔리움을 걸치고 있다. 만돌라를 기하학적 형상이 둘러싸고 있는데, 만돌라와 기하학적 형상 사이의 네 공간에 복음사가의 상징들이 배치되어 있다. 그 기하학적 형상의 네 모서리는 모두 메달로 마무리되어 있고, 그리스도의 양 옆 메달에는 천사상이, 상하 메달에는 예언자의 상반신상이 들어있다. 이 화면의 네 코너에는 각각 복음서 기록에 열중하고 있는 복음사가 좌상이 등장한다. 왼쪽 하단의 복음사가는 머리를 위로 향하고 있는데, 아마도 그는 하느님을 향해 영감을 구하고 있는 듯하다. 그들은 모두 화려한 좌석에 앉아있다.

전체 화면(그림 30)은 금색, 적색, 다양한 청색조의 세 가지 색상이 지배적이다. 이 색상들은 신비롭고 동요하는 듯한 역동적 분위기를 불러일으킨다. 동시에 신의 강력한 힘을 상징하는 듯하다. 금색은 중세 미술에서 우주를 상징하는 색상이며, 그리스도가 걸치고 있는 황금색 팔리움은 그가 천상과 지상의 왕, 즉 절대적 지배자임을 강조하고 있는 것으로 해석된다.

〈그림 31〉 시편을 작곡하고 있는 다윗, 비비앙 성경, fol. 215 v.

〈그림 31〉에서 다윗왕이 짙은 청색의 만돌라 중앙에 왕관을 쓰고 서서 하프를 연주하고 있고 그의 양옆에는 창을 든 병사들이 서 있다. 만돌라 내부의 상하, 좌우로 악기를 든 악사들이 앉아서 연주하고 있다. 이처럼 악사들 무리가 성서 필사본에 등장하는 것은 현재까

지 밝혀진 바로는 비비앙 성경이 유럽 최초라고 전해진다. 대머리 칼 왕을 칭송하는 의미에서, 또 그와 다윗왕을 유형학적으로 동일시하려는 의도에서 제작된 성경이라는 것을 상기하게 한다.

③ 대머리 칼 왕의 기도서 Gebetbuch Karls des Kahlen, Karl der Kahle 궁정화파, 846-869년, 14.2×11.5×3.7cm, München, Residenz 소장, Res. Mü. Schk0004-WL

최고 권력자가 공적인 목적이 아니라, 사적으로 사용하기 위해 주문, 제작된 이 소형의 필사본은 현재까지 알려진 바로는 카롤링 시기의 가장 오래된 개인용 기도서이다. 이후로도 오토 Ⅲ세의 기도서가 나오기까지 지배자의 개인용 기도서는 발견되지 않은 것으로 알려져 있다. 헌정시 fol. 6v에 이 필사본 제작의

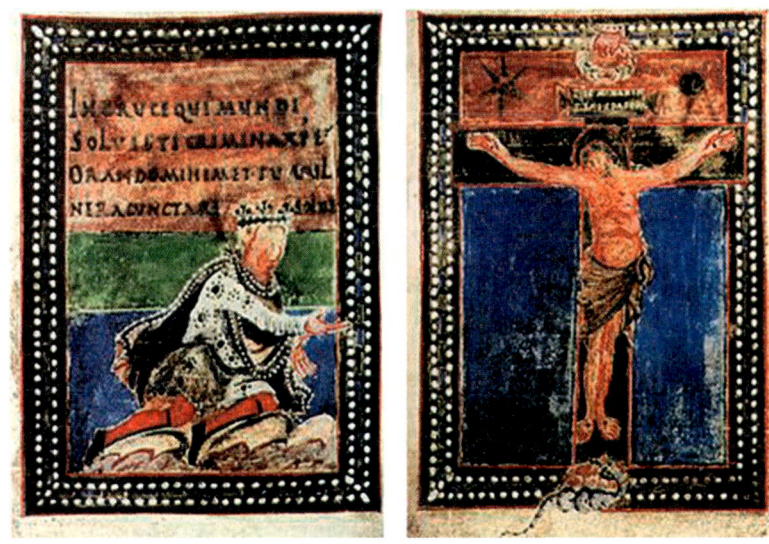

〈그림 32〉 대머리 칼 왕의 기도서, 38 v. - 39 r.

목적이 밝혀져 있는데, 대머리 칼 왕이 주문자인 동시에 사용자이며, 이 기도서에 들어있는 기도문 구성과 염원의 대상은 그와 그의 아내인 이르멘트루드 Irmentrud, 그리고 그들의 자손을 위한 기도라고 밝히고 있다. 그들의 장남 루드비히가 846년에 태어났고, 그의 아내는 869년에 사망하였다는 것을 상기하면 이 기도서는 846년에서 869년 사이에 제작되었을 것이다. 그러나 853년 뚜르의 생 마르텡 수도원이 폐쇄된 후, 대머리 칼 왕이 적극 후원하던 뚜르화파가 어느 곳으로 옮겨갔는지에 대한 부분은 앞서 언급한대로 메츠, 혹은 생 드니 지역으로 옮겨갔을 것이라는 의견이 분분하다. 아직 뚜르 이후 스크립토리움의 소재지가 정확하게 밝혀지지 않았기 때문에 이 개인용 기도서가 제작된 장소 또한 현재로서는 특정하기 어렵다.

이 소형 기도서는 46장의 양피지로 제작되었다. 현재의 이 필사본 표지는 1635년 이후에 새로 만들어져, 잃어버린 원래 표지를 대체하였을 것으로 짐작되고 있다. 이 기도서에는 라틴어로 참회의 기도와 매일기도Stundengebet, 시편, 칼 왕이 필요에 따라 응용한 기도문들이 들어있고 기도서의 제목은 역시 라틴어로 대머리 칼 왕의 기도서라고 적혀있다. 모든 기도문은 금색으로 필사되었고, 모든 페이지가 장식띠로 테두리 처져 있다.

기도문 앞에 좌우 두 페이지를 연결하여 그려진 채색세밀화(그림 32)가 있는데, 이 기도서에서 가장 잘 알려진 채색세밀화이다. 좌측 페이지에는 왕관을 쓴 칼 왕이 땅에 꿇어앉아 우측 페이지의 십자가를 향해 오른손을 내밀고 기도하고 있다. 그는 가장자리가 진주로 장식된 망토를 걸치고 있으며, 배경은 자주, 초록, 파랑의 세 색면으로 분할되어 있다. 상단에는 자주색 바탕에 4줄로 된 라틴어 텍스트가 적혀있다; '세상의 죄를 없애시는 십자가상의 그리스도여 당신의 모든 상처를 나를 위해 다시 열어주시기를 기도드립니다.' 우측 페이지에 검은색 넓은 십자가에 힘없이 매달려 있는 예수 그리스도의 머리가 좌측의 칼 왕을 향하고 있다. 십자가 위로는 달과 해 사이에 하느님의 손이 그려져 있으며, 십자가 밑에는 작은 흙더미가 놓여 있고 그 앞에서 뱀이 몸부림치고 있다. 뱀은 죽음과 동시에, 악마의 힘을 극복하는 승리의 상징이기도 하다. 두 페이지의 장면은 모두 진주와 보석으로 장식된 테두리 안에 묘사되어 있는데, 왕의 오른손은 십자가 장면을 향하며 테두리를 벗어나 있다. 이는 지상의 인물인 대머리 칼 왕과 천상의 절대자인 예수 그리스도를 연결시키며, 죽음을 이기고 승리하신 예수 그리스도에게 은총을 구하는 기도인 것이다.

이 필사본은 14세기부터 16세기까지 취리히의 주교좌 대성당에 소장되어 있었으나 1333년과 1525년의 목록에서 확인된다. 종교개혁으로 인해 수도원 재단이 해체되면서 라이나우Rheinau 수도원으로 옮겨진다. 1583년에는 그레고리우스 VIII세 교황의 독일주재 교황대사 Felizian Ninguarda가 인골슈타트Ingolstadt에서 인쇄본을 제작했는데, 그 인쇄본에 첫 두 페이지와 무릎 꿇고 기도하는 왕과 십자가상의 그리스도를 빠뜨렸다. 그리고 그 인쇄본의 서문에는 원래의 표지에 부착되어 있던 수태고지와 마리아의 방문 또는 그리스도의 탄생 장면이 새겨진 상아판넬에 대한 설명만이 전해지고 있다. 이 기도서 원본은 바이에른의 빌헬름 V세 공작에 의해 뮌헨 궁정도서관으로 옮겨졌고, 17세기에는 바이에른 왕의 개인도서관에 보관되어 있었으나, 18세기에 다시 궁정도서관으로 이관되었다. 2차대전 중에 또 다시 사라졌다가 1958년부터 뮌헨의 궁궐 수장고의 품으로 돌아와 오늘에 이르게 되었다.

④ 대머리 칼 왕의 미사전례기도집 혹은 메츠 미사전례기도집
Sakramentar Karls des Kahlen, 혹은 Sakramentar von Metz, 870년경, 미완성 낱장, 27×21cm, Paris, Bibliothèque nationale, Ms. lat. 1141

이 미사전례기도집은 10장의 양피지 낱장만 남아있으며, 그 가운데에 5점의 전면 채색세밀화, 2점의 서두 페이지가 포함되어 있다. 얼마 안 되는 텍스트 페이지이지만 호화로운 장식으로 테두리 쳐져 있고, 자색 바탕에 부분적으로 금색으로 쓰여있다. 이 필사본은 꼴베르Jean-Baptiste Colbert de Torcy 후작의 유물에 속해있다가 1732년에 파리의 왕립도서관으로 왔고, 현재는 파리 국립도서관에 소장되어 있다.

〈그림 33〉에는 적색과 녹색의 화려하고 섬세한 아칸투스 문양으로 테두리가 둘러진 내부에 세 인물이 서 있고, 중앙의 인물에게는 상단의 구름 사이에서 내려온 손이 그의 머리에 왕관을 씌어주려 하고 있다. 양옆에는 성서와 영대領帶를 손에 들고 푸른색의 콜로비움 위에 갈색톤의 팔리움을 걸친 성직자들이 서 있다. 세 인물 모두 머리에 황금색 후광이 있으나 중앙의 인물은 하늘에서 내려오는 왕관과 복장황금색의 콜로비움 위에 갈색의 클래미스으로 미루어 왕일 것으로 추정된다. 세 인물이 마치 천상에 있음을 암시하듯 구름을 딛고 서 있는

〈그림 33〉 교황 그레고르 IV세와 교황 요하네스 VIII세 사이에 서 있는 지배자?, 대머리 칼 왕 미사기도문, fol. 2 v.

것도 흥미롭다. 천상의 장면으로 이해하는 이들은 중앙의 샤를르마뉴와 양옆의 겔라지우스 교황과 그레고리우스 I세 교황으로 보거나, 클로드비히를 중심에 두고 랭스의 레미기우스Remigius 주교와 메츠의 아르눌프 주교로 보는 견해가 있는가 하면, 대머리 칼 왕의 양옆에 교황 그레고리우스 IV세와 교황 요하네스 VIII세875년 대머리 칼 왕에게 로마 황제 대관을 주제한 교황가 서 있는 것으로 보기도 한다. 하느님으로부터 축복받고 있는 전형적인 통치자상을 표현하고 있으나, 대머리 칼 왕으로 보는 견해에 대해서는 생존하고 있는 통치자에게 후광을 그려 성인으로 묘사하는 것은 그 예를 찾기 어렵다는 의미에서 가능성이 낮다는 중론이다. 묘사된 인물들에 대한 특정 작업은 아직 진행 중이다.

'그레고리오 1세가 에제키엘서 내용에 대해 설명하고 비서가 이를 받아 적고 있었는데, 그와 비서 사이에는 커튼이 드리워져 있었다. 그러나 하루는 그레고리오 1세가 오랜 시간

말없이 조용히 있자, 비서는 이를 이상하게 여겼다. 궁금함을 못 이긴 비서가 커튼에 구멍을 뚫어서 들여다보니, 비둘기가 그레고리오 1세의 머리 위에 앉아 자신의 부리를 그의 입에 갖다 대며 속삭이는 것이었다. 비둘기가 부리를 거두자, 그레고리오 1세가 입을 열어 말했다. 그리고 비서는 즉시 그의 말을 받아 적었다. 그러나 그레고리오 1세가 다시 조용해지자 비서가 다시 구멍을 통해 안을 들여다보니, 비둘기가 다시 부리를 교황의 입에 대고 속삭이고 있었다.' 〈그림 34〉 이 주제의 장면묘사는 10세기 이후 복음사가를 나타내는 전통적인 표현방법 가운데 하나로 차용, 확산되었다. 즉, 복음사가들은 종종 상징으로부터 영감을 받아 책이나 두루마리에 받아쓰는 모습으로 그려졌다.

로마 미사 전문Canon Missae에서 성찬의 전례 기도는 라틴어 "Te ígitur, clementíssime Pater, per Iesum Christum, Fílium tuum, Dóminum nostrum, … : 인자하신 아버지,

〈그림 34〉 그레고리오 I세, 대머리 칼 왕 미사기도문, fol. 3 r.

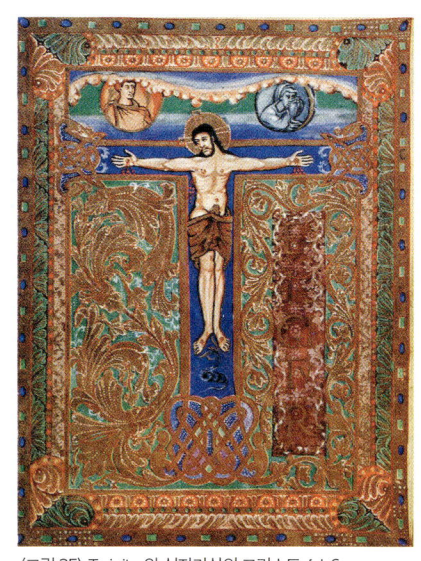

〈그림 35〉 Te igitur와 십자가상의 그리스도, fol. 6 v.

성자 우리 주 예수 그리스도를 통하여 간절히 청하오니…"로 시작된다. 그래서 이 시작기도를 'Te igitur'테 이기투르로 부르기도 하는데, 필사본에서는 자주 '십자가상의 그리스도'와 동일한 의미로 표현되곤 한다.

이 화면(그림 35)의 중앙에는 푸른 십자가상에 예수 그리스도가 못 박혀있다. 머리의 황금 후광에는 십자가가 그려져 있고, 못 박힌 상처에서는 피가 흘러내리고, 그의 발아래에는 똬리를 튼 뱀이 보인다. 십자가 위, 좌우에는 요한과 마리아로 연상되는 인물이 메달 안에 묘사되어 있다. 십자가 좌, 우측에는 녹색을 배경으로 금색으로 테두리 처진 갈색 식물문양으로 채워져 있다. 우측 갈색의 장방형 안에 'Te igitur'가 쓰여 있다. 보석문양과 화려하고 섬세한 식물문양 띠에 둘러싸인 이 십자가 장면은 악마와 죽음을 이긴 십자가상의 예수 그리스도로서 승리와 구원을 상징한다.

⑤ 성 에머람 황금코덱스
Codex aureus von St. Emm ×33cm, Bayerische Staatsbibliothek in München, Clm 14000.

대머리 칼 왕의 궁정화파로도 불리던 뚜르화파가 853년 뚜르를 떠난 후, 어디에 둥지를 틀었었는지가 불분명하기 때문에 성 에머람 필사본의 제작장소와 제작시기가 정확하게 알려져 있지 않지만, 870년경에 생 드니에서 제작되었을 것이라는 추측이 우세하다. 다행히도 수사, 리우타르드Liuthard와 베링거Beringer에 의해서 제작되었다는 것이 필사 후기fol. 126r.에 밝혀져 있다. 대머리 칼 왕으로부터 아르눌프Arnulf von Kärnten, 850년경~899년, 887년부터 동프랑크의 왕, 896-899년 로마제국 황제가 이 필사본을 물려 받았으며, 11세기의 기록에 의하면 893년 황제 아르눌프가 이 필사본을 레겐스부르그에 있는 성 에머람 Sankt Emmeram 수도원에 기증하였다고 되어 있다. 그리하여 이 필사본은 성 에머람 복음서로 불리게 되었다. 프랑스 혁명 이후 진행된 교회 재산의 국유화 정책에 따라 1811년 뮌헨 소재 바이에른 주립도서관으로 옮겨져 오늘에 이르고 있다.

카롤링기 필사본 가운데 가장 화려하고 정교한 필사본에 속하는 이 필사본에는 126장의 양피지가 사용되었고, 금색으로 필사되었으며 각 페이지는 화려한 장식띠로 테두리 처져 있다. 총 7점의 전면 채색세밀화에는 네 복음사가상, 대머리 칼 왕의 초상화, 희생양에의 경배, 그리고 우주의 절대자 그리스도상이 포함된다. 그 외에 12장의 캐논테이블, 10장의 서두페이지 그리고 수많은 이니셜이 들어있다.

성 에머람 필사본의 〈우주의 지배자 그리스도상〉(그림 36)은 이 보다 약 30년 전에 뚜르에서 제작된 비비앙 성경의 〈우주의 지배자 그리스도상〉(그림 30)과 매우 유사한 구성을 보여준다. 화면 중앙(그림 36)에 비교적 작아진 규모의 만돌라 안에 우주의 지배자 그리스도상이 우주를 상징하는 구球 위에 걸터앉아 있다. 화면은 기하학적 평면으로 분할되어 복음사가들과 그들의 상징이 중앙의 만돌라를 둘러싸고 있다. 복음사가들은 그들 머리 위의 상징과 교감하며 각각 오른손에 필기구를 들고 비교적 소박한 좌대에 앉아서 집필하고 있다. 등장 인물은 거의 모두 옅은 푸른색 콜로비움 위에 갈색조의 팔리움을 걸치고 있다. 전체적으로 금색과 다양한 청색 그리고 갈색이 지배적이다. 이러한 차분하고 조화로운 색상대비와 채도대비로 인하여 정교함이 특히 두드러진다. 비

〈그림 36〉 좌: 우주의 지배자 그리스도상, 성 에머람 복음서, fol. 6 v. 우: 캐논 테이블, 성 에머람 복음서

〈그림 37〉 대머리 칼 왕상, 성 에머람 복음서, folio 5 v. 〈그림 38〉 24 원로에 둘러싸여 경배받는 어린 양, 성 에머람 복음서, fol. 6 r.

비앙 성경의 우주의 지배자상이 강렬한 역동성을 느끼게 하는 반면, 성 에머람 복음서의 지배자상은 매우 절제된, 그러나 강력한 천상의 권위를 강조하고 있는 듯하다.

도상학적 의미가 주목되는 채색세밀화는 〈왕좌에 앉아있는 대머리 칼 왕〉(그림 37)과 옆 페이지에 나란히 실려있는 〈24 원로에 둘러싸여 경배받는 어린 양〉(그림 38)이다. 두 장면은 어떤 연관성을 가지고 있을까. 보석으로 장식된 왕좌에 왕관과 집권자의 홀과 예복을 완벽하게 갖춰 입고 앉아있는 칼 왕의 머리 위로 하느님의 손이 그를 축복하고 있다. 거창한 천개Baldachin 위에서 푸른 하늘을 배경으로 양옆의 두 천사가 검과 홀을 그에게로 전달하려 접근해 오고 있다. 천개는 네 개의 기둥으로 지탱되고 있는데, 천개 상부의 입체적 표현과 네 기둥이 세워진 공간표현은 비논리적이다. 왕좌의 좌측에 창과 방패를 든 병사와 우측의 검을 든 병사가 그를 엄호하고 있고, 그들의 양옆으로 왕관을 쓴 두 여인이 등장하는데, 이들은 칼 왕의 통치지역인 프란치아Francia와 갈리아Gallia를 상징한다. 칼 왕의 머리는 우측 페이지를 향하고 있고, 그의 오른손으로 축복하는 자세를 취하고 있다. 그의 시선은 우측 장면 상단의 어린 양을 향하고 있다. 요한 묵시록의 마지막 부분인 영광의 장면을 묘사한 〈24 원로에 둘러싸여 경배받는 어린 양〉은 이제 모든 봉인이 열렸고, 계시는 이미 이루어진 시점을 묘사하고 있다. 최후의 승리자이자 구원자인 예수 그리스도의 영광을 시각화한 장면이다. 별과 해, 무지개, 오로라가 어린 양의 영광을 노래하고, 24 원로들이 그들의 왕관을 그에게 바치며 환호하고 있다. 이 주제는 대머리 칼 왕이 열렬히 따르고자 했던 샤를르마뉴 대제도 그의 아헨궁정 성당 천장화로 선택했던 주제이다. 천상의 승리자인 예수 그리스도와 지상의 승리자인 샤를르마뉴 대제 자신을 서로 연관시키려 했던 대제의 의도는 아마도 대제의 후손으로서 특히 과시욕이 강했던 대머리 칼 왕에게도 틀림없이 매우 매력적인 주제였을 것이다.

이 필사본은 원래의 황금표지를 그대로 유지하고 있는 매우 소중한 경우로 알려져 있다.(그림 39, 39-1) 시간이 흐름에 따라 아주 사소한 보완이 있었을 뿐이다. 특히 섬세한 금세공 부조와 수많은 형형색색의 보석으로 꾸며진 화려한 표지는 카롤링 필사본 표지 가운데 가장 높이 평가받는 극소수에 속한다. 과연 후기 카롤링 필사본의 백미라고 할만한 필사본이다. 그 화려함과 섬세함은 보는 이에게 깊은 경외감을 불러일으킨다. 11세기에는 성 에머람 수도원의 수사가 이 황금필사본의 고귀함을 특별히 기록으로 남기기도 하였다.Clm 14870 der Bayerischen Staatsbibliothek München.

금세공 표지의 중앙에는 금색의 저부조로 지구地球를 딛고 앉아, 열려진 성경을 왼손에 잡고 있는 우주의 지배자상이 자리하고 있다. 그 열려진 성경에는 "나는 진리요 길이요 생명이다. 그 누구도 나를 통하지 않고는 아버지에게로 갈 수 없다"(요한복음 14장 6절)는 성경구절이 적혀 있다. 우주의 지배자상은 진주, 사파이어, 에머럴드 등의 보석으로 장식된 사각형의 띠가 둘러져 있는데, 이 사각형의 장식띠는 십자가 형태를 암시한다. 그 사각형의 외곽은 역시

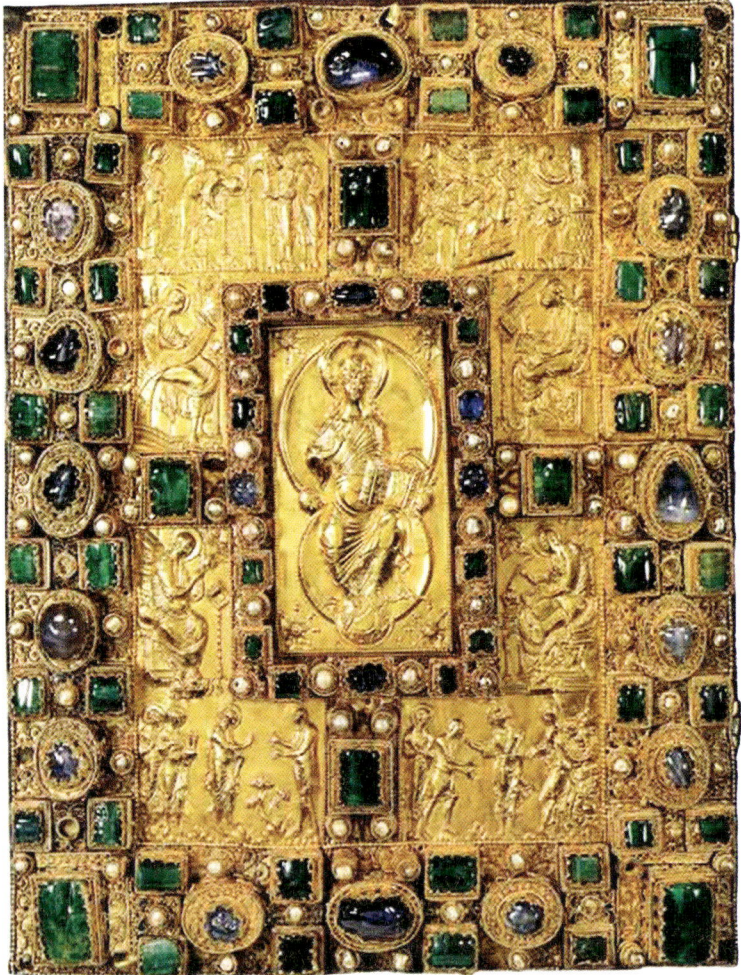

〈그림 39〉 성 에머람 복음서 Codex Aureus 앞표지

〈그림 39-1〉 성 에머람 복음서 Codex Aureus 앞표지 〈그림 39-3〉 성 에머람 복음서 Codex Aureus 앞표지

〈그림 39-2〉 성 에머람 복음서 Codex Aureus 앞표지

〈그림 39-4〉 성 에머람 복음서 Codex Aureus 앞표지

금세공 판에 섬세한 저부조로 네 복음사가와 그들의 상징이 새겨져 있고, 그 상·하에는 신약에 들어있는 예수 그리스도의 행적과 기적 장면들이 네 면에 묘사되어 있다. 즉 상단 좌·우면에 그리스도와 방탕한 여인 장면과 그리스도가 성전에서 장사치를 몰아내는 장면이, 하단 좌우면에는 나병환자의 치유 장면과 눈먼 이의 치유 장면이 새겨져 있다. 그 외곽으로는 또다시 사각형의 굵은 장식띠로 마무리되었는데, 보석들이 입체적으로 박혀있는 테두리를 측면에서 자세히 보면 건축적으로 구축되어, 하나의 도시를 암시하고 있음을 발견하게 된다.(그림39-2, 39-3)

샤를르마뉴 대제의 시기뿐 아니라 그 이전부터도 보석이나 원석은 영적인 힘을 가지고 있어서 영원한 하느님 나라와 연결된다고 믿었다. 이 고귀한 보석 장식(그림 39-4)으로 장식함으로써 하느님의 말씀복음서에 영광과 경외감을 드리는 동시에, 지상의 하느님의 나라, 예루살렘과 나아가서 거룩한 교회의 영광을 상징하려 한 것이다.

★

    8세기 말부터 9세기 말에 이르는 약 100여 년 동안 지속된 카롤링 시기는 지금까지 살펴본 바와 같이 깊은 신앙심, 강력한 통치력과 열정적 문화육성 의지를 가졌던 샤를르마뉴 대제가 카롤링 르네상스라는 새로운 부흥기의 막을 올렸다. 카롤링 르네상스기에는 대제와 그의 후손들이 일군 다양한 화파의 활동으로 뛰어난 독창적인 필사본들이 탄생하여 더욱 찬란하게 꽃을 피웠다. 아헨궁정에서 샤를르마뉴는 새로운 다윗왕으로 인식되었으며, 그를 이은 후대 지배자들은 앞다퉈 더욱 새롭고, 더욱 독창적이고, 더욱 화려한 유산을, 특히 필사본을 제작하기를 희망하였다. 특히 대머리 칼 왕이 그랬다. 콘스탄티노폴리스의 하기야 소피아 성당을 완성한 유스티니아누스 I세가 "내가 솔로몬을 능가했다"고 외쳤듯이, 샤를르마뉴를 비롯한 카롤링 황제들도 새로운 다윗 왕이, 새로운 솔로몬 왕이 되기를 염원하였다. 우리는 이러한 그들의 소망과 염원이 그들이 후원한 화파의 필사본이라는 결과물에 반영되어 카롤링 필사본의 전성기를 이루었음을 관찰해 보았다. 카롤링기 필사본에서 드러나는 조형적 특성은 이후 로마네스크 시기로 접어들어 필사본에는 물론이고, 조각, 건축, 회화에 막대한 영향으로 남게 된다. 동시에 우리는 점차 자라난 집권자들의 욕망지상의 존재가 천상의 존재와 직접 교감하고, 나아가서 동일시하려는을 만나게 된다. 예형학적으로 구약의 다윗이 신약의 예수 그리스도와 마주하듯이, 그들도 스스로를 새로운 다윗으로 인식시킴으로써 감히 예수 그리스도와 마주할 수 있기를 열망했던 것이며, 세속왕로타르 황제나 대머리 칼 왕의 모습이 성서 필사본에 등장한 것도 이러한 맥락에서 가능한 일이었을 것이다.

도표: 채색 세밀화가 들어있는 카롤링 필사본 분포도 (Google 참조, 작성)

명칭	제작연대	제작장소	종류 및 특징	소장처 및 분류기호
고데스칼크 Godescalc 필사본	781-783	아헨Aachen 아다Ada 화파	전례용 복음서 Evangelistar : 6면의 전면채색세밀화, 자색 양피지에 금색, 은색 글씨로 수록	파리, 국립도서관; Ms. nouv. acq. lat. 1203
몽펠리에 Montpellier 시편	788 이전	몽세 Mondsee	시편: 2면의 전면삽화	몽펠리에, 대학도서관; Section Médicine, Ms. 409
아다 Ada 필사본	790년 경, 후반부 9세기 초	아헨Aachen 아다Ada 화파	복음서 Evangeliar	트리어, 국립도서관; Cod. 22
생 마르텡 데 샹 Saint-Martin-des-Champs 필사본 혹은 파리 아르스날 도서관 필사본	790년 경	아헨 아다화파	복음서 Evangeliar	파리,아르스날 l'Arsenal 도서관;Ms. 599
다굴프 Dagulf 시편	795년 이전	아헨 아다화파	시편	비엔나, 오스트리아 국립도서관; Ms. 1861
생 리퀴에르 Saint-Riquier 필사본 또는, 아브빌 Abbeville 필사본	8세기 말	아헨 아다화파	복음서 Evangeliar	아브빌, 공립도서관;Ms. 4
대관식 필사본 혹은 제국 필사본	800년 직전	아헨,비엔나 대관식 제국 필사본 필사본 화파 샤를마뉴 대제의 궁전화파	복음서 Evangeliar : 4면의 전면 채색세밀화, 16면의 캐논테이블, 자색 양피지에 금색, 글씨로 수록	비엔나, 미술사박물관; Inv. XIII 18
리비누스 Livinus 필사본	800년경	생 아망 Saint-Amand ? 수도원	복음서 Evangeliar : 18면의 캐논테니블, 2면의 복음사가상 원래는 4면 과 이니셜 면 포함	겐트, Sint-Baafskapittel, Ms. 13
샤를마뉴 필사본	800년경	아헨	복음서 Evangeliar	뮌헨, 대학도서관; Cim. 1 = 2° Cod. ms. 29

카롤링 필사본 233

명칭	제작연대	제작장소	종류 및 특징	소장처 및 분류기호
힐트프레드 Hiltfred 필사본	801/825	프랑스	복음서 Evangeliar	쾰른, 대교구 주교좌대성당 도서관; Dom Hs. 13
보고 寶庫, Schatzkammer 필사본	9세기 초	Aachen ?, 비엔나 대관식 필사본 화파 샤를르마뉴 대제의 궁전화파	복음서 Evangeliar	아헨, 주교좌대성당 보고 寶庫 Inv.-Nr. 4
싼테너 Xantener 필사본	9세기 초	Aachen ?, 비엔나 대관식 필사본 화파 샤를르마뉴 대제의 궁전화파	복음서 Evangeliar	브뤼셀, 왕립도서관; Ms. 18723
아헨 Aachen 필사본	9세기 초	아헨 ?, 비엔나 대관식 필사본 화파 샤를르마뉴 대제의 궁전화파	복음서 Evangeliar	브레시아, Queriniana 도서관; Ms. E. II,9
런던 필사본 일부	9세기 초	아헨 아다화파	루카서 1장 8-13절의 일화를 묘사한 단 한 점의 채색세밀화	런던, 브리티쉬 도서관; Cotton Clausius B.V.
트리어 Trier 묵시록	9세기 초반	서 프랑크 제국	묵시록 74 장면 채색세밀화	트리어 시립 도서관; Cod. 31
로르쉬 Lorsch 필사본	810년 경	아헨 아다화파	복음서 Evangeliar : 전신상 6면, 캐논 테이블 12면, 자색 양피지에 금색과 은색 글씨	부카레스크, 알바이 올리아 루마니아 국립 도서관; 바티칸, Biblioteca Apostolica Vaticana; Pal. lat. 50 런던 빅토리아 앤 앨버트 미술관; Inv. -Nr. 138-1866.
할리 Harley 필사본	800년 경	아헨 아다화파	복음서 Evangeliar	런던, 브리티쉬 도서관; Harley Ms. 2788
에보 Ebo 필사본	816-825년경	랭스 Reims	복음서 Evangeliar	에페르네, 공립도서관, Ms. 1
슈투트가르트 Stuttgart 시편	820- 830	생 제르맹 데 프레 Saint-Germain-des-Prés	시편	슈트트가르트, 뷔텐베르그 주립도서관; Cod. bibl. fol. 23

명칭	제작연대	제작장소	종류 및 특징	소장처 및 분류기호
위트레히트 Utrecht 시편	825년 경	랭스 Reims	시편: 166면의 채색세밀화	위트레히트, 대학도서관; Ms. 484
플뢰리 Fleury 필사본	825-850	플뢰리 Fleury	복음서 Evangeliar	베른, 시민도서관;Codex 348
독일왕 루드비히 Ludwig 시편	9세기 후반	생 오메 Saint-Omer	시편	베를린, 주립도서관; Ms. theol. lat. fol. 58
수와송 Soissons 의 생 메다르 Saint Médard 필사본	827년 이전	아헨 아다화파	복음서 Evangeliar ; 6면의 전면 채색세밀화와 12면의 캐논 테이블, 자색 양피지에 금색과 은색 글씨	파리, 국립도서관, Ms. lat. 8850
밤베르그 Bamberg 성서	834-843	뚜르 Tours	성서	밤베르그 주립도서관; Msc. Bibl.1
그랑발 Grandval 성서	840년 경	뚜르 Tours	성서; 4 면의 전면 채색세밀화	런던 브리티쉬 도서관; Add. Ms. 10546
풀다 Fulda 필사본	840년 경	풀다 Fulda	복음서 Evangeliar	뷔르츠부르그, 대학도서관; Mp. theol. fol. 66
드로고 Drogo 필사본	850년 경	메츠 Metz	미사전례기도집 Sakramentar ;41점의 역사화한 이니셜	파리, 국립도서관; Ms. lat. 9428
비비앙 Vivian 성서 대머리 칼 왕의 첫 성서	845/846	뚜르 Tours	성서; 8면의 전면 채색세밀화, 4면의 캐논 테이블, 87점의 이니셜	파리, 국립도서관; Ms. lat. 1
대머리 Karl 왕의 기도서	846-869	대머리 칼 왕의 궁정화파	최초의 왕의 기도서; 2면의 전면 채색세밀화, 한 점의 장식 이니셜	뮌헨, 레지덴츠 수장고;L ResMü. Schk0004-WL
로타르 Lothar 필사본	849-851	뚜르 Tours	복음서 Evangeliar ; 미니어쳐 6점, 테두리가 장식된 모두 冒頭 페이지 9면, 캐논테이블 12면, 테두리쳐진 목차 18쪽, 이니셜 5점	파리, 국립도서관; Ms. lat. 266
프륌 Prüm 필사본	850년 경	뚜르 Tours	복음서 Evangeliar ;채색세밀화 5면, 이니셜, 캐논 테이블	베를린, 주립도서관; Ms. theol. lat. fol. 733

명칭	제작연대	제작장소	종류 및 특징	소장처 및 분류기호
클레베 Kleve 필사본 로타르 황제 필사본	852년 이전	아헨, 로타르 황제 화파	복음서 Evangeliar	베를린, 주립도서관; Ms. theol. lat. fol. 260
프란츠 Franz' II세 필사본	9세기 후반	생 아망 Saint-Amand 수도원	복음서 Evangeliar	파리, 국립도서관; Ms. lat. 257
생 드니 St. Denis 필사본	9세기 후반	북 프랑스	복음서 Evangeliar	파리, 국립도서관; Ms. lat. 9387
생 갈렌 St. Gallen 황금 시편	시작: 860 재 시도: 870-900	생 드니 ? 대머리 칼 왕의 궁정화파, 후에 상 갈렌	시편; 전면 채색세밀화 2면, 불규칙적 분활면 채색세밀화	생 갈렌, 수도원도서관; Cod. Sang. 22
필사본 일부 낱장	9세기 말	랭스 Reims	전례용 복음서 Evangelistar	뒤셀도르프, 대학 및 주립도서관; B. 113
대머리 칼 왕의 시편	9세기 말	생 드니 ? 대머리 Karl 왕의 궁정화파	시편	파리, 국립도서관; Ms. lat. 1152
대머리 칼 왕의 필사본 혹은 메츠 필사본	870년 경	메츠 혹은 생드니? 대머리 칼왕의 궁정화파	미사전례기도집 Sakramentar,5점의 낱장; 전면 채색세밀화 5면, 이니셜 2점	파리, 국립도서관; Ms. lat. 1141
코덱스 생 에머람 Codex aureus von St. Emmeram	870년 경	생 드니? 대머리 칼 왕의 궁정화파	복음서 Evangeliar; 전면 채색세밀화 7면, 캐논테이블 12면, 장식페이지10점	뮌헨, 바이에른 주립도서관; Clm 14000
성 바오로 성서 혹은 대머리 칼 왕의 성서	870년 경	St. Denis ? 대머리 Karl 왕의 궁정화파	성서; 표제 삽화24점 원래 25점, 캐논 테이블 4면, 장식 페이지 35점, 이니셜 91점, 자색 양피지에 금색과 은색 글씨	로마, San Paolo fuori le mura, o. S.
폴챠트 Folchat 시편	870년 경	생 갈렌	시편	생 갈렌, 수도원도서관; Cod. Sang. 23

미주

1 독일사, 권형진, 대한교과서,2005, 18-20쪽.
2 권형진, 앞의 책, 21쪽.
3 http://kookbang.dema.mil.kr/newsWeb/20180322/1/BBSMSTR_000000010325/view.do
4 세계 교회사, 김성태, 바오로딸, 1995, 335-336쪽.
5 위의 책, 338쪽.
6 샤를마뉴의 생애 Vita Caroli Magni, 아인하르트 지음, 이경구 옮김, 지식을 만드는 지식, 커뮤니케이션 북스, 2012, 24쪽.
7 앞의 책, 156쪽.
8 권형진, 앞의 책, 23-24쪽.
9 샤를마뉴의 생애 Vita Caroli Magni, 앞의 책, 84-86쪽.
   권형진, 앞의 책, 24-29쪽.
11 https://en.wikipedia.org/wiki/Pope_Siricius
12 중세미술과 도상, 임영방 저, 서울대학교 출판부, 2006, 138쪽.
   세계 교회사, 김성태, 바오로딸, 1995, 304쪽.
13 죽기 전에 꼭 알아야 할 세계 역사 1001 Days, 마이클 우드,
   피터 퍼타도 공저, 박누리, 김희진 공역,마로니에북스, 2009,110쪽.
14 절대왕정의 탄생, 임승휘, 살림, 2004, 18쪽.
15 세계 교회사, 앞의 책, 1995, 336쪽.
16 앞의 책, 1995, 339-340쪽.
17 https://brewminate.com/the-carolingian-renaissance-an-early-medieval-blooming
18 https://en.wikipedia.org/wiki/Carolingian_minuscule
   샤를마뉴의 생애 Vita Caroli Magni, 78-79쪽.
19 https://en.wikipedia.org/wiki/Carolingian_minuscule

20 Eltjo Buringh, Medieval Manuscript Production in the Latin West Brill Publishers, 2010, p. 139.
21 위의 책, p. 237.
22 http://xn--phantomzeit-thringen-sachsen-anhalt-7wd.de/Karolinger.htm
23 Gottfried Kiesow: Architekturgeschichte. In:Berufsbildungswerk des Steinmetz- und Bildhauerhandwerks Hrsg.: Naturstein und Umweltschutz in der Denkmalpflege. Ulm 1997, p. 45.
24 유럽의 그리스도교 미술사, 김재원, 김정락, 윤인복 공저, 한국학술정보, 2014, 82쪽.
25 Ernst Günther Grimme, Die Geschichte der abendlaendischen Buchmalerei, DuMont Buchverlag Köln, 1980, pp. 44-45.
26 Hofschule: 궁정학교로 번역하였다. Hof는 영주나 군주의 저택 혹은 궁정을 의미하고, Palast는 Hof보다는 규모가 큰 궁전을 의미함을 고려하여 Palastschule는 궁전학교로 번역하였다.
27 Wilhelm Köhler: Die Tradition der Adagruppe und die Anfänge des ottonischen Stiles in der Buchmalerei. In: Wilhelm Worringer Hrsg.: Festschrift zum sechzigsten Geburtstag von Paul Clemen. Cohen, Bonn 1926, pp. 255-272.
28 Florentine Mütherich, Joachim E. Gaehde: Karolingische Buchmalerei. Prestel, München 1979, S. 32-37.
29 Rosamond McKitterick, "Carolingian Bible production: the Tours anomaly", In; The Early Medieval Bible: Its Production, Decoration and Use. Edited by Richard Gameson, New York: Cambridge University Press, 1994, pp. 71-72.
30 Maria Schäpers, 'Lothar I und das Frankenreich', pp. 589-590.

Ottonian Manuscripts

제4장

오토기 필사본

Ottonian Manuscripts

최경진

시대적 배경
신성로마제국의 탄생 배경과 오토기의 황제들

샤를르마뉴의 시대가 지나고, 카롤링 예술도 서서히 막을 내렸다. 814년 샤를르마뉴의 사후, 프랑크 왕국 대부분의 통치자들은 왕국의 영토와 샤를르마뉴의 제도를 보존하기 위해 노력했으나 그들 가운데 샤를르마뉴와 같은 놀라운 정치력, 통찰력, 사람을 지배하는 능력 등에 탁월한 국왕은 찾아보기 힘들었다. 샤를르마뉴의 후계자 경건왕 루드비히 1세Louis the Pious, 778-840는 아들들에게 프랑크 왕국의 영토를 분할하여 상속했다.

9세기는 새로운 이민족의 침입으로 혼란이 가중되었던 시대였다. 당시 프랑크 왕국을 비롯해 유럽은 이민족의 침입과 내란에 시달렸는데, 프랑크 왕국 북쪽에서는 노르만족이, 남쪽에서는 아랍족이, 동쪽에서는 마자르족후에 헝가리인이 프랑크 왕국을 침략하고 약탈했으며, 내부적으로는 귀족 간의 갈등이 내전으로 확대되었다. 9세기 말경 시작된 노르만족이나 사라센족 등의 여러 이민족의 침략은 프랑크 북부와 남부로 이어지면서, 동프랑크에서도 혼란을 야기하였다.[1]

911년, 동프랑크의 왕 루드비히 4세Ludwig IV, 893-911는 치세기간 동안 마자르족에 대한 군사원정을 벌이기도 하였으나 18살의 나이로 사망하였다. 카롤링거 왕조의 마지막 왕이었던 그가 후사 없이 죽자, 권력은 바바리아, 프랑켄

프랑코니아, 슈바벤스와비아, 작센의 족장들에게 넘어갔고, 카롤링거 구성원들은 그들에게 고대 로마의 둑스dux, 공작라는 칭호를 부여함으로써 공식적인 지위를 허락하였다.² 루드비히 4세의 후계자로는 콘라드 1세Konrad I, 890/911-918가 왕으로 선출되었다. 동프랑크 왕국의 귀족 출신인 그는 스스로 동프랑크의 국왕이라는 칭호를 사용하지는 않았다. 후에 아들이 없었던 콘라드 1세의 지명으로 공작 하인리히 1세Heinrich der Finkler 또는 Heinrich der Vogler, 876/919-936가 919년 동프랑크 왕국의 군왕이 되었다. 동프랑크 왕국의 새로운 지배자로 등장한 하인리히 1세는 신성로마제국의 황제를 배출한 오토 왕조의 시조가 되는 국왕으로서, 929년에는 동프랑크 왕국, 곧 신성로마제국으로 불리게 될 왕국의 후계자 오토 1세를 유일한 왕으로 지명하는 조례를 발표했다. 그로써 분할 상속이라는 프랑크족 전통을 깨고 왕국을 분할할 수 없다는 원칙이 세워졌다.

하인리히 1세가 그의 아들 오토 1세에게 왕위를 물려주고 나서야 오토기 예술의 서막이 열리게 되었다. 오토 1세는 동프랑크 왕국에서 카롤링 왕조를 대신한 작센 왕조 출신이었으며, 오토기 예술은 오토 1세Otto I, 912-973, 오토 2세Otto II, 955-983, 오토 3세Otto III, 980-1002, 하인리히 2세Heinrich, 972-1024의 집권 시기에 찬란한 빛을 발했다.

오토 1세는 962년 2월 2일 신성로마제국의 첫 황제로 인정받았으며³ 신성로마제국은 10세기 서유럽에서 강력한 국가로 성장하였다. 그는 왕으로 즉위할 당시부터 교·속敎權·俗權 관계에 있어서 카롤링의 전통을 이어나갔고, 왕권의 신장과 국력강화 정책을 실시하였다.[4] 또한 샤를르마뉴와 마찬가지로 교회의 세력을 안정적으로 다스리려 하였다. 오토 1세는 샤를르마뉴의 전통을 이어받아 학자들을 장려하고 학교를 설립했으며, 오토기 문예부흥의 시초를 열었던 인물로 평가된다. 9세기, 신성로마제국은 서유럽에서 질서의 상징이 되어갔으며,[5] 오토 1세와 그 계승자들은 세력을 확장시키고 견고히 하고자 노력하였다.

〈그림 1〉 9-10세기 신성로마제국 집권기의 유럽지도

오토 1세의 뒤를 이어 신성로마제국 황제에 오른 오토 2세는 교회 세력과 결속하여 제국 내의 분열과 서프랑크 왕국의 공격을 막아냈다. 오토 2세는 이탈리아로 가서 로마의 귀족들과 다툼을 벌이고 있는 교황을 지원했으며, 976년에는 시칠리아를 공격한 이슬람교도들무슬림과 동로마 제국을 둘 다 공격하기로 결정했다. 오토 2세는 풀리아Puglia에서 동로마 제국에게 승리한 후 칼라브리아Calabria에 있는 이슬람인들을 공격해 나갔다. 그러나 전세가 역전되어 쾰른에서 대패하였고, 왕비만 데

〈그림 2〉 오토 3세의 복음서

리고 빠져나와 겨우 목숨을 건졌다. 한편, 슬라브Slavs족은 오토 2세가 이탈리아에 내려와 있는 틈을 타 엘베 강Elbe, Die 동쪽에서 오토 1세에게 빼앗긴 영토를 되찾기 위해 난을 일으켰으며, 덴마크인들도 신성로마제국의 북부를 공격했다. 이로 인해 오토 2세는 엘베 강 동쪽 영토를 잃었고, 이탈리아에 있는 동안 말라리아에 걸려 28세의 나이로 세상을 떠났다. 982년 그는 성 베드로 대성당에 묻힌 유일한 독일 황제이다.

오토 3세는 오토 2세와 테오파노 황후Theophano, 960-991 사이에서 태어났다. 그는 아버지 오토 2세의 갑작스런 죽음으로 세 살이란 어린 나이에 왕위에 올랐기 때문에 어머니 테오파노가 제국을 섭정하다가 994년부터 오토 3세가 직접 통치를 시작하였다. 오토 3세는 8년의 집정 기간 동안 신성로마제국의 비약적인 발전을 일으킨 인물이다. 샤를르마뉴를 본보기 삼아 전통을 이어나갔고, 제국의 왕권 강화에 힘쓰며 정치적 안정을 추구하였다. 아울러 로마교회와의 결속을 심화시켜 나갔다.[6]

오토 3세의 치세 동안 왕권의 정치적인 안정이 이루어졌는데, 그는 교회들을 궁중 성당과 밀접하게 연계시킴으로써 제국의 교회들 안에서 자신의 권력을 확장해 나갔다. 또한 교회는 왕권의 보호를 받음으로써 제국의 기관으로 변모하여 갔다.[7] 특히 오토 3세는 교회와 밀접한 영향을 주고받으며 많은 필사본을 주문했고, 당시의 고위 성직자와 귀족들 또한 필사본을 주문하였다. 제국의 교회와 밀접한 영향을 주고받던 수도원들도 교육에 힘쓰면서 필사가를 전문적으로 양성하고 필사본을 제작하였다. 오토 3세 주위에는 당대의 뛰어난 교황과 주교들, 학자들이 함께했고, 이 시기 오토기의 대표적 필사본이 다수 제작되었다.

후사가 없었던 오토 3세의 사후, 신성로마제국의 안정과 오토기 예술을 더욱 탄탄하게 다진 인물이 바로 하인리히 2세이다. 하인리히 2세는 제국 관리들을 교육시키는데 교회의 역할이 매우 중요하다고 판단하였기에, 직접 주교의 임명을 관장하여 유능한 인재들을 발굴하였으며, 교회 자체와 수도원 내의 개혁을 시행하고, 새로운 지역에 주교구를 세우고자 노력하였다. 특히 하인리히 2세는 선왕들의 경험을 토대로 이탈리아에 대한 개입이 언제나 성공적일 수는 없음을 깨달았다. 이탈리아와 로마의 귀족들은 신성로마제국의 개입에 반란을 일으키거나 계속해서 저항했다. 때문에 그는 오히려 제국 내에서의 왕권을 안정시키고자 옛 동프랑크 왕국의 영토와 신성로마제국의 폴란드 접경지역에 대한 영토 회복으로 왕권 강화에 힘썼다.[8] 하인리히 2세는 후사가 없었으므로 그가 자리를 비울 때마다 나랏일을 맡았던 아내 쿠니쿤데Kunigunde, 975-1040[9]가 새로운 왕이 선출될 때까지 나라의 직무를 수행하였다.

새로운 잘리어 왕조Salian dynasty의 첫 번째 왕인 콘라드 2세Konrad II가 왕위에 오르자 1025년, 하인리히 2세의 아내 쿠니쿤데는 사실상 모든 직무에서 물러나 그녀가 창설한 베네딕트 수녀원으로 들어갔다. 하인리히 2세가 사망한 지 16년 뒤인 1040년 3월 3일, 왕비 쿠니쿤데도 눈을 감았다. 그 후, 쿠니쿤데는 밤베르크 대성당에서 남편인 하인리히 2세와 함께 영원한 안식을 취하였다. 잘리어 왕조는 콘라드 2세부터 하인리히 3세, 하인리히 4세, 하인리히 5세에 이르기까지 계속되었으며, 오토기 예술은 콘라드 2세를 기점으로 막을 내리게 되었다.

교회사적 배경

오토 왕조와 로마교회

9-10세기, 오토 왕조의 황제들은 로마교회와 결속을 다지면서 이탈리아 귀족들을 견제하였다. 또한, 제국의 안정을 확고히 하여 교회의 세력과 함께 성장해 나갔다. 로마교회와 황제들의 관계가 항상 원만한 것은 아니었으나, 그들은 서로의 목적과 필요에 따라서 관계를 개선해 나가기도 하고 마찰을 빚거나 협력하기도 하였다. 두 세력의 협력은 결과적으로 교회 건축 및 수도원의 개혁과 확장으로 이어졌으며, 다수의 "성서 필사본"을 제작하는 데 중요한 영향을 끼쳤다.

샤를르마뉴 사후, 이민족의 침입과 반란은 이탈리아에도 이어졌다. 교황 요하네스 8세 Joannes Ⅷ, 제107대 교황, 재위 872-882는 사라센족과 이민족의 침략으로 로마 남쪽 영토를 포함하여 몬테카시노의 성 베네딕트 대수도원이 약탈당하는 등 많은 어려움을 겪고 있었다. 당시 이탈리아 귀족들은 영토와 주도권을 놓고 서로 경쟁하고 있었으며, 이민족의 침략에 맞서 각자 개인 군사를 동원하고 있었다. 때문에 교황이 그들을 다 함께 결속시켜 이민족의 침략을 막아내기란 한계가 있었다. 822년, 요하네스의 사후 이탈리아는 귀족들의 정치 분쟁으로 혼란이 더욱 극심해져 로마교회까지 휘말리게 되었다. 특히 교황직을 두고 여러 이탈리아 가문의 귀족들이 개입하게 되는 일이 잦아지면서 로마교회의 권위가 무너지고 있었고, 외부적으로는 계속해서 이민족의 침략이 이어졌다.

그러나 동프랑크에서 하인리히 1세 사후, 그의 아들 오토 1세가 국왕으로 즉위하자 상황은 미묘하게 흘러갔다. 로마교회의 교황은 오토 1세와 협력하여 이탈리아 귀족들을 견제하고자 하였으며, 오토 역시 교황의 지지를 얻어야만 황제라는 칭호를 받을 수 있었기 때문에 이들은 서로 필요에 따라서 협력하게 되었다. 오토 1세가 이탈리아 개입의 명분이 된 사건은 이탈리아 왕국의 군왕 로타르 2세Lothar II 830/835-869가 죽고, 그의 아내 아델라이데Adelaide, 948-987가 이탈리아 왕국을 상속받게 되면서부터였다. 로타르 2세 사후, 이탈리아의 귀족 베렌가리오 2세Berengar II, 900-966는 왕권을 찬탈하였으나 때마침 오토 1세가 이탈리아의 정치적 상황에 개입하여 미망인 아델라이데와 결혼함으로써 이탈리아는 그의 지배하에 놓였다. 하지만 베렌가리오 2세는 계속해서 이탈리아 왕위를 찬탈하고자 하였으며, 960년에는 교황령까지 공격하는 사건이 벌어졌다. 교황 요하네스 XII세Papa Giovanni XII, 재위:955-964가 급히 오토 1세에게 도움을 요청하였으며, 오토 1세는 이탈리아로 건너가 반란을 진압하였다. 이 사건을 계기로 오토 1세는 교황으로부터 황제의 칭호를 받을 수 있는 대관식을 거행할 수 있었다. 그러나 대관식 이후, 그는 교황을 비롯해 교구에 대한 소유권이 황제 자신에게 있음을 공표하였고, 교황도 로마교회가 아닌 자신에게 충성하도록 서약하게 만들었다. 따라서 요하네스는 뒤늦게 후회하고, 오토 1세를 견제하고자 마자르족과 동로마 제국에 도움을 요청하는 일이 벌어졌다. 이것은 오토 1세에게는 반역 행위나 다름없었다. 분노한 황제는 963년, 교회 회의를 통해 요하네스를 교황직에서 폐위하고 레오 VIII세Papa Leone VIII, 재위:964-965를 교황의 자리에 올려놓았다. 그러나 오토 1세가 독일로 돌아가자, 이탈리아의 귀족들이 요하네스를 다시 교황으로 복직시켰다. 또한 이탈리아의 귀족들은 요하네스의 사후, 베네딕토 V세Papa Benedetto V, 재위:964.05.22-964.06.23를 교황의 자리에 선임했지만 오토 1세가 이탈리아로 돌아와 이러한 반란은 진압되었다. 오토 1세는 요하네스 XIII Papa Giovanni XIII, 재위:965-972 세를 교황으로 직접 선출하였으며, 오토 1세의 집권 기간 동안 그의 강력한 통치 아래 로마교회가 유지되었다.

오토 2세는 아버지에게 물려받은 강력한 왕권을 바탕으로 군왕의 자리에 올랐으나 내부적으로는 귀족과 친척들의 반란, 외부적으로는 사라센과 슬라브족, 덴마크인 등과 같은 이민족의 침략 및 이탈리아 귀족들까지 견제해야 했기에 대내외적으로 많은 어려움을 겪었다. 그러나 그는 아버지와 달리 교황과 우호적인 관계를 유지했으며, 그리스도교와 로마교회를 수호하는데 힘썼다. 오토 2세는 교황 베네딕토 VII세Papa Benedetto VII, 재위:974-983의 사후, 새로운 교황을 선임하기 위해 로마를 방문했다가 그 당시 유행하던 말라리아에 걸려 사망하였다.

오토 3세는 아버지의 이른 죽음으로 어린 나이에 군왕이 되었지만, 선왕들보다 더 현명하게 로마교회와의 관계를 발전시켜 나갔다. 내부적으로 권력을 안정화시킴과 동시에 예술과 학문, 문화를 수호하였다. 특히 어린 시절부터 오토 3세의 가정교사였던 실베스테르 II세 Papa Silvestro II, 재위 999-1003 가 교황으로 재위하면서, 오토 3세의 즉위 기간 동안 로마교회와의 관계는 결속력이 더욱 강화되었다. 실베스테르 II세는 천문학, 철학, 과학, 수학에 뛰어난 지식을 보유한 비상한 인물이었고, 오토 3세에게 수준 높은 지식을 전해주며, 문학과 예술에 있어서 천재적인 군왕으로서 자랄 수 있도록 많은 영향을 미쳤다.

오토 3세 다음으로 신성로마제국의 황제가 된 하인리히 2세는 이탈리아와 로마교회에 대한 개입으로 마찰을 일으키기보다 왕권을 탄탄히 하고자 노력하였다. 하인리히 2세는 교황 베네딕토 VIII세 Papa Benedetto VIII, 재위 1012-1024 와 우호적인 관계를 유지했으며, 교회 개혁을 위해 노력하였다. 당시 이탈리아 남부는 사라센족에게 또다시 침략당하고 있었고, 노르만족도 이탈리아로 계속해서 들어오는 상황이었다. 교황 베네딕토 VIII세는 노르만족과 동맹을 맺고, 사라센족을 이탈리아 남부에서 패퇴시켰다. 동시에 이탈리아의 크렌센티 귀족 가문을 견제하여 이탈리아와 로마교회에 안정을 가져다주었다. 또한 로마교회의 성직매매와 부정부패도 바로잡고자 노력하였다. 하인리히 2세와 교황 베네딕토 VIII세는 하인리히 2세의 통치 말년에 서로 협력하여 파비아Pavia 에서 교회개혁 회의를 열 계획을 세웠는데 이 회의는 하인리히 2세가 신성로 마제국에서 완성한 교회와 정치의 명령체계를 확정 짓기 위한 것이었다. 그러나 교황 베네딕토 VIII세와 하인리히 2세의 죽음으로 회의가 성사되지 못했다. 하인리히 2세의 든든한 지지 세력자로 교회개혁을 함께 했던 교황 베네딕토 VIII세가 1024년 4월 9일 선종하였고, 그로부터 석 달 후, 하인리히 2세도 교황과 운명을 같이했다.

콘라드 2세는 하인리히 2세와 마찬가지로 이탈리아와 로마교회의 상황에 적극적으로 개입하지 않았다. 때문에 당시 이탈리아는 여러 귀족들이 서로 권력 쟁탈전을 벌이는 가운데 가장 강력했던 투스쿨룸 가문에 의해 지배되고 있었고, 콘라드 2세에 의해 교황이 임명된 것이 아니라 이탈리아 귀족들에 의해 나이가 어린 베네딕토 IX세 교황Pope Benedict IX, 재위 1032-1044, 1045.4.10-1045.05.01, 1047-1048[10]이 선출되었다. 콘라드 2세를 마지막으로 오토 왕조 시기는 막을 내리게 되었지만, 신성로마제국과 로마교회 및 교황 사이에 마찰과 긴장은 계속해서 이어졌다.

오토 왕조는 샤를르마뉴의 카롤링 왕조때와 마찬가지로 로마교회와의 관계를 통해 제국의 안정 및 그리스도교 사회에 대한 이상 실현을 위해 노력하였다. 특히 오토 3세와 하인리히 2세가 황제로 집권할 동안 로마교회와의 우호적인 관계는 오토기의 중요한 성서 필사본과 예술품들이 제작될 수 있었던 구심점이 되었다.

오토기 성서 필사본의 중심지 라이헤나우 베네딕트 수도원 "백은 시대"를 열다!
오토기 황제들과 교황청 및 고위 성직자들의 비호 아래 전성기를 맞은 중세의 수도원들은 성서 필사본 제작에 중요한 역할을 담당하였다. 오토 3세와 하인리히 2세가 재위할 당시 수많은 필사본이 제작되었으며, 카롤링 필사본과는 다른 조형적 특징을 보인다. 이것을 오토기 필사본이라 부른다. 특히 제국교회를 중심으로 정치적 안정을 취하려던 오토기의 황제들에게 필사본 주문과 후원은 신성한 행위 그 자체였다. 필사본은 당시의 문화와 예술, 정치적 상황까지 모두 포함하는 것으로 그리스도교 및 제국의 미래와 직결되는 연결고리였다. 성서 필사본은 대부분 고위 성직자나 왕, 귀족의 주문을 받아 수도원의 스크립토리움에서 만들어졌다. 서구 유럽에서 수도원은 학문적, 문화적, 예술적 발전의 핵심이 되었던 장소로서 당대를 대표하는 수많은 필사가들을 전문적으로 훈련하고 양성하였다.

오토기에 제작된 대부분의 필사본은 프랑크 왕국 시대부터 필사본 제작의 전통을 이어나가던 수도원들에서 생산되었다. 페리에르 수도원, 생 드니 수도원, 페벨에 있는 생 타망 수도원, 알쿠인이 수도원장이었던 뚜르 수도원, 8세기 라이헤나우의 베네딕트 수도원과 스위스의 성 갈렌 수도원, 작센의 코르비 수도원, 랭스 수도원, 쾰른과 마인츠의 수도원 등이 있다.

특히 라이헤나우의 베네딕트 수도원Monastic Island of Reichenau은 오토기 필사본 스타일의 출현을 예고하며 새로운 전성기를 맞이했다. 라이헤나우 섬은 독일의 바덴뷔르템베르크 주Land Baden-Württemberg에 있으며, 콘스탄츠 라이헤나우Reichenau의 일부이다. 독일 남단 보덴제Bodensee의 서쪽 콘스탄츠Konstanz와 라돌프첼Radolfzell 사이에 있으며, 보덴제에서 가장 큰 섬으로도 잘 알려져 있다. '백은 시대'실버 시대, Silver Age로 불리는 이 시기에 수도원의 성직자들은 오토 1세의 왕국과 교황의 지시를 충실히 수행했으며, 베네딕트 수도원은 오토기 황제들의 제국교회 체제와 통치체제의 가장 중요한 기둥 가운데 하나였다. 수도원장들은 신성로마제국 황제들의 비호 아래 치외법권과 투표권, 세금 면제 등과 같은 특권을 누렸으며, 베네딕트 수도원은 비약적인 오토기의 발전을 이루었다.

라이헤나우 섬은 수도원의 종교적·문화적 역할의 뛰어난 증거를 보여주는 장소로서 이곳을 중심으로 오랜 시간에 걸쳐 지적 활동이 양산되었다.[11] "슈바벤의 바다"Swabian Sea로 불리는 이 거대한 호수 근처에서 초기 중세 시기부터 농경을 시작하여 과일을 재배하고 와인을 만들었으며, 오늘날까지도 섬 근처에서 이러한 흔적을 찾아볼 수 있다. 풍요로운 전원의 라이헤나우 섬을 문화적·종교적 중심지로서 영향력을 확대시킨 사람은 수도사들로 호수 지역의 수많은 수도원들은 대부분 8-13세기에 지어졌다.[12]

라이헤나우 베네딕트 수도원의 초대 수도원장인 피르민Bishop Pirmin, Priminius

의 일대기에 대해 알려진 것은 매우 드물다. 다만 소수의 전기문 속에서 베네딕트 수도원의 설립과 초대 수도원장에 대한 기록을 찾아볼 수 있다.[13] 아마도 그는 칼 마르텔 Karl Martell tip 에 의해 라이헤나우 섬으로 파견되었던 것으로 보인다. 피르민은 약 25년 대략 689-741 동안 칼 마르텔의 명령을 따랐으며 724년, 그의 수도사들과 라이헤나우에 도착하였다. 그에 대한 다음과 같은 기록이 전해진다.[14]

> "그곳, 알프스 꼭대기에서 라인 강이 흘러오는 곳, 그곳은 서쪽으로 퍼져나가서 거대한 바다가 된다. 이 바다의 가운데에서 독일 전역에 존재하는 목초지라 불리는 그 섬이 솟아올랐다. 그 섬은 많은 무리의 훌륭한 수도사들을 생산했다. 처음 수도원이 세워졌을 때, 신성한 주교 피르민 Pirmin 과 그의 무리는 3년 동안 그곳에 모여들었다."
>
> Walahfrld Strabo, Visio Wettini, 825/26. RTP12, Pg. 69[15]

피르민은 라이헤나우에 성모 마리아, 성 베드로, 성 바오로를 기리는 수도원을 지을 책무를 맡았다. 그는 40여 명의 수도사와 함께 보덴호의 라이헤나

---

tip

칼 마르텔(Karl Martell)

프랑크 왕국의 궁재. 719년 이후 프랑크 왕국의 궁재로서 카롤링가의 주도권을 잡았다. 732년, 에스파냐로부터 침입해온 아랍군을 격퇴하여 서유럽 그리스도교 세계를 이슬람 세력으로부터 보호했다. 737년 이후부터 왕국의 실권을 장악하여, 이후 그의 아들 소(小)피핀이 메로빙거 왕조를 몰아내고 카롤링거 왕조를 수립하는 기반을 구축했다.

〈그림 3〉 라이헤나우 섬의 전경

우 섬에 성모와 사도를 기념하는 베네딕트 수도원을 건립했다. 피르민이 베네딕트 수도원을 설립한 이래로 이곳은 800-1100년 사이 종교적·문화적인 중심지로 비약적인 발전을 이루었다. 특히 수도원의 부속학교와 도서관의 명성은 발도[16]가 수도원장786-806으로 있던 시기에 이르러 절정을 이루었다. 후에 그는 파비아Pavia와 바젤Basel의 주교로 추대되었다.

발도 이후, 비티고보Witigowo, 985-997와 베르노Berno, 1008-1048는 오토 왕조 시기 가장 중요한 수도원장으로 여겨진다. 비티고보는 985-997년 사이 수도원장의 직무를 수행하였으며, "오토 3세의 오른팔"로 언급될 만큼 오토 3세의 정치에 주요한 영향력을 가지고 있었다.[17] 그의 재직기간 동안 라이헤나우의 베네딕트 수도원은 부산한 건축 활동과 풍성한 예술 전통이 발전되었다. 그는 오토 3세를 위해 황궁Kaiserpfalz을 지었고, 라이헤나우-오버첼Oberzell에 있는 성 게오르그St. Georg 성당의 벽화 역시 비티고보의 재직기간 동안 완성된 것으로 전해진다. 베르노 수도원장은 오토기 베네딕트 수도원의 중요한 마지막 수도원장으로[18] 잘리어Ottonian-Salian 왕가와 밀접한 관계를 유지했다. 베르노는 훌륭한 신학자였으며 시인이자, 음악가, 성인들의 전기작가hagiographer이기도 했다. 다방면에 뛰어난 재능을 겸비한 비범한 인물이었던 그는 라이헤나우 베네딕트 수도원의 전성기를 완결 지은 것으로 알려져 있다.

라이헤나우 베네딕트 수도원의 훌륭한 업적이라 말할 수 있는 도서관은 섬 안의 가장 중요한 교육 시설이었다. 820년경, 도서관의 책은 총 약 400권 정도 되었으며, 10-11세기 유럽에서 규모가 매우 큰 기록실을 지녔다. 수도원은 대략 970-1020년의 전성기 동안 훌륭한 성서 필사본을 만들어 내었다.[19] 수도사 레긴베르투스Reginbertus, ?-846는 수도원에서 사서이자 동시에 필사가로서 일했다. 그는 대략 821-22년경, 중세 최초의 도서관 카탈로그catalog를 만들었으며, 40년 동안 무려 42권을 필사했다. 몇몇 필사본에서 그는 독자들에게 필사본을 소중히 다룰 것과 다시 돌려줄 것을 부탁하는 글을 적어놓았다.[20]

"신의 위대한 영광과 주님의 달콤한 모성 안에서,
그리고 모든 성자들과 라이헤나우를 지키는 수많은 사람들 안에서,
필사가 레긴베르투스 Reginbertus 는, 신중히 이 몸체를 만들다.
명령의 의지에 따라 일하였다.

〈그림 4〉 라이헤나우의 베네딕트 수도원 전경

그는 이것이 형제들의 쓰임 속에 오래도록 남아 훼손되지 않을 것을

기원하였다.

그러나 그의 일이 가끔 길을 잃어버리지 않도록,

그는 주님의 소중한 이름 안에 모든 다짐을 하였다.

누구도 이 일을 밖의 다른 사람에게 전달할 수 없으며,

만약 그가 그의 신의를 맹세치 않거나 미리 약속하지 않는다면,

그가 온전히 빚을 갚을 때까지.

그대 소중한 친구여,

책을 쓰는 고통스러운 노력을 생각해주오.

책을 가져가서 펴고, 부드럽게 읽고,

그리고 덮은 다음 안전한 곳에 보관하시오."[21]

Augiensis CXXXVI, Baden State Library, Karlsruhe.

오토기의 황제들과 주교, 귀족들은 교회에 헌정하기 위한 또는 자신의 권력이나 개인적인 목적 등 다양한 이유로 이 수도원에 많은 필사본을 주문했고, 수도원에서는 아름답고 화려하면서 세련된, 새로운 양식의 필사본을 제작함으로써 그들의 욕구를 충족시켜 주었다. 필사본들은 수도원 내의 필요에 의해서도 제작되었지만 주로 제국의 주교들과 황제, 교황의 주문에 의한 "수출"을 목적으로 만들어져[22] 많은 수의 필사본들이 생산과 동시에 유통되었다. 라이헤나우 베네딕트 수도원은 오토기 필사본 양식에 많은 영향을 미쳤으며, 수도원 내에서 필사가 양성 및 교육시킴으로써 오토기 필사본 양식의 절정을 완성지을 수 있었던 것으로 짐작된다.

미술사적 현상
오토기의 예술과 성서 필사본

신성로마제국의 시대를 열었던 황제들은 샤를르마뉴 대제를 모범으로 삼아 건축, 조각, 벽화, 회화, 공예 등 예술 분야에서 카롤링 예술의 전통을 받아들이고 발전시켜 나갔으며, 오토기 예술은 카롤링, 이탈리아, 동로마 제국, 스페인 지역 등의 예술과는 다른 독특한 특성을 가진다. 특히 놀라운 성과는 성서 필사본에서 두드러지게 나타난다.

오토 1세의 집권 시기에 많은 대성당이 건축되었으나 대부분은 소실되었고, 힐데스하임의 주교좌 대성당에서 오토기와 초기 로마네스크로 접어드는 건축양식을 엿볼 수 있다. 주교좌 대성당은 제2차 세계대전의 폭격으로 건축물이 거의 파괴되었다가 이후에 재건축 되었는데 현재는 성당 내부의 서쪽 벽면에서 초기 원형을 찾아볼 수 있다. 820년, 힐데스하임의 초대 주교인 귄터가 바실리카 부분을 최초로 축조하였으며, 872년에는 주교 알트프리트가 삼랑식 바실리카를 짓고 성모 마리아에게 봉헌하여 최초의 주교좌 대성당이 되었다. 이어서 베른바르트 주교가 1010년부터 개축하기 시작하였다.[23] 주교는 교황 실베스테르 II세와 마찬가지로 오토 3세의 가정교사였으며, 그들과 로마를 여행하기도 하였다. 그는 문학과 천문학, 예술 등에 뛰어난 지식과 영감을 보유한 천재적인 인물로, 힐데스하임의 주교로 임명된 이후에는 오토 3세의 전폭적인 지원을 받아, 대성당의 건축을 지휘하는데 대부분의 일생을 보냈다. 베른바르트의 철학이 담긴 대성당은 완벽한 치수에 의해 건축되었고, 독일 지역 초기 로마네스크 건축물의 모범적인 기준이 되었다. 주교의 또 다른 역작인 힐데스하임 청동문은 구약·신약의 신학적 상징이 저부조로 표현되어 있어, 오토기와 초기 로마네스크 양식의 조각술을 살펴볼 수 있는 매우 귀한 사례로 손꼽힌다.[24]

오토 1세 다음으로 신성로마제국 황제 자리에 오른 오토 2세와 테오파노의 결혼은 동로마 제국의 여러 예술품이 신성로마제국에 등장하는 계기를 제공했으며, 두 나라의 예술과 문화를 잇는 가교 역할을 했다. 동로마 제국에서는 오토 2세와 테오파노의 결혼으로 비단, 귀금속, 성상, 필사본과 함께 지참

금 등을 수행원을 통해 보냈다. 그리스도가 오토 2세와 테오파노에게 대관하는 모습이 묘사된 상아 부조에서 이들은 동로마 왕실 의상을 입고 있어, 동로마 제국의 복식에 대한 단서를 발견할 수 있다. 테오파노는 훗날 그의 아들 오토 3세에게도 동로마 제국 문화와 교육을 전해주며 영향을 미쳤다. 그녀는 오토 2세 사후에도 로마Roma, 프랑크푸르트Frankfurt, 마그데부르크Magdeburg, 아헨Aachen 등 계속해서 여러 지역에 교회를 짓도록 후원했으며, 동로마 제국의 예술과 문화를 지속적으로 서유럽에 전달하는 역할을 충실히 수행했다. 오토기 양식의 필사본은 카롤링 예술뿐 아니라 비잔틴 예술을 받아들인 결과이기도 하다. 샤를르마뉴의 집권 시기부터 그리스도교의 전교와 무역 등 다양한 루트로 동로마 제국 문화가 서유럽으로 넘어오게 되었고, 오토기 예술품들은 지역적 특성과 함께 다양한 문화적 관계가 결합하여 양산된 결과물이다.

〈그림 5〉 힐데스하임 주교좌 대성당

〈그림 6〉 오토기와 초기 로마네스크 양식을 볼 수 있는 천장

오토기에 많은 성당과 수도원이 건축됨에

〈그림 7〉 오토 2세와 테오파노 황후의
결혼식이 묘사된 상아 부조 조각

〈그림 8〉 게로의 십자가, 965-970

〈그림 9〉 오토기 양식의 십자가, 900년경

〈그림 10〉 오토기 양식의 브로치, 970-1030년경

따라 황제와 주교들은 다수의 성서 필사본을 주문했으며, 아울러 성당 내부는 성 유물함을 포함하여 성가집, 기도서, 성서와 촛대, 십자가 등이 필요했다. 또한 오토기 필사본이 제작된 주요 배경은 비잔틴 필사본과 섬양식 필사본, 카롤링 필사본과 마찬가지로 황제나 주교, 귀족 등 특권층의 권위와 신앙심 등 그들의 위치를 드러내기 위한 것이었다. 또한 필사본은 대성당이나 수도원에서 교육과 선교를 위해 제작되기도 하였으며, 제작과 동시에 수요가 활발히 이루어졌다.[25]

샤를르마뉴의 집권 시기에 아름다운 카롤링 성서 필사본들이 많이 제작되었지만, 오토기의 황제들과 주교 및 수도원장을 비롯한 대표 필사가들은 카롤링 양식만을 그대로 답습하지는 않았다. 오토기 필사본은 카롤링 예술에 대한 전통을 이어나감과 동시에 지속적인 개선, 비잔틴 예술을 향한 개방과 다양한 예술을 받아들이고 해석한 결과이며, 종국에는 자신들만의 스타일을 성공적으로 창조해 낼 수 있었다. 성서 필사본에서 드러나는 그들의 열정은 역사적, 미술사적으로 매우 괄목할 만한 성과로서 2000년대에 이르러 유네스코 세계문화유산으로 등재되었다.

오토기 성서 필사본

오토기에 제작된 필사본은 대부분 수도원의 스크립토리움에서 제작되었다.

특히 라이헤나우의 베네딕트 수도원은 오토기 필사본 스타일의 출현을 예고하며, 새로운 전성기를 맞이했다. 이 수도원에서 제작된 필사본은 라이헤나우 화파를 이루었고, 그룹을 이끌었던 대표 필사가의 서명에 따라 세 그룹으로 나뉜다. 첫 번째, 에버넌트 그룹Eburnant group, 두 번째 루프레히트 그룹Ruodprecht group, 세 번째는 리우타르 그룹Liuthar group이다. 세 그룹이 제작한 성서 필사본을 세부적으로 살펴보고자 한다. 첫 번째 에버넌트 그룹의 『게로 코덱스』, 두 번째 루프레히트 그룹의 『에그베르트 시편』과 『에그베르트 코덱스』, 세 번째 리우타르 그룹의 『오토 3세의 복음서』와 『밤베르크 묵시록』을 고찰해 보면서 각 그룹의 대표적인 성서 필사본의 특징과 어떻게 점진적으로 변화해 나가는지 그 과정을 따라가 보고자 한다.

게로 코덱스 Codex Gero

『게로 코덱스』는 950-970년경 제작되었으며, 1948년부터 헤센의 다름슈타트대학교 주립도서관Universitäts-und Landesbibliothek Darmstadt에서 소장하고 있다. 게로 코덱스는 오토기를 조명하는 가치를 인정받아 라이헤나우의 베네딕트 수도원에서 제작된 다른 성서 필사본과 함께 2000년대에 들어서 유네스코 세계문화유산으로 등재되었다. 그러나 게로 코덱스가 제작된 장소에 대한 세부적인 문제는 다소 복잡하다. 많은 학자들은 게로 코덱스의 채색 삽화 대부분이 라이헤나우 베네딕트 수도원에서 제작되었음을 주장한다. 그러나 한편으로는 로르쉬 수도원Lorsch Abbey의 『로르쉬 복음서』Lorsch Gospels 또는 풀다의 수도원에서 제작된 『위트키데우스 코덱스』Codex Wittikindeus, Berlin, Staatsbibl., lat.

fol. I, fol. verso의 복음사가와 게로 코덱스에서 드러나는 유사성으로 봤을 때 게로 코덱스가 어쩌면 '로르쉬나 풀다의 수도원에서 제작되었을 수도 있지 않을까' 하는 가능성을 시사한다.[26] 아울러 위트키데우스 코덱스는 907-980년경 제작된 것으로 알려져 있으며, 게로 코덱스의 제작 시기와도 거의 비슷하게 겹친다. 혹은 세 장소에서 각각 필사하고 나중에 한 권으로 합쳐졌을 경우도 고려해볼 수 있다. 그러나 게로 코덱스는 오토기 라이헤나우 화파의 첫 번째 그룹인 에버넌트 그룹을 조명하는 원고로서 삽화의 섬세함과 색채가 화려하고 아름다운 것으로 평가받는 것은 의심할 여지가 없다. 게로 코덱스는 카롤링 시대의 필사본 전통을 이어나감과 동시에 오토기 스타일의 시작을 알리는 필사본이다.

게로 코덱스는 969년 쾰른의 대주교였던 게로에게 헌정되었으며, 여기서 필사본의 이름이 유래하였다. 구성은 종교적 의례에 따라서 복음서 구절을 인용해 정리한 것으로 보이며, 여러 점의 삽화를 배치하고 있다. 또한 기증받은 사람의 이미지가 묘사되어 있고, 페이지 측면에 게로에게 필사본을 전달한 연도가 적혀있다. 게로는 이를 다시 쾰른 대성당의 수호성인인 베드로에게 봉헌하고 있다.[27] 그 다음 페이지에는 '우주의 지배자 그리스도' 도상과 네 복음사가의 전신상이 묘사되어 있다. 이 가운데 몇 점의 채색 삽화는 미술사적으로 주목할 만한 가치가 높다. 이 채색 삽화들은 9세기에 제작된 로르쉬 복음서나 위트키데우스 코덱스의 삽화를 모델로 삼아 제작된 것으로 추정되며, 카롤링 필사본 스타일의 전통이 가장 많이 드러난다. 또한 게로 코덱스에서 청색, 녹색, 보라색, 금색과 은색으로 구성된 황금 머리글자는 성 갈렌St'Gall의 수도원에서 제작된 필사본의 영향을 보여준다.[28]

10세기 후반, 성 갈렌의 수도사들은 예술과 문자에 있어서 점점 탁월함을 잃어갔다. 10세기 중반 무렵 이미 전반적인 쇠퇴가 시작되었는데, 헝가리인들이 925-926년 수도원을 공격해 심각한 화재가 발생하였고, 사라센족의 급습에도 시달려야 했다. 또한 성 갈렌 수도원의 성직자들이 오토 1세의 수도원 개혁시도에 협력하기를 거부하였으며 결과적으로 제국주의적 호의를 박탈당하게 되었다.[29] 한편 성 갈렌 수도원에 비해 라이헤나우 베네딕트 수도원은 오토기 황제들이 부여한 특권과 교황 그레고리 5세오토 3세의 친척로부터 상당한 호의를 누리게 되었다. 라이헤나우 베네딕트 수도원은 황제에게 막대한 권한을 부여받았는데, 도시의 대주교와도 같은 정치적 지위를 지닌 것이었다. 따라서 일부 학자들은 라이헤나우 베네딕트 수도원의 성직자들이 오토기 신성로마제국 내에서 상당히 높은 지위를 누렸음을 이야기한다. 한편, 라이헤나우 베네딕트 수도원에서 제작된 필사본 스타일에 대한 문제는 게로 코덱스에서 언급한 것처럼 좀 더 복잡하다. 오토기, 여러 필사본이 대부분 라이헤나우 화파의 스타일을 따르고 있지만, 부분적으로는 다른 필사본 제작의 중심지인 트리어Trier, 쾰른Köln, 로르쉬Lorsch, 잘츠부르크Salzburg 등 여러 지역과 추가적인 연계가 있는 것처럼 보이기 때문이다. 이것은 필사본의 후원자가 두 가지 이상의 다른 스타일을 후원했다는 것을 방증하기도 한다.[30]

〈그림 11〉 우주의 지배자 그리스도상, 게로 코덱스

〈그림 12〉 복음사가 마태오 전신상, 게로 코덱스

〈그림 13〉 전체 페이지를 장식하는 황금 머리글자, 게로 코덱스

〈그림 14〉 쾰른의 대주교 게로에게 필사본을 헌정하는 장면, 게로 코덱스

게로 코덱스 우주의 지배자 그리스도상(그림 11)은 로르쉬 복음서 우주의 지배자 그리스도상과 매우 유사하다. 그리스도는 중앙에 앉아 정면을 향하여 우리를 바라보고 있는데, 지상과 천상의 지배자로서의 근엄함을 보여주는 동시에 카롤링 필사본의 전통과 디자인을 충실히 참고한 흔적이 드러난다. 사각형 틀 안에 여러 겹의 장식띠로 둘러진 원형 만돌라, 그리스도가 입은 의상과 색상, 머리칼의 묘사, 얼굴의 표정, 배경색, 복음사가를 상징하는 둥근 메달 등은 로르쉬 복음서에서 그대로 차용한 듯한 인상을 준다. 또한 부분적으로나마 오토기 필사본의 특징이 드러나는 부분을 사각형 틀과 원형 만돌라에서 찾아볼 수 있다. 게로 코덱스 우주의 지배자 그리스도상에서 만돌라와 사각형 틀은 로르쉬 복음서에 비해 정리된 선과 색상으로 더욱 간결해졌다. 모방 없는 창조가 없듯 과도기적 경계선에 놓인 게로 코덱스는 카롤링 필사본의 전통이 가장 많이 드러나면서도 오토기 필사본의 새로운 스타일을 찾아볼 수 있다. 게로 코덱스의 채색 삽화 가운데 라이헤나우 베네딕트 수도원에서 제작된 채색 삽화의 특징은 짜여진 사각형 프레임 장식, 단순한 배경색, 정리된 윤곽선과 채색, 생략과 강조의 적절한 대비 등이다. 이것은 오토기 필사본으로 접어 들어가는 과도기적 단계를 잘 드러내주고 있다. 게로 코덱스는 한 필사본 안에 마치 여러 스타일이 혼재되어 있는 듯해서 정확한 제작 장소와 필사가들에 대한 논의는 계속해서 새로운 방향과 접근이 가능할 것이다.[31]

에그베르트 시편 Egbert Psalter

샤를르마뉴의 치하에서 '카롤링기 르네상스'가 찬란한 꽃을 피우고 난 뒤, 새롭게 떠오른 오토기 스타일의 예술을 진두지휘한 주교가 있었으니 그의 이름은 트리어의 대주교였던 에그베르트 Egbert, 950-993, 재위 977-993 이다.

에그베르트는 트리어의 대주교인 동시에 오토 2세의 궁정 신부이자 비서였으며, 과학과 예술에 대한 후원을 아끼지 않았던 인물이다. 980-983년 사이에 오토 2세와 이탈리아를 여행하기도 하며 적극 보좌하였지만, 오토 2세의 뜻하지 않은 이른 죽음으로 바이에른 공작 헨리 2세 Henry II, Duke of Bavaria, 951-995를 오토 2세의 후계자로 지지하였다. 그러나 나중에는 입장을 바꿔 오토 2세의 유일한 혈육인 오토 3세를 지지하였으며, 오토 3세는 아버지의 뒤를 이어받아 996년에 신성로마제국의 황제가 되었다.[32]

에그베르트는 20대 시절인 977년부터 트리어의 대주교로서 열정적인 삶을 살다 생을 마감했다. 트리어는 마인츠, 쾰른과 더불어 신성로마제국의 문화와 예술을 반영하는 매우 특별한 장소였다. 두 도시와 미묘한 경쟁 관계에 놓여있던 에그베르트 주교는 트리어를 문화와 예술의 중심지로 올려놓아 자신의 입지를 견고히 다지는데 매우 적극적이었다. 그의 부단한 노력으로 인하여 트리어는 문화 예술의 중심지로 급부상 하였으며, 에그베르트는 마인츠의 빌리지스 Willigis, 쾰른의 게로 Gero 대주교와 더불어 당대의 높은 영향력을 지녔던 세 주교 가운데 한명으로 평가된다.

에그베르트는 캘리그래피[33]와 금세공에 대한 해박한 지식을 보유한 인물로 알려져 있다. 그는 여러 성골을 보관하기 위해 금세공함을 의뢰하였고, 그가 의뢰한 금세공함은 당시 신성로마제국에서 가장 유명한 지역 공방에서 제작되었다. 특히 성 안드레아 대성당에 성인 안드레아의 성물들이 보관되어 있었는데, 이는 에그베르트가 성인의 귀중한 성물을 보관할 함을 주문하여 지역 공방에서 발 형태로 제작되었다. 이 금세공함은 화려한 보석과 여러 가지의 유색석, 그리고 인물을 작게 세공한 부조 조각으로 이루어졌으며, 매우 섬세하고 놀라운 금세공 기술을 보여주는 대표적인 사례이다.

이렇듯 에그베르트는 특히 예술품과 필사본을 제작하는 이들에게 아낌없는 후원과 열정적인 행보를 보여주었는데 그의 주문으로 제작된 성서 필사본들은 뛰어난 기술과 섬세한 아름다움을 자랑하며, 오토기 양식 필사본의 조형적 특성을 잘 드러내 준다. 그 가운데 가장 대표적인 것이 『에그베르트 시편』 Egbert Psalter 과 『에그베르트 코덱스』 Codex Egberti 이다.

『에그베르트 시편』은 트리어의 대주교였던 에그베르트의 주문을 받아 제작된 성서 필사본으로 현재 이탈리아 치비달레 델 프리울리 박물관 National Archaeological Museum of Cividale del Friuli, cod.136 에 소장되어 있다. 소장처에 기인하여 『치피달레의 시편』 Salterio di Cividale 이라고도 불리운다. 그는 트리어 대성당에 헌정하기 위한 목적으로 이 필사본을 주문하였는데 그의 사후 11세기 중반 키예프 Kievskaya, 현 러시아의 일부 대륙 의 대공 이쟈슬라프 Iziaslav Yaroslavich, 1024-1078 의 아내 게르트루데 Gertrude-Olisava, 1025-1108 에게 필사본의 소유권이 넘겨지게 되었다. 그녀는 필사본에 비잔틴 양식의 채색 삽화와 기도서 내용을 일부 추가하였고, 그녀가 사망한 이후에도 여러 예술가의 손을 거쳐 수정 보완된 것으로 전해진다. 때문에 필사본에는 오토 양식과 비잔틴 양식이 혼재되어 있어 미술사적으로도 매우 흥미롭고 독특한 아름다움을 자랑한다.

게르트루데 왕비의 사망 이후, 그녀의 아들을 포함한 후손들이 이 필사본을 물려받았으며, 12세기 메라니아의 게르트루데 Merania of Gertrude, 1185-1213를 거쳐 그녀의 딸인 헝가리의 여왕이자 성녀 엘리자베스 St. Elisabeth, 1207-1231에게 이르게 되었다. 그리고 가부장적인 가족 구성원의 전통에 따라 엘리자베스의 사촌인 아퀼레이아의 총 대주교 베르돌트 Aquileia Berthold, 1108-1251가 에그베르트 시편을 이탈리아 치비달레 대성당에 헌정하면서 현 소장처인 치비달레 델 프리울리 박물관에 이르게 되었다. 시편의 목차에서 소장가와 그에 관한 정보를 추적해 볼 수 있다.

에그베르트 시편은 라이헤나우 베네딕트 수도원에서 977-993년 사이에 약 980년경 제작된 것으로 전해진다. 또한 라이헤나우 화파 가운데 두 번째 그룹의 대표 필사가인 수도사 루프레히트 Ruprecht의 이름으로 분류되는 최초의 성서 필사본이다. 수도사 루프레히트에 대한 자세한 정보는 찾기 쉽지 않으나, 그는 자신의 서명을 시편에 남기면서 오늘날 그의 이름이 전해지게 되었다. 라이헤나우 화파 가운데 에그번트 그룹과 리우타르 그룹이 제작한 성서 필사본들과 비교한다면 에그베르트 코덱스와 더불어 오토기 양식의 중간 단계인 대표적 필사본이다.

시편은 총 231461페이지장의 양피지에 제작되었으며, 그 가운데 총 19페이지의 채색 삽화가 각 장의 전면을 가득 채우고 있고, 황금 글자가 페이지를 장식하고 있다. 필사본의 크기는 23.8×18.8cm이다. 목차는 좌우의 2단으로 구성되었으며, 두 개의 황금 글자 아래로 세부적인 순서가 적혀있다. 아울러 4페이지에 걸쳐 제작자인 수도사 루프레히트, 주문자인 에그베르트 대주교, 트리어 대성당의 수호성인 성 베드로가 묘사되어 있다. 이어서 각 시편의 페이지마다 트리어 과거의 대주교들과 황금 머리글자가 화면을 가득 채우고 있다. 원본 순서는 에그베르트 사후, 필사본의 소장가들에 의해 비잔틴 양식의 삽화가 추가되면서 바뀌게 되었다.

추후에 추가된 것으로 알려진 비잔틴 양식의 다섯 장면은 다음과 같다. 성 베드로와 게르트루데 왕비, 게르트루데 왕비의 아들인 야로폴크와 그의 아내f. 5v, 예수탄생f. 9v, 십자가 책형f. 10r, 우주의 지배자 그리스도Majestas Domini와 성 베드로, 성 이레네 그리고 야로폴크와 그의 아내의 대관식f. 10v, 옥좌 위의 성모자상f. 41r이다. 시편의 그림에는 수도사이자 필사가인 루프레히트와 에그베르트 주교가 묘사되어 있으며, 다음 그림에서 에그베르트 주교가 시편을 성 베드로에게 헌정하는 장면이 이어진다.(그림 IV-15,16) 시편 시작에 전면 채색 삽화를 그려 넣음으로써 필사본이 제작된 목적과 주문자에 대한 정보를 한눈에 알 수 있다. 특히 카롤링 시대의 필사본과 오토기 필사본 가운

〈그림 15〉 수도사 루프레히트와 트리어의 대주교 에그베르트, 에그베르트 시편

〈그림 16〉 트리어의 대주교인 에그베르트와 트리어 성당의 수호성인 베드로, 에그베르트 시편

데서도 필사가가 필사본 안에 직접 서명을 남긴 것은 매우 드문 예에 속하기 때문에 오토기 필사본 양식의 화파와 연대기를 조명해 볼 수 있는 귀한 사례이다.

얼핏 보면 모두 같은 인물로 보일 만큼 도식화되어 있으나 자주색 배경 위의 장면마다 라틴어로 서명을 달리하여 제작자, 주문자, 목적에 대한 정보를 더하고 있고, 시간의 순서에 따라 각각의 대상이 배치되었음을 알 수 있다. 뿐만 아니라 후광 묘사와 복식의 차이에서도 인물에 대한 정보를 얻을 수 있는데, 수도사 루프레히트는 후광이 없으며, 에그베르트는 사각형으로, 성 베드로는 둥그런 후광으로 신분과 지위에 따라 서로 다르게 묘사되었다. 복식 또

〈그림 17〉 트리어 대성당의 세 번째 대주교인 마테르누스 St. Maternus 와
전체 페이지를 장식하는 황금 머리글자, 에그베르트 시편

한 루프레히트는 흰색과 상아색으로, 주교와 베드로는 흰색과 붉은색으로 다르게 채색하여 지위의 높낮음을 직접적으로 드러낸다.

필사본의 구성체계는 형태와 색채에서 두드러진다. 모두 규격화된 사각형 테두리에 전신상 인물을 배치하고, 화면 가득 황금 머리글자가 묘사되어 있으며, 배경색은 모두 자주색으로 채색되어 있는데 전체적으로 이 형식을 크게 벗어나지 않는다. 또한 인물의 서명을 라틴어로 적고 있어 그에 대한 정보를 알 수 있으며, 트리어의 대주교였던 대표적인 성직자들이 황금 머리글자와 함께 전체 페이지에 등장하고 있다. 황금 글자는 카롤링 필사본 가운데 드로고 미사기도Drogo Sakramentar나 아일랜드 섬양식 필사본, 특히 오토기 게로 코덱스Codex Gero나 에그베르트 코덱스Codex Egberti와 매우 비슷하며, 건축적 요소와 식물 문양이 한데 뒤섞여 복잡하면서도 신비로운 느낌을 자아낸다. 각 장마다 색채의 규격화, 테두리 크기, 기하학적 식물 문양, 도식화된 인물 등이 필사본 전체의 안정감과 통일감을 형성하는데 크게 기여하고 있다. 특히 윤곽선과 복식의 표현 등에서 카롤링 시대 필사본의 전통적인 방식을 고수하고 있는 것으로 관찰되지만, 2차원적인 배경 처리, 배경색의 통일, 동일 인물로 느껴질 만큼 엄격한 표정의 질서, 최소한의 상징적 표현과 서명 등 생략과 축소의 기법을 사용하여 오토기 필사본 스타일이 돋보인다. 또한 기본적인 구성과 색채를 통일하여 안정감이 느껴진다. 추후에 추가된 것이지만, 비잔틴 양식을 한 권의 책에서 볼 수 있다는 것도 미술사적으로는 매우 귀중한 사례이다. 라이헤나우 화파의 필사가 루프레히트는 이 아름다운 필사본 안에 자신의 서명을 남김으로써 후대의 사람들에게 루프레히트 그룹을 이끌었던 대표적인 수도사이자 필사가로서 영원히 각인되었다.

에그베르트 코덱스 Codex Egberti

『에그베르트 코덱스』는 980-993년 사이, 라이헤나우 베네딕트 수도원에서 제작된 것으로 추정된다. 시편과 마찬가지로 에그베르트가 대성당 미사 중에 사용할 목적으로 이 필사본을 주문하였다. 역사가들에 의하면, 에그베르트는 10세기 후반, 가장 위대한 예술 애호가이자 서적 수집가 중 한 사람으로서 트리어 사원에 살면서 동시대 필사가들과 교신하며 지냈으며, 또한 당시 서유럽 예술의 가장 중요한 중심지 가운데 하나였던 라이헤나우 베네딕트 수도원의 수도사들과 함께 많은 일을 했던 것으로 알려져 있다. [34]

에그베르트 코덱스는 그레고리 마스터로 알려진 익명의 필사가와 라이헤나우 베네딕트 수도원의 수도사들^{필사가들}이 제작하였다. 그레고리 마스터가 직접 필사한 7점의 채색 삽화에는 그의 뛰어난 지식과 재능이 고스란히 담겨 있으며, 나머지 채색 삽화는 라이헤나우 베네딕트 수도원의 수도사^{필사가} 케랄드와 헤리베트가 완성한 것으로 전해진다. 에그베르트 코덱스는 예수 그리스도의 전 생애가 묘사된 채색 삽화 가운데 가장 오래된 복음서이다. 그리스도의 생애 가운데 중요한 사건들이 시간의 흐름대로 묘사되어 그리스도의 삶에 대해 쉽게 이해할 수 있도록 제작되었다. 또한 60개의 채색 삽화를 포함하고, 삽화의 장면마다 풍부한 황금색과 은색으로 채색되어 있다. 숭고하고 영적인 표현으로 가득한 이 필사본은 '라이헤나우 화파'라는 관용어를 제공하도록 디자인된 스타일과 보편적으로 그레고리 마스터라고 알려져 있는 두 가지 스타일이 혼재되어 있다.

에그베르트 코덱스는 18세기까지 트리어의 성 바울 성당에서 보관하고 있었으나 제 2차 세계대전 동안 트리어의 팔리엔 구역에 있는 폭탄 방지 터널로 이동되었다. 그 후, 더욱 안전하게 보관하기 위한 이유로 독일의 기센 대학교 Justus-Liebig-Universität Gieβen 도서관으로 옮겨졌다. 도서관은 2차 세계대전 중에 폭격으로 크게 파괴되었지만, 코덱스는 기적적으로 파손되지 않았으며 현재 트리어 시립도서관cod.24에 소장되어 있다. 에그베르트 코덱스는 오토기의 성서 필사본들과 함께 2000년대에 이르러 유네스코 세계문화유산으로 등재되었다.

한편, 에그베르트 코덱스의 제작 장소에 대한 세부적인 문제는 열린 결말에 놓여있다. 에그베르트가 신뢰하는 서기관이자 필사가인 그레고리 마스터가 라이헤나우 베네딕트 수도원에서 필사본을 제작했는지, 아니면 에그베르트 코덱스를 제작하는 동안 트리어에서 일했는지는 여러 학자 사이에서 계속 논의되어 왔으며, 여전히 확실한 결론이 나지 않았다. 그레고리 마스터의 호적등기소장을 살펴보면, 그가 트리어에서 일했다는 기록이 남아있으며, 라이헤나우 베네딕트 수도원의 두 수도사인 케랄트와 헤리베트의 흔적도 남아있기 때문에 제작 장소에 대한 문제는 더욱이 불분명하다. 학자들에 의하면 두 필사가가 라이헤나우의 베네딕트 수도원이 아닌 그레고리 마스터와 함께 트리어나 에그베르트 대주교 가까이에서 필사작업을 했을 가능성도 배제할 수 없다는 것이다. 또한 원고 자체의 문체적인 차이로 인해 이러한 복잡성은 더욱 증가된다. 그러나 대체적으로 많은 학자들은 다수의 채색 삽화와 원고의 문체를 정교하게 살펴보았을 때, 대부분의 삽화가 라이헤나우 베네딕트 수도원에서 두 수도사들^{필사}가 케랄트와 헤리베트에 의해 제작되었을 것에 더 큰 무게감을 둔다.³⁴

에그베르트 코덱스의 필사가들은 카롤링 필사본과 동로마 제국 비잔틴 예술의 영향을 받았으며, 그들만의 새로운 스타일을 개발하였다. 코덱스는 황금색과 자주색으로 채색된 주교의 전신상으로 시작한다. 에그베르트의 발치에는 주교에게 필사본을 헌정하는 라이헤나우 베네딕트 수도원의 두 수도사^{필사}가가 그려져 있으며, 그 뒤로 네 복음사가들에 대한 네 가지 장면 묘사가 이어진다. 여기에 51개의 서사 장면에서 예수 그리스도의 탄생, 기적, 수난과 죽음, 승천까지 그리스도의 전 생애가 시간의 흐름대로 묘사되어 있다.

두 수도사^{필사}가가 에그베르트 대주교에게 필사본을 헌정하는 장면에 그들의 서명이 적혀있어, 필사본의 주문자 및 제작자에 대한 정보를 알 수 있다. 가장 바깥에는 금색과 자주색으로 채색된 직사각형의 얇은 테두리가, 그 안쪽으로는 자주색의 배경이 전체적으로 채색되어 있다. 그리고 금색과 자주색으로 명암을 넣은 식물 장식과 직사각형의 작은 테두리가 묘사되어 안쪽과 바깥쪽을 구분하고 있다. 중앙에는 주교가 앉아서 정면을 바라보고 있으며, 주교 무릎 아래 양쪽으로 두 수도사가 묘사되어 있는데 그들은 주교보다 매우 작게 그려져 있다. 이것은 등장인물의 중요도에 따라서 의도적으로 크기를 구분하여 묘사한 것으로 보이며, 인물의 크기를 의도적으로 달리한 것은 오토기 필사본에서 뿐만 아니라 비잔틴 필사본이나 카롤링 필사본 등에서도 전통적으로 묘사되는 표현 방법이다.

수도사들 필사가이 주교에게 필사본을 헌정하는 장면은 에그베르트 시편에서도 찾아볼 수 있으며, 시편과 마찬가지로 에그베르트 코덱스에서도 2차원적인 배경 처리와 주조색을 정하여 색채를 규격화하고, 최소한의 상징적 표현과 서명 등 생략과 축소의 기법을 적절히 사용하고 있다. 그레고리 마스터가 디자인한 삽화 배경은 라이헤나우 베네딕트 수도원의 필사가들이 채색한 삽화에 비해 은은한 톤으로 채색되어 있으며, 인물 표정과 동작이 세밀하고 흥미진진하게 묘사되어 있다. 부드러운 파스텔 색채의 조화, 강약의 대비가 극도로 섬세하고 세련된 채도의 솜씨, 금색과 은색을 적절하게 섞은 색채의 조합은 독특하고 신비로

〈그림 18〉 라이헤나우 베네딕트 수도원의 수도사들이 에그베르트 대주교에게 필사본을 헌정하는 장면, 에그베르트 코덱스

〈그림 19〉 나자로의 부활, 에그베르트 코덱스

〈그림 20〉 십자가에서 내려지는 예수 그리스도, 에그베르트 코덱스

운 분위기를 자아내며 이 마스터의 천재성을 가늠해볼 수 있는 대목이다.[36]

그레고리 마스터가 감독한 채색 삽화 가운데 몇 장면을 살펴보면, 그 특징을 더 정확히 알 수 있다. 예수 그리스도가 나자로를 부활시키는 성경 구절이 묘사된 채색 삽화에는 인물들 머리 위에 금색의 라틴어로 정보를 더하고 있어 어떠한 사건을 묘사했는지 추측케 한다. 그림 중앙에는 두 여인이 등장하는데 성경에 묘사된 마르타와 마리아다. 마리아는 예수 그리스도의 발에 엎드려 "주님, 주님께서 여기에 계셨더라면 제 오빠가 죽지는 않았을 것입니다."라고 말하는 구절(요한 11, 31-37)과 그녀가 예수님의 발에 엎드려 있는 사이 마르타가 나자로가 부활된 모습을 보고 깜짝 놀라 그를 쳐다보고 있는 장면이 묘사되어 있다. 마르타는 예수님께 나자로가 이미 무덤에서 죽은 지 사흘이나 되어 냄새가 난다고 이야기하였고, 나자로가 살아서 돌아오지 못할 것이라 생각했는데 그가 살아나자 놀란 표정을 짓고 있는

것이다.(요한 11, 38-44) 제자들과 주변 인물들 또한 예수 그리스도가 행한 기적에 놀라운 표정을 짓고 있으며, 동시에 천으로 감싸진 채, 지금 막 관속에서 부활한 나자로가 예수 그리스도를 응시하고 있는 것처럼 보인다. 성경 구절에 따라 중요한 인물들을 중앙에 배치하고, 불필요한 부분은 축소 생략하여 사건이 더욱 강조되어 드러난다. 이렇듯 만약 글자로 정보를 더하고 있지 않는다 하더라도 독자로 하여금 어떠한 장면을 묘사한 것인지 충분히 추측케 한다.

에그베르트 코덱스는 그리스도의 삶에 대한 광대한 묘사가 주를 이루고 있는데, 어떠한 필사본을 참고하였는지 정확히 알려지지 않았지만, 아마도 4-5세기경 고대 로마의 필사본일 것일 것으로 추측된다. 라이헤나우 화파의 필사본 가운데서도 가장 웅장한 필사본인 에그베르트 코덱스에서 어떠한 이유로 그레고리 마스터의 스타일이 후기 오토기 필사본 스타일로 채택되지 않았는지는 불분명하다. 에그베르트 시편과 에그베르트 코덱스에서 드러나는 라이헤나우 화파의 스타일은 차후 라이헤나우 화파 세 번째 그룹인 리우타르 그룹의 성서 필사본에서 더욱 두드러지게 나타나게 되며, 이것은 오토기 필사본의 훌륭한 모범이 되기에 이른다.

오토 3세의 복음서 Evangeliar Ottos III

『오토 3세의 복음서』는 오토 3세의 후원 아래 라이헤나우 베네딕트 수도원에서 제작되었다. 그러나 오토 3세가 젊은 나이에 사망하였기 때문에, 필사본의 완성은 보지 못한 것으로 추측된다. 필사본은 그의 사후, 하인리히 2세의 집정 시기인 1000년경에 완성되어 하인리히 2세가 밤베르크 대성당에 헌정한 것으로 알려져 있다. 오토 3세의 복음서는 1803년까지 밤베르크 대성당에 보관되었다가 독일 정부의 국유화 과정 중에 옮겨져 현재는 뮌헨의 바이에른 주립도서관Bayerische Staatsbibliothek , Clm 4453에 소장되어 있다. 오토 3세의 복음서는 오토기의 다른 필사본들과 마찬가지로 2000년대에 이르러 유네스코 세계문화유산에 등재되었으며, 라이헤나우 화파의 전성기를 이끈 리우타르 그룹의 화려하고 세련된 예술적 감각과 극치를 보여주는 대표적 필사본이다.[37]

필사본의 크기는 33.5×24cm이며, 전체 278페이지로 구성되어 있다. 그 가운데 두 페이지에 걸친 채색 삽화, 34페이지의 전면 채색 삽화, 12개의 캐논 테이블 등 총 30개 이상의 채색 삽화가 묘사되어 있다. 삽화에는 오토 3세의 전신상, 네 복음사가의 전신상, 그리스도의 생애 등이 묘사되어 있으며, 매우 광범위하고 폭넓은 구성으로 이루어져 있다. 특히 두 페이지에 걸친 오토 3세와 주변 인물들에 대한 묘사 장면은 성 에메람 수도원St. Emmeram 『아우레우스 코덱스』Codex Aureus of St. Emmeram의 채색 삽화 스타일을 착안한 것으로 보인다. 대부분의 채색 삽화는 한 장면마다 전체 페이지를 장식하며, 황금색 배경이 특징이다. 배경의 빛나는 광채는 천상의 숭고하고 초월적인 아름다움의 세계를 필사본에서 구현하기 위한 하나의 묘사법으로 생각된다.

두 페이지에 걸친 채색 삽화에서 오른쪽은 신성로마제국의 황제 오토 3세와 그를 보좌하는 네 명의 인물이, 왼쪽은 황제를 알현하는 네 명의 여인이 묘사되어 있다. 오토 3세는 정면을 응시한 채 왕좌에 앉아 있으며, 양쪽으로 그를 보좌하는 인물들이 커튼으로 닫힌 궁전 기둥 앞에서 황제를 바라보고 있다. 신하들은 모두 오토 3세를 응시하고 있어, 이 장면에서 누가 주인공인지를 분명하게 보여준다. 황제는 녹색과 붉은색의 화려한 다색 커튼으로 장식된 건축 구조물 앞에 당당하고 근엄하게 앉아있다. 또한 그를 보좌하는 인물들과 다르게 붉은 머리카락으로 묘사되어, 그의 특별하고 고귀한 신분을 짐작케 한다. 오토 3세의 오른손에는 로마의 황제였던 아우구스투스의 독수리 지팡이를, 왼손에는 십자가로 장식된 스파이라Sphaira, 그리스어로 돔을 뜻한다를 쥐고 있다. 이는 제국주의에 대한 황제의 권위와 위상을 드러냄과 동시에 황제는 천상의 초월적인 존재임을 강조하는 의도로 생각된다.

    로마나 동로마시대를 비롯해 중세 사회의 복식은 곧 신분을 상징하는 것이었으므로 황제의 복식과 화려한 보석으로 장식된 왕관은 그의 지위를 직접적으로 드러낸다. 오토 3세의 의복은 로마시대와 동로마 제국의 비잔틴풍의 복식이 혼합되어 있는 것으로 보이며, 로마시대의 흰색 토가 혹은 튜닉과 녹색 로브를 착용한 모습이다. 녹색 로브를 두른 황제는 동로마 제국의 팔루나멘툼Paludamentum의 복식 전통을 보여준다. 팔루나멘툼은 그리스 시대의 복식이 발전되어 로마시대로 이어진 것이며, 로마시대에는 다양한 계층이 입는 일상복이었다. 그러나 동로마 제국에서는 귀족이나 황제만 특별히 입을 수 있는 복식으로 그 의미가 변화되었다. 팔루나멘툼은 토가나 튜닉 위에 사다리꼴 모양의 직물을 어깨에 두르고 오른쪽 어깨에 피불라fibula로 고정시키는 형태가 일반적이다. 또한 황금색 밑단과 다양한 색상의 보석이 수놓아져 있는 묘사 역시 비잔틴 스타일이다.[38]

〈그림 21〉 오토 3세와 그를 알현하는 네 지방의 의인화, 오토 3세의 복음서

오토 3세의 주위로 보좌하는 네 인물 가운데 주교복을 입은 두 명의 성직자는 높은 지위를 나타내는 복식을 갖춰 입고 있으며, 그들의 머리색, 수염에 대한 묘사로 나이 차이가 구분된다. 군인으로 추정되는 인물들은 짧은 튜닉을 입고, 검과 창, 방패를 든 채 긴 부츠를 신고 있다. 그들의 대한 자세한 정보는 나와 있지 않아 좀 더 연구해 볼 필요가 있지만, 추정컨대 네 명의 인물은 제국의 성직자와 군인으로서 오토 3세를 보좌하던 중요한 위치의 인물이었을 것으로 생각된다.

그림 왼쪽에는 로마Roma, 갈리아Gallia, 게르마니아Germania, 스클라비니아

Sclavinia가 여성으로 의인화되어 황제를 알현하고 있다. 네 명은 화려하게 장식된 왕관을 쓰고, 긴 머리카락을 늘어뜨린 채, 로마시대 복식인 로브와 비잔틴풍 의상을 입고 있으며 맨발로 황제를 향해 행렬하고 있다. 왕관이 쓰여진 그녀들의 머리 위에 라틴어로 지방 고유명이 적혀있어 지역적 정보를 쉽게 확인해 볼 수 있다. 그녀들은 황제에게 충성과 공경의 의미로 바칠 선물을 들고 있으며, 시선과 동작은 모두 황제를 향한다. 이러한 동작과 시선 처리의 섬세한 묘사로 인해 두 페이지의 장면이 황제를 중심으로 하나의 큰 장면을 위해 연출된 것임을 유추해 볼 수 있다.

가장 먼저 여인으로 의인화된 로마가 보석으로 가득 찬 금 그릇과 함께 앞장서서 나머지 무리를 이끌고 있는데, 다른 인물들과 달리 그녀의 손은 긴 붉은 천으로 덮여 있다. 로마가 손에 걸친 붉은 천은 예수 그리스도의 탄생과 수난 및 희생을 상징하는 피, 즉 빨간색과 연관 있어 보인다. 로마는 오토기 황제들에게 제국을 통치하는데 있어 전략적으로나 신학적으로 매우 중요한 지정학적 위치였다. 황제들은 스스로 신성하고 위대한 로마제국의 전통을 이어받은 후손이라고 생각했기에 통치기간 동안 로마는 그들 자신의 업적을 성취하고 드러내야할 장소로서 매우 중요하게 생각했다. 때문에 로마가 가장 먼저 앞자리에서 황제를 알현하는 것은 다분히 의도적인 연출로 판단된다.

로마 뒤를 따르는 두 번째 여인은 손에 종려나무 가지를 쥐고 있는 갈리아다. 종려나무의 의미는 성경에서 예수님의 예루살렘 입성, 즉 세계의 구원과 평화를 가져오는 메시아에 대한 상징이다. 즈카르야서 9장 9절, 마태복음 21장 1-10절(마르코 11,1-11, 루카 19,28-38, 요한 12,12-19)에는 어린 나귀를 타고 예루살렘에 입성하시는 예수님을 종려나무 가지를 들고 환영하는 군중들이 높은 곳에서 오시는 호산나! 라고 외치며 예수님을 맞이하는 구절이 적혀있다. 4세기경에 쓰여진 『에게리아의 순례기』에서도 예수님의 예루살렘 입성과 그리스도교인들이 예루살렘을 순례한 기록이 전해진다. 갈리아Gallia 또는 골Gaul 지방이라고 불리는 이 지역은 로마제국이 멸망하기 이전까지 현재의 프랑스, 벨기에, 스위스 그리고 라인강 서쪽의 독일을 포함하는 지역을 가르킨다. 갈리아의 원 거주민은 켈트족이었으며, 갈리아라는 지명의 유래도 켈타이Geltae를 라틴어로 옮긴 것이다. 서로마 제국의 멸망 후에 갈리아 지역의 로마시대 문화 및 새로운 지배계층의 문화, 갈리아 지방 고유의 전통 등이 혼합되어 갈리아 로마 문화로 발전하게 되었다. 갈리아 귀족인들은 메로빙 시대까지는 그들의 문화와 명칭을 지킬 수 있었고, 메로빙 시대의 문서에서 갈리아라는 명칭과 어구를 찾아볼 수 있다. 그러나 메로빙 시대의 쇠퇴 후, 카롤링 시대로 접어들면서 갈리아는 프랑키아로 표현이 대체되었다. 오토 왕조 시대에 갈리아 지방은 신성로마제국의 영향권 아래 놓이게 되었다. 갈리아는 로마와 독일 지역을 잇는 중간에 위치하였기에, 오토 3세에게는 로마와 마찬가지로 지정학적으로 중요한 곳이었다.

세 번째 여인은 화려한 보석으로 장식된 풍요의 뿔코르누코피아, cornucopia을 들고 있는 게르마니아다. 코르누코피아는 로마신화에서 유래하는데 꽃, 잎, 과일 등을 넘치게 담았던 뿔 그릇이다. 로마 풍요의 여신인 코피아copiae가 지니고 있는 물건이었으며, 헤라클레스가 강의 신 아켈로우스의 뿔을 **빼낸** 후에 요정들의 꽃과 과일 등을 가득 담아 여신에게 바쳤다는 신화가 전해진다. 그리스도교적인 관점에서 본다면 로마 신화 속에 나오는 코르누코피아가 묘사된 것은 다분히 이교도적일 수 있으나, 로마시대에 그리스도교를 국교화하고, 그 과정에서 자연스럽게 로마 문화와 그리스도교 문화가 혼합된 것으로 볼 수 있을 것이다. 풍요의 뿔은 말 그대로 풍요와 번영의 상징으로써 황제에게 바쳐진 것과 동시에 이 절대자의 집정기간 동안 각 지방은 풍요와 번영으로 평화가 이루어질 것이라는 다중적인 의미도 내포되어 있는 것으로 추측된다. 풍요의 뿔은 매우 드물지만 라이헤나우 베네딕트 수도원에서 제작된 다른 필사본의 채색 삽화 속에서도 드물게 찾아볼 수 있다. 지도로 본다면 게르마니아는 갈리아 지역의 오른쪽에 위치해 있고, 이곳에 터를 잡은 지역민들은 게르만족이다. 오늘날 스웨덴과 덴마크에 해당되며 독일인들의 조상이기도 하다.

마지막으로 네 번째 여인은 스클라비니아이다. 그녀는 손에 황금 구체를 들고 있다. 황금 구체는 황제가 들고 있는 우주와 세상의 지배자로서 묘사된 구체와 매우 유사하다. 화려한 황금빛 구체를 들고 황제를 알현하는 스클라비니아는 현재 세르비아, 크로아티아, 보스니아 지역 등이며 슬라브족들이 정착하여 살았던 곳이다. 슬라브인들은 5세기경 발칸 반도에 나타났으며, 그 이전, 발칸반도에는 일리리아인이나 켈트인이 거주하고 있었다. 그러나 로마제국이 쇠퇴하고 게르만족이 서유럽으로 대거 이동하게 되면서 이 지역에 슬라브인들이 정착하였다. 그들은 계속해서 서쪽으로 이동하여 동로마 제국의 다뉴브

강에 도달했으며, 후에는 동로마 제국으로 이주하는 슬라브인들도 생겨났다.

　그녀들은 각각 귀중하고 다양한 선물과 함께 승리의 왕관을 쓴 황제를 축하하며, 그를 알현하기 위해 행렬하고 있다. 네 명의 머리색과 피부색은 그 당시 각 지역민들의 특징을 고려하여 서로 다르게 묘사되었다. 복식은 로마와 비잔틴풍 스타일로, 얼굴 표정과 동작, 인체의 비례 등은 도식화되어 통일성이 느껴지나 머리 색상, 피부색, 복식의 채색과 디자인, 공물의 종류를 달리 묘사하여 각 지역이 상징하는 바를 특징적으로 섬세하게 표현하였다.

　이 그림에서 네 지역이 의인화된 것은 지정학적으로 신성로마제국의 왕권과 교권을 강력하게 다스리는데 매우 중요한 위치였기 때문으로 생각된다. 즉 그리스도교를 통하여 신성로마제국의 왕권과 각 지역의 연합을 더욱 견고히 하고자 하는 의도적인 연출로 추측된다. 도상학적인 측면에서는 예수 탄생과 동방박사의 경배와도 매우 비슷하며, 동방에서 온 세 명의 박사가 그리스도께 선물을 바치는 성경 구절을 착안한 것으로 추측된다. 성서 장면을 모티브로 황제를 예수 그리스도와 동일시하고, 신성한 천상의 존재이자 지상의 만물을 다스리는 황제의 정치적 권위와 신학적 위치를 드러내고 있다. 지상의 세계를 다스리는 통치자이자 우주의 지배자인 예수 그리스도와 동일시하는 대담하고 놀라운 상징주의적 표현법은 오토 3세의 복음서에서 매우 극명히 드러나고 있다.

　복음서 표지는 황금으로 도금되었으며, 갖가지 다양한 색상의 보석이 세공되어 있다. 크기는 33.8×24.5cm이고, 두께는 1.3cm이다. 표지의 뒷면은 18세기에 이르러 붉은 벨벳으로 감싸졌으며, 모서리 부분은 에나멜로 가공되었다.

복음서 표지의 화려한 보석과 수많은 진주로 세공된 장식이 가장 먼저 눈에 들어오고, 시선을 중앙으로 옮겨가면 비잔틴 스타일의 상아 부조로 조각된 성모 마리아의 죽음이 눈앞에 펼쳐진다. 극도로 치밀하게 조각된 이 상아 부조는 원래 삼부작의 일부였던 것으로 추정되며, 오토기 비잔틴 상아 조각 가운데 매우 중요한 예술품이다. 인물들의 비례는 안정감이 느껴지고, 동시에 섬세한 인체 묘사가 당시 예술가들의 뛰어난 세공 및 고도의 조각 기술을 보여준다. 캐노피canopy 바로 아래, 두 천사가 성스러운 그녀의 죽음을 알리고 있

〈그림 22〉 오토 3세 복음서의 겉표지

〈그림 23〉 보석으로 장식된 복음서 표지 정면, 오토 3세의 복음서

〈그림 24〉 복음서 표지의 상아부조 부분, 오토 3세의 복음서

고, 천사들과 함께 지상으로 내려오신 예수 그리스도가 성모를 천상 세계로 데려가기 위해 그녀를 바라보고 있다. 성모의 죽음을 애도하는 사도들과 다양한 인물의 표정과 동작, 침대에 누워있는 성모의 모습, 복식의 주름, 침대의 천 등 아주 작은 부분까지도 매우 정교하게 조각되어 있다. 상아 부조 조각은 동로마 제국 비잔틴 상아 예술품에서 조각된 전통적 방식과 상당히 유사하다. 오토기는 동로마 제국의 직물과 실크, 물건, 예술품 등이 활발하게 교역되면서 오토기 예술 스타일에도 큰 영향을 미쳤고, 새로운 예술의 활로를 불어넣는 계기가 되었다. 이 예술품은 동로마 제국과 신성로마제국 간의 활발했던 무역 및 문화적 교류의 증거로 볼 수 있을 것이다. 표지에 세공된 다양한 보석은 아마도 오토 3세의 사후, 하인리히 2세의 집정 시기에 복음서가 하인리히 2세의 소유권으로 넘겨지면서 보석과 장식이 새롭게 재배치되거나 추가된 것으로rebind 추정된다. 복음서를 완성한 후에 하인리히 2세는 이 성서 필사본을 밤베르크 대성당에 헌정한

〈그림 25〉 과부의 외아들을 살리시는 예수 그리스도, 루가 7,11-17 , 오토 3세의 복음서   〈그림 26〉 베드로의 발을 씻기는 예수 그리스도, 요한 13,6-20 , 오토 3세의 복음서

것으로 알려져 있다.

밤베르크 묵시록 Die Bamberger Apokalypse

『밤베르크 묵시록』은 오토 3세의 복음서와 함께 오토기의 대표적인 필사본 가운데 하나이다. 이 필사본이 만들어진 시기는 대략 1000-1020년 사이에 제작된 것으로 추측된다. 주문자에 대한 결정적인 단서는 명확하지 않지만, 많은 학자들은 오토 3세가 주문했을 것으로 보고 있으며, 오토 3세의 사후 하인리히 2세 집정 시기에 필사본이 완성된 것으로 추측하고 있다. 하인리히 2세

는 자신의 왕비 크니쿤데와 함께 이 필사본을 밤베르크 교구 성당인 스테판 성당St.Stephan에 헌정하였다. 밤베르크 묵시록은 오토기 새로운 스타일의 모범적인 사례로 신성로마제국의 종교적 고취와 더불어 카롤링 시대의 필사본, 그리고 비잔틴 회화를 결합한 독창적인 예술을 창조해 내었다. 아울러 밤베르크 묵시록은 오토기에 제작된 필사본 가운데 요한묵시록 전체가 묘사된 유일한 필사본이다.

이 필사본은 총 106장으로 구성되어 있으며, 그 가운데 57장의 채색 삽화 Miniaturen와 103개의 황금 이니셜이 화려하게 장식되어 있다. 필사본의 첫 장과 둘째 장에는 기증자상이 묘사되어 있으며, 〈묵시록〉 부분에서는 50장의 장면, 후미에는 전례용 복음서로서의 장면과 미덕과 악덕이라는 주제의 장면이 표현되어있다. 크기는 29.5×20.4cm이며, 현재 밤베르크 주립 도서관에 소장되어 있다. 밤베르크 묵시록을 제작한 필사가들은 리우타르 그룹Liuthar Group으로 이들은 라이헤나우의 화파 가운데 가장 마지막 그룹에 속한다.[39]

독일의 미술사학자 프란츠 쿠글러Franz Kugler, 1805-1858는 1835년에 이 화려한 필사본의 도상을 조야하고 불완전한 것으로 평가하였다.[40] 그러나 반세기 후, 푀게W.Vöge[41]와 하젤로프Arthur Haseloff[42]에 의해서 이러한 의견이 전환되었다. 그들은 밤베르크 묵시록의 도상에서 나타나는 윤곽선이 도상을 도식화시키고 있으며, 조야하고 불완전한 것이 아니라 의도적으로 이루어진 것으로 주장하였다.[43] 테오도르 폰 프리멜Th. Frimmel[44]은 밤베르크 묵시록에 대하여 좀 더 상세하게 다루었는데, 이 필사본이 당시 뛰어난 학문과 필사본 제작 기술을 보유한 곳에서 이루어진 것으로 보았고, 몇 년 후, 푀게가 이 필사본이 제작된 주체를 '화파'Schule로 명명하였다.[45] 밤베르크 묵시록이 제작된 장소에 대한 언급은 하젤로프에 의해서 이루어졌는데 그는 푀게가 화파에 의해 제작되었을 것이라고 조명한 이 필사본이 보덴제의 라이헤나우 섬에서 제작되었다는 것을 자신의 논문[46]에서 주장하였다.[47] 1920년, 스위스의 미술사학자인 하인리히 뵐플린 Heinrich Wölfflin, 1864-1945은 밤베르크 묵시록의 구조와 도상의 특징 및 표현기법을 조명하였고, 도판에 대한 해석을 서적으로 출간하였다.

밤베르크 묵시록에서 나타나는 조형적 특성을 살펴보면, 첫째, 도상을 간결하고 선명한 윤곽선으로 단순화하여 표현하고 있다. 이 선은 도상을 명확하게 묘사하여 대상의 특징을 강조하고 있다.[48] 윤곽선은 얼굴, 옷의 주름, 구조적인 평면제단이나 테이블과 같은이나 벽, 빗물, 광선처럼 보이는 선 다발 등 모든 도상에서 두드러지며, 색상의 영역을 구분하고,[49] 정리해 주는 역할을 한다. 또한 인물의 날개 가장자리나 깃털의 표현, 짐승의 가죽, 도상의 큰 모서리 등을 묘사하는 데에도 사용되었다.[50]

둘째, 색채의 표현이다. 필사본에서 도상은 서로 유사한 색을 적절히 사용하여 통일감을 이루고 있다. 도상이 좌우나 상하로 대칭된 경우에는 이러한 특징이 더욱 두드러진다. 인물들의 복식은 대부분 두 가지 이상의 색을 사용하지 않았으며 간결하게 표현하였다. 선善한 대상은 흰색과 밝은 상아색을 주로 사용하였으며, 악惡한 대상은 검붉은 색, 어둡고 짙푸른 색이 주조색이다.

바탕색은 주로 금색이나 녹색, 하늘색과 분홍색에 가까운 밝은 색조로 채색되었다. 적절히 절제된 색채 사용은 밤베르크 묵시록 전체에 조화로운 통일감을 느끼게 한다.

 셋째, 바탕화면의 분할 방법이다. 밤베르크 묵시록은 효과적인 화면분할로 이루어져 있다. 전체 화면에 도상이 표현되는 경우도 있지만, 두 가지 혹은 그 이상의 바탕색으로 나뉘기도 하는데, 이때 일직선의 명확한 선 분할과 선명한 색의 대비가 나눠지며, 선善과 악惡을 적확하게 구분하고 분리한다.

 넷째, 생략을 통한 주제의 강조이다. 화면을 구성할 때 주제의 핵심이 되는 도상만을 화면에 배치하고, 강조하려는 대상을 크게 그리거나, 다른 도상을 축소, 생략하여 주제가 분명하게 드러나 보이도록 묘사하였다. 이러한 표현기법은 비잔틴 미술의 도상에서 전통적으로 드러나는 특징이며, 밤베르크 묵시록에서 동로마 제국 비잔틴 예술의 영향을 엿볼 수 있는 부분이다.

 이 필사본에서 주목되는 간결한 윤곽선, 화려하지만 단순하고 통일감 있는 색채, 생략을 통한 주제의 강조, 도판 전체에 걸친 황금색 배경은 카롤링기의 필사본과는 확연히 구별되는 오토기 필사본의 독특한 조형적 특징이다.

 밤베르크 묵시록의 50여 장의 채색 삽화 가운데, 조형적 특성을 좀 더 자세하게 살펴볼 수 있는 몇 장의 그림을 요한묵시록 구절과 함께 소개하고자 한다. 특히 밤베르크 묵시록에서 묘사된 악마는 묵시록 구절을 참고하여 도상마다 고유한 독창적 표현이 나타난다. 용이나 사나운 짐승, 의인화된 악마, 지옥의 장소와 최후의 심판 등 성경의 구절을 충실하게 묘사하고 있어, 밤베르크 묵시록에서 악이라는 주제를 매우 중요한 소재로 삼았다는 것을 알 수 있다. 조형적인 측면에서 이 악마들은 단순화된 형태와 조화로운 색채대비를 통해 세련되고 안정된 통일감을 느끼게 한다.

밤베르크 묵시록의 채색 삽화에서 여인과 용의 첫 번째 장면 묘사를 살펴보면, 화려한 황금색 배경 위, 여러 개의 머리와 뿔이 달린 괴기스런 용이 두 눈을 부릅뜨고 붉은 혀를 날름거리며 여인의 팔에 안긴 사내아이를 낚아채려 한다.(그림 27) 요한묵시록 여인과 용의 내용이 담겨있으며, 성경의 원문을 충실히 묘사하고자 노력한 흔적이 다분하다. 상단의 붉은 집과 그 집에서 나오는 관은 하느님의 성전과 계약 궤를 표현한 것이며, 여인과 사내아이는 교회와 그리스도이다. 우리가 기다렸던 메시아를 노려보며 삼킬 순간을 벼르는 용은 일곱 머리와 열 개의 뿔을 지녔다. 티코니우스는 그의 묵시록 주해서에서 용은 악마를, 일곱 머리는 일곱의 임금을, 뿔은 그들이 지배한 나라를 가리키는 것으로 보았다. 이 내용은 묵시록 12장 4-5절을 묘사한 것으로 용이 입을 벌리고 있으며 꼬리를 틀어 구불거리는 모습은 여인이 해산한 사내아이를 집어 삼키려는 드라마틱한 순간이다.[51]

하느님의 권좌를 향한 용의 대항은 여기서 끝나지 않는다. 용은 미카엘 대천사와 혈투를 벌인다. 하늘에서의 가장 치열한 전쟁이 시작된 것이다. 바로 묵시록 12장 7-12절 장면이다.(그림 28) 밤베르크 묵시록에서 미카엘 대천사와

〈그림 27〉 여인과 용, 밤베르크 묵시록

〈그림 28〉 미카엘과 용의 전투, 밤베르크 묵시록

용의 전투는 완벽한 좌우대칭과 상·하단의 구분으로 선악의 상징체계를 강조하여 보여준다. 즉 천사는 상단에, 악마인 용은 하단에 배치하여 신성한 존재와 부정한 대상의 구분이 한눈에 드러난다. 미카엘은 이스라엘과 지상을 보호하는 대천사이며, 용은 엠마누엘의 어머니와 그의 모든 후손을 없애버리려는 목적을 지닌 악마이다. 프리마시우스Primasius의 묵시록 주해서에 따르면 하늘에서의 전쟁(묵시록 12,7)에서 하늘은 영적인 악悪과 싸우는 교회를 가리키는 것으로 보았다. 또한 미카엘 대천사는 하느님의 조력자로 하느님의 뜻에 따라 교회를 도와 악마와 싸우는 임무가 주어졌다고 해석하였다. 미카엘 대천사와 싸우는 용은 원초적인 뱀, 창세기가 전하는 하느님의 경쟁자, 우상숭배를 야기하는 악마이자 사람들에게 덫을 놓아 우리를 하느님으로부터 단절시키려 하는 사탄으로도 불린다. 용은 앞발로 미카엘 대천사의 창을 막으며 필사적으로 저항해 보지만 결국은 땅으로 추락하고 만다.[52]

여인과 용의 주제는 밤베르크 묵시록에서 세 장면에 걸쳐 묘사되었다. 마지막에 해당되는 그림은 용을 피해 날개를 펼쳐 날아가고 있는 여인이다.(그림 29) 여인과 용의 첫 번째 장면에 등장하는 여인과 동일하며, 용 또한 같다. 그림에서 용은 사내아이를 해산한 여인을 뒤쫓아 그녀를 물로 공격하려 한다. 이때 땅이 여인을 도와 용이 내뿜는 강물을 다 마셔버렸다. 용이 뿜어내는 강물이 여인에게 미치지 못하는 것은 악마의 계획이 실패하는 것으로 볼 수 있다. 여기서 용은 화려한 황금색에 가까운 색채로 묘사되었는데 이것은 인간에게 우상숭배를 부추기는 화려한 유혹자이자 영원불멸의 존재인 악마의 속성

〈그림 29〉 광야에서 여인을 쫓는 용, 밤베르크 묵시록

〈그림 30〉 바빌론의 대 탕녀, 밤베르크 묵시록

을 색채로 표현한 것이다. 오이쿠메니우스는 그의 주해서에서, 사탄인 용이 자신이 천사의 지위에서 떨어진 것을 알자 인류에게 큰 원한을 품게 되었고, 인류의 구원자를 낳은 여인을 죽이려는 것으로 보았다. 프리마시우스는 날개를 지닌 여인은 성경에 대해 가르침을 받고 계명을 배우는 교회로 해석하였다. 묵시록 여인과 용의 주제를 세 장면으로 나눠 묘사한 그림을 살펴보면(그림 27, 28, 29), 묵시록의 서술에 따라 악마의 특성이 섬세하게 묘사된 것을 알 수 있다. 악마인 용을 이미지화하는 것은 밤베르크 묵시록 필사가들에게도 매우 중요한 과제였던 것으로 추측된다. 밤베르크 묵시록의 용은 결국 지옥으로 추락하고 말았다. 용의 추락은 죄를 짓는 인간들과 악의 무리들에게 하느님의 권좌를 넘본다면 결국은 유황불의 끔찍한 지옥으로 떨어지고 말 것이다! 라는 강력한 경고인 것이다.[53]

그 밖에도 밤베르크 묵시록에는 메뚜기나, 의인화된 악마, 두 짐승, 바빌론의 탕녀와 같은 악마의 묘사가 두드러진다. 〈그림 30〉은 묵시록 17장 1-18절에 등장하는 악을 함축적으로 묘사한 것이다. 특히 3-6절에 집중하여 대 탕녀인 바빌론과 진홍빛 짐승을 그려 넣었다. 오이쿠메니우스의 주해서에 따르면, 현세의 종말과 대 탕녀에게 내릴 '심판'의 모습은 그 여자가 추구하며 살았던 삶과 행동의 결과로 탕녀가 불륜을 저지른 것은 하느님을 배신하고, 우상숭배의 광란에 빠진 것으로 해석하였다. 여인이 입고 있는 자주색 옷은 호화롭고 찬란하며, 여인이 금, 진주 등의 보석으로 몸치장을 한 것은 매혹적인 자태로 인간들을 불경과 우상숭배의 길로 유혹하는 것을 암시한다. 또한 여인이 앉아 있는 진홍빛 짐승은 일곱 개의 머리와 열 개의 뿔을 가진 자로서 13장 1절의 짐승과 연계되어 있고, 악마의 잔학함과 흉포함을 드러내 주는 것으로 보고 있다.

〈그림 31〉 최후의 심판, 밤베르크 묵시록

밤베르크 묵시록 최후의 심판 장면에는(그림 31) 전체 채색 삽화의 장면 가운데 가장 많은 수의 등장인물이 묘사되어 있다. 상단 중심에는 메시아인 예수 그리스도와 천사들, 12사도, 예수 그리스도 아래로 그의 재림을 알리는 두 천사, 양쪽으로는 지상의 인간들, 그리고 죽음에서 부활하고 있는 인간 등 총 66명이 묘사되어 있다. 최후의 날에 우리를 심판하러 오실 메시아에 대해 요한묵시록에서는 하느님과 메시아라는 두 단어를 번갈아 가며 사용하였다.(요한묵시록 6장 10절, 16장 7절, 19장 2절 참고.)

저자가 두 개념을 모두 수용하여 그리스도와 하느님의 일체성을 강조하고 심판의 실재를 더욱 완전하게 드러내고자 한 것으로 보인다.[55] 그림에서 지상의 인간들은 모두 두 천사가 펼친 두루마리로 시선이 향해 있다. 이것은 묵시록에서 '높은 사람이나 낮은 사람 할 것 없이(묵시록 20,12)'라는 구절을 참고하여 모두가 메시아의 심판을 기다리는 장면을 묘사한 것으로 생각된다. 다양한 사람들이 한데 섞여 심판을 기다리거나 이미 받고 있으며, 특히 가장 오른쪽에 위치한 갈색 옷의 남자는 악마에 의해 쇠사슬에 묶여 지하세계로 끌려가고 있다. 남자의 옷차림으로 보아 높은 신분의 성직자나 귀족으로 세속적인 권력을 지닌 인물이었을 것이다. 남자가 악마에 의해 끌려 들어가는 장면을 지켜보는 한 여인은 '책에 기록된 자기들의 행실에 따라 심판을 받는다.'(묵시록 20,12)라는 내용을 참고한 필사가들의 상상력이었을 것으로 생각된다. 아울러 하단에는 창백한 피부를 가진 이들이 관에서 일어나 최후의 심판을 받기 위해 부활한 것으로 보인다. 그림 왼쪽 하단, 사도 요한이 심판 장면을 목격하는 기록자이자 증인으로서 묘사되었다. 최후의 심판이 묘사된 이 장면은 하느님의 절대 선과 그로부터 심판을 받는 사람들, 그리고 종국에는 악의 영원한 패배가 명백한 주제임을 드러내고 있다.

  카롤링 필사본의 조형적 특징이 단순하고 소박한 형태, 서사적인 표현방법 등이 주를 이룬다면 오토기 필사본은 카롤링기의 전통에 그들만의 독창성과 예술성을 부여하여 새로운 양식을 만들어냈다. 특히 오토기 채색 삽화의 클라이막스를 보여주는 밤베르크 묵시록의 악마는 뿔이 여럿 달린 용, 뱀, 거짓 예언자, 붉은 짐승, 탕녀, 사탄 등으로 표현되었다. 그들의 외형에서 드러나는 단순화한 형태와 조화로운 색채대비는 세련되고 안정된 통일감을 느끼게 한다. 또한 리우타르 그룹의 필사가들은 중세의 선과 악에 대한 상징적 의미 체계를 분명히 인식하고 있었던 것으로 추측된다. 화면에서 하늘과 가까운 곳에는 선의 존재를, 땅과 가까운 곳에는 악의 세계를 그려냄으로써 중세의 이분법적 사고관을 필사본 안에 구현해 내었으며, 색채로 선·악을 구분하고 각자의 도상이 상징하는 바를 고려하여 도상을 채색하였다. 이것은 당시 리우타르 그룹의 필사가들이 요한묵시록에 대한 뛰어난 해석과 악마를 표현하는데 있어 기법적으로 괄목할만한 능력이 있었음을 방증하는 것이다. 이로써 밤베르크 묵시록의 용은 하느님의 초월적 세계와 승리를 드러내기 위한 매개체로서, 동시에 독창적이고 개성적인 존재로서 영원히 남게 되었다.

  요한묵시록에서 드러나는 짐승이나 탕녀, 용과 같은 악의 상징들은 묵시록이 집필되었을 당시 어두운 시대적 상황과 맞물려 있었을 것으로 생각된다. 로마의 네로 황제나 도미티아누스 황제에 이르러 그리스도교인들에 대한 박해가 잔인하게 이루어졌으며, 그 시대를 살아가는 그리스도교인들에게는 구원의 메시지와 희망이 절실히 필요한 시대였다. 여러 철학자가 다룬 종말론적 논제들은 중세 수도원을 중심으로 탐구되었고, 수도원이라는 커다란 공동체는 중세의 신학적, 철학적 사유의 근간을 구성하는 옛 원전들을 필사하고 주석을 달았으며, 새로운 사유로 발전시켰다. 또한 밤베르크 묵시록이 제작된 1000년경은 모든 영역에서 전환기였다. 때문에 오토 3세나 하인리히 2세에게도 묵시록적 사상과 주제는 매우 중요한 의미를 지닌 것이었다. 요한묵시록은 최후의 심판과 인간의 영원한 운명에 대한 묘사로 끝난다. 죄인들이 불과 유황이 타오르는 불못에 던져지고, 선한 자들은 천국의 예루살렘에 들어간다는 내용은 그리스도교인들에게 두려움과 회개하려는 마음을 안겨주었다. 1000년경의 사람들은 문맹자가 많았고, 그들이 자신이 살고 있던 시대의 종말론을 정확히 이해했다고 결론 짓기는 쉽지 않다. 그러나 그들은 교회의 설교, 최후의 심판을 주제로 하는 성당 팀파눔이나 조각, 그리고 당시 대중문화와 시대적 상황 속에서 자연스럽게 종말론적 분위기를 감지할 수 있었을 것이다. 묵시록에서 악마는 거짓 예언자, 탕녀, 사탄, 용, 짐승, 뱀 등으로 방대하게 묘사되어 있다. 악마는 하느님께 대항하여 그분의 권좌를 노리며, 그리스도께로 향하는 우리의 신앙을 방해하고 덫을 놓지만, 종국에는 영원한 지옥으로 추락하고 만다.[56] 라이헤나우 화파의 세 번째 그룹인 리우타르 그룹이 제작한 밤베르크 묵시록은 하느님의 초월적 세계와 그 특별한 승리를 드러내기 위한 악마를 독창적으로 그리는 데 성공하였으며, 오토기를 대표하는 최고의 필가가들로 기억될 수 있었다.

오토기 필사본을 제작한 수도사들과 필사가들은 카롤링 시대의 필사본 전통과 비잔틴 예술을 받아들이고, 고대 로마 예술에 대한 해석과 그들 나름의 독창적인 기법 및 열정으로 새로운 스타일을 시도하였다. 점진적인 변화 단계를 거쳐 독특하고 새로운 양식의 예술로 자리 잡게 된 것이다. 라이헤나우 화파인 에버넌트 그룹과 루프레히트 그룹, 리우타르 그룹이 제작한 필사본들은 오토기 필사본의 변화 과정을 단계적으로 잘 드러내 주고 있다. 카롤링기에서 오토기로 막 접어들었을 당시의 게로 코덱스는 카롤링 필사본 양식의 흔적이 가장 많이 드러나며, 다양한 스타일이 혼재되어 있다. 그럼에도 불구하고 정리된 색채와 윤곽선, 인물의 간결한 묘사, 생략과 강조 등 오토기 스타일 기법이 점차적으로 드러난다.

에그베르트 시편과 에그베르트 코덱스는 게로 코덱스보다 더욱 정교해지고 세련되어졌으며 오토기 스타일에 더욱 가까워졌다. 그러나 한편으로는 문체와 스타일에 대한 혼재가 여전히 남아 있어 제작 장소 및 필사가에 대한 다양한 해석이 아직 열려있음을 시사하기도 하였다.

마지막으로 라이헤나우 화파 가운데 리우타르 그룹이 제작한 오토 3세의 복음서와 밤베르크 묵시록은 오토기 필사본 스타일의 완성이라고 평가받을 만큼 완벽히 정리된 색채, 선·악의 이분법적 구분과 상징적 체계의 이해, 선명한 윤곽선, 축소와 생략 및 강조의 기법 등 전체적으로 통일된 구성을 필사본 안에서 놀랍도록 아름답고 훌륭하게 구현해 내었다. 앞으로도 오토기 필사본과 라이헤나우 화파, 그들이 제작한 성서 필사본에 대한 심도 있는 연구가 계속된다면 구체적인 근거들과 함께 열린 시각으로써의 접근이 가능할 것이다.

미주

1 윌리스턴 워커, 『기독교회사』, 송인설 역, 크리스천다이제스트, p.290.
2 윌리스턴 워커, 앞의 책, p.278.
3 신성로마제국의 시조가 되는 하인리히 1세는 프랑크족의 영토를 분할하는 전통을 깨고, 자신의 아들 오토 1세가 유일한 동프랑크 왕국의 왕위를 이어받을 수 있는 조례를 발표하였다. 그 후, 오토 1세는 하인리히 1세가 사망하기 한 달 전인 936년 8월 7일, 아헨에서 귀족들에 의해 왕으로 선출되었고, 마인츠와 쾰른의 대주교들에 의해 왕관을 썼다. 그는 962년, 2월 2일에 성 베드로 대성당에서 교황 요한 12세로부터 황제의 대관을 받았다.
4 윌리스턴 워커, 『기독교회사』, p.291.
5 조세프 R. 스트레이어, 김동순 옮김, 『중세시대의 서유럽-서양문화의 기반』, p.87.
6 존 줄리어스 노리치, 『교황연대기』, pp.189-191.
7 김병용, 「10세기 후반 제국과 교회의 유대에 관하여」, 전남사학 제20집, 전남사학회, 2003.6, p.89.
8 브라이언 타이어니, 시드니 페인터 공저, 『서양중세사』, p.210.
9 쿠니쿤데 왕비, 룩셈부르크 Luxembourg의 백작 지크프리트 Siegfried의 딸, 998년경, 장래 신성로마제국의 황제가 될 바이에른의 백작 하인리히 4세 황제 하인리히 2세와 결혼했다. 1002년 파더보른 Paderborn의 여왕으로 대관戴冠을, 1014년에는 교황 베네딕트 8세에게서 여황제로 대관식을 갖고 황제 하인리히 2세를 도왔다. 황제 부부는 부부 생활을 남매처럼 동정을 지키며 살아서 자손 없이 죽었다고 한다. 그녀는 밤베르크에서 동정녀로 공경을 받고 있으며, 1200년 시성諡聖되었다. 참고문헌: 『가톨릭에 관한 모든 것』, 가톨릭대학교출판부. 2007.
10 교황 베테딕토 IX는 당시 이탈리아의 정치적 상황에 따라 교황의 재위 기간이 계속해서 바뀌었다.

11 Timo John, The Monastery Island of Reichenau in Lake Constance "Cradle of Western Culture", Eos Verlag 2006, p.9.
12 Ibid., pp.9-10.
13 Timo John, The Monastery Island of Reichenau in Lake Constanc, p.12.
14 Timo John, The Monastery Island of Reichenau in Lake Constanc, p.12.
15 Ibid., p.12.
16 Ibid., p.20.
17 Timo John, The Monastery Island of Reichenau in Lake Constanc, pp.18-19.
18 Ibid.,p.19.
19 Ibid.,p.19.
20 Ibid.,pp.29-30.
21 Timo John, The Monastery Island of Reichenau in Lake Constanc, p.30.
22 Timo John, The Monastery Island of Reichenau in Lake Constanc, pp.26-27.
23 박성혜, 「힐데스하임주교좌 대성당 베른바르트 청동문Bernwards Tür에 관한 연구-16개의 패널로 구성된 부조작품을 중심으로」, 인천가톨릭대학교 대학원 석사논문, pp.7-9 참고.
24 박성혜, 같은 논문, pp.10-14 참고.
25 John Beckwith, Early Medieval Art: Carolingian, Ottonian, Romanesque, Oxford University Press, 1974, pp.128-150참고.

26 John Beckwith, Early Medieval Art: Carolingian, Ottonian, Romanesque, Oxford University Press, 1974, pp.92-93참고.
27 야만인, 그리스도교, 이슬람교도의 시대 중세1, 움베르토에코, 시공사, pp.842-843 참고.
28 Liana Castelfranchi Vegas, Europas Kunst um 1000, 950-1050, Verlag: Schnell & Steiner, 2001,pp.49-53 참고.
29 John Beckwith, Early Medieval Art: Carolingian, Ottonian, Romanesque, Oxford University Press, 1974, pp.93-96 참고.
30 앞의 책, pp.93-96 참고.
31 앞의 책, pp.93-96 참고.
32 앞의 책, pp.96-104 참고.
33 손 글씨를 이용하여 구현하는 시각 예술. 내용을 읽을 수 있으면서 일반 글씨와 달리 상징적인 의 미, 글씨의 크기·모양·색상·입체감으로 미적 가치를 높인다.
34 Liana Castelfranchi Vegas, Europas Kunst um 1000, 950-1050, Verlag: Schnell & Steiner, 2001, pp.56-61 참고.
35 John Beckwith, Early Medieval Art: Carolingian, Ottonian, Romanesque, Oxford University Press, 1974, pp.96-102 참고.
36 앞의 책, pp.98-104 참고.
37 앞의 책, pp.104-111 참고.
38 Liana Castelfranchi Vegas, Europas Kunst um 1000, 950-1050, Verlag: Schnell & Steiner, 2001, pp.61-64 참고.
39 Liana Castelfranchi Vegas, Europas Kunst Um 1000 950-1050, p.61.
40 Heinrich Wölffrin, Die Bamberger Apokalypse, pp.8-9.
41 빌헬름 푀게 Wilhelm Vöge,1868-1952 독일의 미술사학자. 그는 스트라스부르 대학교 University of Strasbourg에서 박사논문으로 오토기 필사본 화파에 관한 획기적인 연구를 발표하였다. Ph.D.「dissertation on Ottonian painting, based on the Munich manuscript Cim.58,"the Evangelary of Otto III"」
42 아들러 하젤로프 Arthur Haseloff, 1872-1955년는 1929-1955년까지 독일의 킬 대학교 Christian-Albrechts-Universität zu Kiel에서 미술사학 교수로 재직하였으며, 중세 미술에 대한 다수의 저서를 남겼다.

43 Heinrich Wölffrin,Op.cit.,p.5.
44 테오도르 폰 프리멜Theodor Von Frimmel , 1853-1928년 : 오스트리아의 미술 사학자. 밤베르크묵시록에 관한 내용이 서술된 그의 논문은 다음과 같다. 「Die Apokalypse in den Bilderhandschriften de Mittelalters: eine kunstgeschichtliche Untersuchung」, Theodor Von Frimmel, Wien, C.Gerold's Sohn, 1885년.
45 Heinrich Wölffrin, Die Bamberger Apokalypse, pp.7-6.
46 하젤로프의 주장을 뒷받침하는 논문은 다음과 같다.
「Doktorarbeit über die Thüringisch-Sächsische Malerschule des 13」
47 Heinrich Wölffrin, Op.cit.,p.6.
48 Ibid.,p9.
49 Ibid.,p9.
50 Ibid.,p9.
51 최경진, 「밤베르크묵시록Die Bamberger Apokalypse에 등장하는 악惡의 이미지 연구」, 인천가톨릭대학교 대학원 석사논문, pp.68-71.
52 최경진, 앞의 논문, pp.71-74.
53 최경진, 앞의 논문, pp.74-76.
54 요한묵시록 6장 10절, 16장 7절, 19장 2절 참고.
55 안병철, 「요한묵시록 II」, 가톨릭대학교출판부, pp.203-204.
56 최경진, 「밤베르크묵시록Die Bamberger Apokalypse에 등장하는 악惡의 이미지 연구」, 인천가톨릭대학교 대학원 석사논문, pp.145-148.

Illuminated Manuscripts of Medieval Spain

제5장

스페인 중세 필사본
신앙으로 꽃피운 채색 세밀화

Iluminated Manuscripts of
Medieval Spain

박성혜

고야와 피카소의 나라 스페인은 '투우'라는 한 단어만 들어도 투우장의 검은 소가 내뿜는 입김과 관객들의 함성이 바로 곁에서 느껴질 듯 정열이 넘치는 나라이다. 뜨거운 정열을 지닌 스페인은 그 열정만큼이나 역사도 다난한 나라 인데, 그러한 역사를 지니게 된 배경에는 스페인의 지정학적 특성이 한 부분 을 차지한다.

스페인은 포르투갈, 안도라, 지브롤터영국령와 함께 지정학적으로 이베리아 반도로마제국 시대에는 '히스파니아Hispania'라 불림. 이후 스페인을 지칭하는 라틴어 고유명사가 됨에 위치하며 북쪽으로는 피레네 산맥을 경계로 프랑스와 접하고, 남쪽으로는 지 브롤터, 지중해 너머 아프리카와 접해 있다.육지로는 유일하게 지브롤터 만이 접하고 있다.

유럽과 아프리카를 잇는 이베리아 반도의 지리적 특성은 스페인에 원주민 이 정착하여 살기 시작한 뒤로 끊임없이 이웃 나라의 공격을 받기에 충분했 다. 유럽은 물론이고 아프리카, 멀리 극동 아시아에 이르기까지 육지와 해상 을 통해 접근하기 좋았던 스페인은 여러 나라의 침략과 전쟁으로 인해 굴곡진 삶과 함께 복잡한 역사를 가지게 되었다. 스페인은 역사가 험난했던 만큼 문 화적으로도 다양한 특성을 띠고 있다. 이는 스페인에 대한 여러 민족의 공격 과 함께 그들이 신봉하는 종교가 스페인에 정착하는 과정에서 문화적인 것뿐 만 아니라 사회 종교, 정치에서도 영향을 주고받아 문화적으로 다양한 특성이 대두되었다고 본다.

큰 틀에서 보면 스페인은 4세기 무렵 서유럽의 게르만족이 이동하자 그 영 향으로 인해 여러 민족이 거주지를 옮기게 되었을 때, 지금의 스페인이 있는 이베리아 반도에 정착한 서고트족에 의해 그리스도교가 뿌리내리게 되었다.

그리스도교 문화 위에 8세기 북아프리카의 이슬람인이 들여온 이슬람교가 스페인의 정치와 종교, 문화에 큰 영향을 주게 되어 1492년까지 그리스도교와 이슬람교가 공존하게 되었다. 스페인의 중세시대를 대변하는 그리스도교와 이슬람교는 스페인 문화의 자양분이 되었다.

그렇다면 격동하는 유럽의 형성과정 속에서 외세의 침략과 지배의 시대를 견뎌낸 스페인의 저력은 어디에서 나오며, 그들이 지금의 가톨릭 국가로 건재하게 된 이유는 무엇인가?

또, 그 안에서 그리스도교 미술이 받은 영향과 박해 시대를 살았던 그리스도교인에게 미술은 어떤 역할을 했는가?

여기에서 다루게 될 중세의 스페인은 외세의 침략과 그들 간의 문화 유입과 흡수 과정에서 빚어진 저항으로 인해 새로운 문화의 탄생을 보게 된다. 이는 문화가 지니는 배경이 서로 다를 때 나타나는 대립은 어느 정도의 충돌이 있을 수 있으나 서로 절충했을 때 예상한 것과 전혀 다른 새로운 문화 예술의 탄생을 볼 수 있다는 예시로 말할 수 있다.

스페인의 새로운 문화예술 작품은 필사본에서도 찾아볼 수 있다. 채색된 삽화가 들어있는 성경이나 전례서는 동시대의 서유럽 필사본과 비교했을 때, 사용된 색감이나 양식이 도드라져 스페인의 것과 구별된다. 그 가운데 베아투스 코멘터리는 중세 스페인 필사본의 도상 연구에 최적화된 필사본이다. 우선, 베아투스 코멘터리의 시대적 배경과 종교적 배경을 보면 외세의 침략에서 그들의 정체성을 종교적 신념으로 지켜내려 했던 스페인 국민의 신앙심과 유럽의 패권 다툼이 매우 흥미롭다. 그 틈바구니에서 성경을 필사하며 그들이 지켜내고자 했던 신앙을 시대별 지역별로 삽화 유형을 구분할 수 있고 이를 통해 어느 지역으로 영향을 주고받았는지 알아낼 수 있을 것이다. 진정 그들은 베아투스 주해서를 어떤 용도로 제작하였을까? 코멘터리로 묶어놓아 더욱 궁금해지는 이유이다.

시대적 배경

이베리아 패권 쟁탈하기

그리스도교 땅에 이슬람 입성하다

스페인의 시작은 이베리아 반도 북부 알타미라 동굴에서 찾을 수 있다. 스페인의 알타미라 동굴^{tip}에 그려진 벽화로 추정해보면, 지금의 스페인 지역에 현생 인류가 살기 시작한 것은 약 32,000년 전 선사시대라고 보고 있다.

tip

스페인어 cueva de Altamira로 "높은 곳에서 바라보는 전망"이라는 뜻이다. 후기 구석기 시대의 유적으로서 야생 동물의 뼈와 사람들의 손으로 그린 암벽화가 그대로 보존되고 있다. 알타미라 동굴은 칸타브리아 지방의 도시인 산탄데르에서 서쪽으로 30km 떨어져 있으며 세계문화유산이다.

고대古代 시기에는 이베리아족을 비롯하여 타르테시아족, 켈트족, 페니키아족, 고대 그리스족 등 여러 민족이 각기 제 문화를 이루고 살고 있었다. 그러다 2차 포에니 전쟁이 끝나고 로마제국이 지중해 쪽으로 영토를 넓혀갈 무렵부터B.C 210-205년 향후 500여 년 동안에는 로마의 통치를 받다가, 서유럽의 게르만족이 세력 확장으로 전면적인 이동을 하게 되자, 그들에게 밀린 서고트족, 수에비족, 반달족이 피레네산맥을 넘어 이베리아반도까지 들어오게 된다.415년경 그중 서고트족은 수에비족의 영토와 비잔티움제국의 영향권 아래에 있던 이베리아반도 남동쪽 일부까지 점령하기에 이르렀다.

서유럽이 게르만족의 이동으로 인해 기존의 부족과 새로운 침략자 사이에 전반적인 주권 다툼이 있을 때 아라비아 반도에서는 무함마드가 신흥종교 이슬람을 창시하여 무섭게 성장하고 있었다. 무함마드의 사후死後, 이슬람은 칼리파를 선출하여 아라비아반도 밖으로 진출하기 시작했다. 633-664년 시리아, 이라크, 북부 메소포타미아, 아르메니아, 이란, 이집트는 물론이고 우마이야 왕조Umayyad Caliphate 시대에는 서쪽으로 북아프리카의 대서양 연안까지, 동쪽으로는 중앙아시아와 인도 북서부까지 그 지배력이 미쳤다. 파죽지세의 이슬람군은 유럽으로 세력을 확장하기 위해 피레네산맥을 넘어 프랑스의 중부까지 진출하였으나 732년 푸아티에Poitiers 북방의 싸움에서 프랑크군의 저지하에 패퇴하였다.

푸아티에 전투의 패배는 유럽으로 세력을 확장하던 이슬람의 기세가 프랑스에 의해 꺾이고 유럽 장악의 꿈이 좌절되는 빌미가 되었다.

푸아티에 전투의 패배로 인해 이슬람의 유럽 진출이 난관에 부딪히게 되었으나, 이슬람군이 나름대로 동방에서의 전투를 승리로 이끌면서 중앙아시아의 지배권만은 확보하게 되었다. 751년 여름 고구려 출신의 고선지 장군이 이끈 당나라군唐軍과의 탈라스 강 전투에서 이슬람군이 대승을 거두고 중앙아시아를 차지하게 된 것이다. 비록 서유럽으로의 진출이 무산되었으나 711-718년 무렵부터 스페인 남서부와 이베리아반도의 북쪽 아스투리아스, 나바라, 아라곤의 작은 북쪽 산간 지방만 제외한 스페인 전 지역이 이슬람 왕국의 지배를 받게 되었다.

이들은 지브롤터 해협을 건너온 아랍인과 이슬람 무어인베르베르족이었으며 이슬람의 스페인 지배는 1492년 그들이 완전히 물러날 때까지 거의 800년 동안 지속 되었다.

문화가 종교를 입다

스페인은 다양한 민족들이 각기 자신의 문화를 지키고 서로 교류하면서 제 나름의 색깔을 표현한다. 문화의 고유 색깔을 표현할 때 다양한 요소가 있지만 스페인의 경우에는 종교가 중요한 몫을 차지했다. 그중에 서고트족이 받아들인 그리스도교와 아랍인과 무어인북아프리카 이슬람교인이 가져온 이슬람 문화가 서로 부딪히며 그 틈새에 유대문화까지 끼어들어 제 나름의 포용과 변형을 거쳐 스페인만의 독특한 문화가 탄생하였다.

〈그림 1〉 1000년경의 이베리아 반도

무슬림이 정복한 스페인 지역은 '알-안달루스'Al-Andalus, 안달루시아. 알 안달루스는 이후에 이베리아 반도를 통칭하는 의미로 사용되어 중세 스페인을 지칭하는 고유명사가 되었다.'라 했다. 이 알-안달루스에서 그리스도교인과 유대인은 '성지의 사람들'이라고 불리었는데 이곳이 비록 이슬람권이었지만 그들에게는 자신의 종교를 지킬 자유가 주어졌다. 하지만 이슬람의 식민지에서 그리스도교와 유대교를 지키며 살기에는 수많은 어려움이 있었다. 이슬람을 믿는 사람과 달리, 그리스도를 믿는 사람은 사회 여러 분야에서 차별대우를 받았다. 게다가 그들 안에서 차츰 이슬람 문화의 영향을 긍정적으로 받아들이는 사람들이 딤미Dhimmi^{tip} 신분의 제한과 모

tip

딤미는 이슬람법이 다스리는 국가에서 무슬림이 아닌 국민을 가리키는 말이다. 딤미라는 용어는 국민 개개인의 삶과 재산, 종교의 자유를 보장하는 국가의 의무에 관한 것으로서, 국가에 대한 충성을 바탕으로 한 것이다. 사회 전반적으로 노예와 비교해서는 지위상 월등히 우월하였으나, 무슬림보다는 낮은 수준의 권리를 행사하였고, 딤미에게는 '지즈야'라고 하는 세금이 부과되었는데, 그 대가로 종교의 자유, 신변의 안전, 자치를 보장받았다.

욕에서 벗어나기 위해 이슬람으로 개종하는 사람들이 점점 많아졌다. 그리스도교에서 이슬람교로 개종한 사람은 귀족계급에서 먼저 나타나기 시작했는데, 이슬람의 딤미 신분으로는 이전에 그리스도교 신분에서 누리던 권리를 누리지 못하자 부와 권위를 되찾기 위해 이슬람교로 개종하였다. 이러한 이유로 많은 이들이 그리스도교에서 이슬람교로 개종하게 되면서 10세기와 11세기에는 알 안달루스안달루시아 주민의 다수가 이슬람교를 믿게 되었다.(그림 1)

이베리아반도를 이슬람이 통치하던 시기에 이곳의 유대인들은 '지식을 가진 자들'로 여겨지며 이슬람이 들어오기 전보다 더 많은 부와 특권을 누렸다. 그라나다와 코르도바 등 남부지역을 중심으로 그리스도교로마 가톨릭도에게 박해가 심해지자, 유대인들은 이를 방관하거나 오히려 과거 자신들이 그리스도인들에게서 받은 박해의 앙갚음을 위해 이슬람인들에게 간접 지원을 하기도 했다. 유대인들이 그리스도인들에 비해 이슬람에게 호의적이고 자신들 대신 그리스도인을 견제하는 역할을 해주자 이슬람 군주들은 유대인의 이민과 무역 활동을 더욱 장려하게 되었다.

그러나 이슬람 왕조의 세력이 기울면서 유대인에게 주어졌던 특혜와 거주 환경은 갈수록 악화되었고, 급기야 1492년 3월 31일 알함브라 칙령이 반포되어 유대인을 이베리아반도에서 추방하였다. 알함브라 칙령은 당시 카스티야의 이사벨라 1세, 아라곤의 페르디난드 2세가 합작하여 발표한 조약으로서 유대인들이 그해 7월 31일까지 개종하지 않으면 강제 추방할 수 있게 한 칙령이었다. 알함브라 칙령 후 유대인들에 대한 통제는 더욱 심해졌고, 결국 유대인들은 이슬람 국가나 무슬림이 거주하는 지역으로 이주해야만 했다.^{tip}

이슬람의 영향력 아래 있던 안달루시아는 점점 그 세력이 약해져서 11세기까지 세비야, 그라나다, 말라가, 코르도바 등 작은 도시국가로 분열되었고 이들은 생존을 위해 적과의 동침을 이어나갔다. 한편으로는 평화적 외교를 위해 악수를 하고, 다른 한편으로는 철저한 적이 되어 전쟁을 치르며 자신들의 영토에서 버텨나갔던 것이다.

이슬람의 정치 세력 밑에서 그리스도교와 유대인의 갈등이 심화되고 이슬람 체제의 제도 아래 불만이 폭증하자 그리스도교를 중심으로 이슬람에 반대하는 사건이 일어났다. 718년 무렵, 서고트족의 귀족이자 아스투리아스 왕국의 영주였던 펠라기우스Pelagius c.685-737와 칸타브리아의 페테르Peter 라틴: Petrus, 스페인: Pedro, 사망 730 공작이 연합하여 치른 전투가 시발점이 되었던 것

tip

당시 스페인 인구 700만 명 중에서 유대인은 수십만 명 정도였지만, 도시 인구로 치면 약 3분의 1을 차지했다. 에스파냐는 유대인의 재산권 보호를 위해 칙령에 "유대인의 모든 재산권을 인정하고 보호하며, 동산과 부동산을 자유롭게 처분해 국외로 반출할 권리를 부여한다"고 명시했다. 하지만 단서 조항으로 "금과 은, 화폐의 반출을 비롯해 국가가 정하는 품목을 금지한다"고 하면서 겉으로만 재산의 반출을 허용했을 뿐 실제로는 금지시켰다. 명시한 기한까지 명령에 따르지 않으면 무조건 처형됐으며 유대인을 숨겨준 사람들로부터 모든 재산을 압류했다. 추방의 결과로 스페인계 유대인은 마그레브 지역으로 대부분 이주하거나 산발적으로 흩어졌고, 일부는 남동부 유럽이나 기존에 있었던 동부 유럽계 유대인 공동체에 흡수됐다. 일부는 가톨릭으로 개종하면서 '새로운 가톨릭 신도'라는 별칭을 얻으며 문화 차이를 극복할 좋은 방안으로 여겨졌지만 왕실과 교회의 눈 밖에 나면서 대부분의 왕권 세력은 유대인 자체를 의심의 대상으로 삼았다.

이다.

그 전투는 코바동가Covadonga에서 시작하여 이를 계기로 이슬람의 지배에 있던 그리스도교인들의 기나긴 반란이 시작되었다. 애초에 이 전투는 이슬람 지방 정부에 대항한 로마 가톨릭교회 귀족의 반란에 불과하였으나 이를 시점으로 하여 이후의 분란과 전투는 이베리아반도의 로마 가톨릭 국가 회복이라는 명분을 제공하였다. 코바동가 전투를 계기로 718년부터 1492년까지 약 7세기 반에 걸쳐서 레콩키스타Reconquista, 즉 이베리아반도 북부의 로마 가톨릭 왕국들이 반도 남부의 이슬람 국가를 축출하고 이베리아반도를 회복하는 일련의 과정이 시작된 것이다.

레콩키스타, 즉 영토 수복사업의 이데올로기적 근거는 이슬람의 정복에 따른 억압과 강요에 반발하여 가톨릭이 저항하면서 발생한 운동을 말하며, 레콩키스타 발생 요인으로는 종교가 큰 부분을 차지했다고 할 수 있다. 따라서 레콩키스타가 진행되면서 왕국 내 모사라베의 비중도 커졌다. 모사라베는 그리스도교의 여러 왕국을 통합하는 역할을 했고, 왕국은 새롭게 정착한 모사라베에게 상당한 혜택을 주었다.

이들의 언어는 모사라브어로서 알안달루스 시절에 사용되었던 이베리아 로망스어Romance language development in Iberia족에 속했던 언어였다. 모사라브어는 대부분의 로망스어 족과는 달리 라틴 문자보다는 아랍 문자로 표기되었다.

최초로 기록된 때는 9세기경으로 보며, 모사라브어로 기록된 시와 음악을 무왓샤하트Muwashshaht, 또는 무와시샤muwaššaḥ 스페인Muwashshah라고 불렀다.

무왓샤하트는 "리듬 또는 시편"을 의미하는 시리아 말 mušaḥta에서 유래한 노래를 위해 시 형태이다. 단일한 운율이 아니라 운율을 변경하고 여러 개의 각운을 가진 변화가 새로운 운율 형태로서 내용은 남녀 간의 사랑을 주제로 하고 있다.

모사라브어는 포르투갈어, 스페인어, 발렌시아어에서 차용한 말들이 많았으며, 안달루시아에서 사용하던 구어체 아랍어에서 유래 하였다. 포르투갈어에서 사용된 언어는 모사라브어의 방언인 루지타누 모사라베Lusitano-moçarabe였다.

'레콩키스타'는 에스파냐어와 포르투갈어로 "재정복"을 뜻하며 한국어로는 "국토 회복 운동"으로 번역하기도 한다. 이는 우마이야 왕조가 이베리아반도

tip

그해 콜럼버스가 후추를 구하기 위해 인도로 항해를 시작했다가 아메리카를 발견하게 된다. 스페인은 이곳에서 나온 막대한 재화를 이용하여 16세기에서 17세기 중반까지 150년간 유럽에서 가장 강력한 국가이자 캘리포니아에서 파타고니아에 이르는 가장 넓은 해외 영토를 갖는 세계 제국이 되었다. 그러나 17세기 중반부터 스페인의 경제 사정은 잦은 전쟁으로 악화하기 시작하였고, 스페인 왕위 계승 전쟁으로 스페인의 영향력은 약화 되었다. 18세기 후반, 미국 독립 전쟁에서는 신생 미국의 편에 서서 영국을 견제하였으나, 프랑스 대혁명 이후 뒤이어 일어난 나폴레옹 전쟁에서 프랑스 군대에 대패하고 만다. 19세기에는 멕시코 독립 전쟁을 기점으로 식민지들이 하나 둘 독립하기 시작하였고, 스페인-미국 전쟁에서도 패하여 쿠바와 필리핀을 미국에 할양해야만 했다. 국내 정치 상황도 악화되고 정부 각료들의 부정부패가 끊이지 않았다. 공화파와 왕당파 사이의 갈등이 심화 되어 결국 19세기 말 스페인 제1공화국이 세워져 왕정이 폐지되었으나 곧바로 군부 쿠데타와 왕정복고가 연달아 일어나 심각한 내부 갈등이 끊이지 않았다. 20세기에 들어 인민전선의 승리로 수립된 스페인 제2공화국은 프란시스코 프랑코의 반란으로 시작된 스페인 내전에서 패하였고, 1939년 프랑코 정권이 수립되어 이후 프랑코가 사망한 1975년까지 36년간 군부 독재가 지속 되었다. 현재 스페인은 후안 카를로스 1세에 의한 입헌 군주제를 실시하고 있다.

를 정복함으로써 이슬람국가의 영토가 되었다가 다시 가톨릭 국가의 영토로 회복했다는 의미를 지닌다. 718년에 시작한 레콩키스타는 1492년^{tip p.319} 아라곤의 페르난도 2세Fernando II de Aragón y V Castilla la "el Católico. 1452-1516와 카스티야의 이사벨 1세Isabel I de Castilla y Aragón. 1474-1504재위의 에스파냐 연합왕국이 마지막 남은 이슬람 점령지인 그라나다를 정복했을 때 비로소 마무리되었다.

1492년 드디어 그라나다 왕국이 함락되어 레콩키스타가 끝나고 카스티야 왕국과 아라곤 왕국이 연합하여 스페인 왕국이 세워졌다.

기나긴 레콩키스타 끝에 이슬람이 물러나고 그리스도교가 정치의 중심을 차지하기까지 800여 년 동안 두 문화의 혼합은 당 시대의 주류였으며 지금도 코르도바와 세비야 그라나다를 중심으로 찾아볼 수 있다. 그리스도교와 이슬람교의 혼합된 문화에서 파생된 예술의 양식적인 특성은 건축, 미술, 회화 등 다양한 분야에서 나타난다. 이는 중세를 대변하는 스페인의 문화적 근간으로서 이들을 모사라베 양식과 무데하르 양식이라 부른다.

종교적 배경
무함마드 모욕죄

공인된 이교도
스페인은 로마가 이베리아반도를 지배하던 시기1세기 무렵부터 그리스도교를 받아들였다. 이후 이슬람교와 유대교가 공존했으며 현재는 소수의 스페인 정교회와 개신교가 들어와 있다. 2005년 스페인 CIS 설문조사에 의하면 국민 중 2019년 기준 전체인구 4,693만 명 76%가 본인 스스로 가톨릭 신자라 여기고 있으며 스페인 내의 가톨릭 교구가 70개에 이른다. 스페인에서 로마가톨릭이 우세한 것은 스페인이 가톨릭교회와 이슬람교 간의 종교적 분쟁 위에 세워진 민족국가라는 점에서 주목할 만하다.

스페인은 로마제국에 의해 통치받았던 1세기에 그리스도교가 전파되었다. 5세기 서고트360년경 그리스도교의 아리우스주의 받아들임의 지배를 받게 되었을 때 이베리아반도의 서고트 왕국은 아리우스주의tip를 표방하며, 그리스도교 이외의 종교에도 관용적이었다. 그러나 서고트의 왕 레카레드Reccared재위 586-601년는 589년 제 3차 톨레도 공의회에서 가톨릭을 서고트 왕국의 공식교리로 받아들이고,[1] 서고트 왕국 내에서 가톨릭이 아닌 자를 용납하지 않았다. 그리고 그의 체제 내에서 종교적 관용은 거의 이루어지지 않았다. 아리우스 교리를 믿는 일부 그리스도교 신자들과 유대인들은 서고트 왕국 내에서 견딜 수 없는

tip

이집트 알렉산드리아 출신의 아리우스가 주장한 그리스도교 신학이다. 아리우스는 '성자' 예수는 창조된 존재(피조물)이며, '성부'에게 종속적인 개념이라 주장을 했는데, 삼위일체에 반대하는 그의 주장은 아리우스주의라는 신학적 흐름으로 발전하였다. 이에 대해 로마 가톨릭교회에서는 제1차 니케아 공의회(325년)에서 아리우스는 이단으로 배격되었으며, 아리우스 일파에 대한 공식적인 파문 선언이 삽입된 니케아 신경을 채택하였다.

심한 박해를 받았다. 이후 시세부트 왕Sisebut재위 612-621, 에히카 왕Egica재위 687년-702년의 반反유대주의 정책에 따라 가톨릭으로의 강압적인 개종과 함께, 개종을 거부하는 유대인들에 대하여 강제 추방, 재산 몰수 등의 가혹한 조치가 취해졌다. 이로 인하여 유대인들은 감내하기 어려운 고통 속에서 개종하거나 이주를 했다. 이러한 서고트 왕국의 종교적 무관용과 강압 정책은 이슬람 세력이 알-안달루스를 정복하게 되는 여러 원인 가운데 하나가 되었다고 할 수 있다.[2]

　서기 700년대 후반에 이베리아 반도는 북아프리카에서 온 이슬람인들의 침략으로 인해 그곳에 살던 그리스도교인들이 반도의 남쪽에서 북쪽으로 내몰리게 되었다. 그들은 코르도바를 수도로 정하고 그곳에 남아있던 그리스도교인들을 지배하였다. 한편 스페인 북부의 레온 왕국의 알폰소 1세는 이슬람인을 피해 남부에서 올라온 그리스도교인들을 듀에로Duero 강 이북 지역에 정착시키고 그곳에 수많은 수도원을 지어 이슬람 세력을 견제하게 하였다.

　그 수도원 중에 리에바나Liebana의 산 마르틴 데 투리에뇨San Martin de Turieno[3]에 은거해 있던 수도사 베아투스Beatus가 신약 성경의 묵시록Apocalypse 주해서를 제작했다. 그는 이 묵시록 주해서를 통해 당시 스페인을 점령하고 있던 이슬람 세계에 대항하여 그들의 정신적 문화적 침략을 견제함과 동시에 정통 그리스도교에 대한 교리 정립을 목적으로 저술하였다. 그 후로 수 세기에 걸쳐 스페인의 수도원과 성당을 중심으로 리에바나의 베아투스가 제작한 묵시록 주해서를 복사하기 시작하여 현재 그 원본은 전해지지 않고 있으나 복사본들이 지금까지 보존되어 전해지고 있다.

한편, 711년 우마이야 왕조의 무사 이븐 누사이르Musa Ibn Nusayr 640-716와 타리크 이븐 지야드Tariq Ibn Ziyad 670-720는 알-안달루스에 상륙하고 이로부터 불과 4년 만에 이베리아반도 대부분의 지역을 정복했다. 후기 우마이야 왕조의 압드 알-라흐만 1세Abderramán I, 731년 - 788년. 재위 756년 5월-788년 10월는 새로운 왕조를 열고 그전까지 공감하기 힘들었던 종교적 관용의 모습을 알-안달루스에서 보여주었다. 또한, 중세 무슬림 스페인 사회가 이미 다원화된 사회임을 감지하여 그 당시까지만 해도 허용되지 않았던 법적·제도적 자유, 종교적 자유, 문화적·관습적 자유 등을 허용했다.

압드 알-라흐만 1세가 이교도들에게 허용한 자유는 그 폭이 매우 넓었다. 그는 무슬림이 집권하게 된 알-안달루스 지역에 종교적인 관용정책을 펼침으로써 후기 우마이야 왕조의 정치적인 관용을 적용하였다.

유대인들의 전략적 가치를 인식하고 여러 분야에서 이들의 자유를 확대하고 허용하자, 이에 대한 보답으로 유대인들은 압드 알-라흐만 1세에게 행정적인 능력을 제공하며 경제적 부와 함께 이슬람을 위해 충성했다. 또 그는 나라별로 적용하는 법을 달리하여 그리스도인에게는 서고트 법전을 적용하고, 유대인들에게는 랍비 법률을, 무슬림에게는 코란의 원칙을 각각 적용하였다. 유대인들도 압드 알-라흐만 1세의 호의적인 정책에 부응하여 알-안달루스가 아닌 기타 지역의 유대인 공동체와 긴밀한 관계를 유지하면서 압드 알-라흐만 1세의 통치 기반 구축에 상당 부분 기여했다.

이슬람의 관용정치는 종교만 아니라 농업, 상업, 교육, 문화 등 다양한 방면에서 나타났다. 농사에 필요한 관개灌漑 시설을 늘렸으며, 공동체 관개 시설법을 제정하여 물을 공동으로 사용하도록 하였다. 그리고 목화, 복숭아, 사탕수수 등, 새로운 농작물을 들여와 경작하여 경제적으로 보탬이 되게 하였고 톨레도, 그라나다, 코르도바는 수공업의 중심지가 되었다. 코르도바와 세비야를 중심으로 상업이 발달하고 수출항구로서 번창하였다. 이로 인해 이집트 알렉산드리아에 살던 유대인들이 같은 이슬람 문화권인 코르도바나 세비야로 자연스럽게 유입되는 계기가 되었다. 그리하여 압드 알-라흐만 3세 때에 유대인들은 최고의 문화적 전성기를 누리게 되었다.[5]

이슬람 지배 아래서 그리스도인모사라베[tip]이나 유대인은 이교도였지만 정부로부터 공인된 이교도였다. 그들은 '딤미'라 불렸으며, 세금지즈야이나 종교적인 면에서 대체로 너그러운 대우를 받았다. 더욱이 우마이야 왕조 치하에서는 그리스도교인이나 유대인들도 고위 행정직에 진출하거나 그들의 종교를 지킬 수 있을 정도로 이교도들에게 관대했다.

그러나 무슬림 정복 이후 몇 세대를 거치면서 무슬림 군주들은 딤미에게 불

tip

스페인어: mozárabes, 포르투갈어: moçárabes는 이슬람 지배하의 중세 이베리아 반도, 특히 알안달루스에서 살던 그리스도교인을 말한다. 아랍어의 형용사인 "무스타리브"(musta'rib)(아랍화되었다: 언어와 풍속·문화에 있어 아랍 문화의 영향을 받음.)의 전이된 것이, 이 용어의 유래이다.

리한 법령을 공표하기 시작하였고, 모사라베의 지위는 하강하여 엄격한 차별과 억압이 시작됐다. 그 후 그리스도인은 무슬림 지배 체제 안에서 점점 고립되고 박탈당했다. 주로 행정·군사·사회상의 지위에서 쫓겨나고 이슬람법 안에서 부당한 차별과 억압을 받았다.

게다가 이 무렵 이슬람과 그리스도교가 반목하기 시작한 사건이 발생했는데 그것은 안달루시아 지방의 코르도바에서 그리스도교인이 무함마드를 모욕한 것에서 비롯되었다. 850년에서 859년 사이에 50여 명의 그리스도인이 무함마드 모욕죄로 처형되었다. 이 부당한 처형을 계기로 하여 그리스도교인들 사이에서 반反이슬람 문학이 대두되기 시작하였다.

이슬람교도의 세력 확장에 저항했던 그리스도인들은 이베리아반도의 북서쪽에 위치한 아스투리아스 지방에 그들만의 왕국을 설립하여 '아스투리아스'라 칭했다. 아스투리아스 왕국은 이슬람교도의 세력 확장에 맞선 그리스도교

tip

페르펙투스(Perfectus) 가톨릭 사제가 코르도바의 벼룩시장을 찾았다가 이슬람인들과 예수와 무함마드에 관한 사소한 언쟁으로 시작해서 무함마드를 비방하기에 이르렀다. 이 일로 페르펙토 사제가 순교하자, 평신도 파울 알바로(Paulus Alvarus)는 페르펙투스 사제를 문화적이고 종교적인 영웅이라고 생각했다. 파울루스는 『Indiculus Luminosus』(854년)를 집필하여 무함마드를 다니엘 예언서에 나오는 적그리스도의 한 유형이며 짐승이라고 공개적으로 비난했다. 그의 비난은 코르도바에서 소수 민족의 마음을 움직였다. 권력을 쥐고 자신만만했던 무슬림은 그리스도교도들이 스스로 순교하려는 것을 알면서도 처형했다. 그해 여름 모두 50명의 순교자가 나왔다.

저항 운동의 중심지가 되었다. 이 왕국은 8-11세기에 도루Duero 강^{tip}을 낀 계곡을 포함하여 반도의 중앙고원 지대를 중심으로 형성되었는데, 그리스도교는 북쪽에서 남부 지방으로 영토를 확장해 나가서 갈리아 지방과 카스티야 지방 일부까지 포함하여 후에 레온 왕국 Reino de León 10세기-13세기이라 불렀다.

이슬람은 11세기 이후, 특히 북부 십자군의 내습 이후에는 그동안 유지해 왔던 이교도들에 대한 정책이 전과같이 관대하지 않고 모사라베와 유대인에게 "죽음이냐 코란이냐"라는 선택을 강요하며 이슬람의 노골적인 탄압이 자행되었다. 탄압이 지속되는 동안 모사라베는 상당수가 이베리아 반도 북부에 있는 그리스도교 왕국으로 이주했는데, 그것이 북부 왕국들에게 반反 이슬람 감정을 부추기는 요인이 되었다. 그들의 이슬람에 대한 반감은 그리스도교 지배권이 확대되는 과정에서 레콩키스타를 통하여 드러났다. 심지어 무슬림과 유대인에 대한 탄압이 그리스도인에 의해 자행되는 일도 일어났다.

코르도바를 중심으로 세력을 키운 이슬람교와 스페인 북부 레온왕국을 위시하여 힘을 모은 그리스도교 대립은 스페인의 정치는 물론이고 사회, 문화

tip

이베리아 반도의 주요한 강 중의 하나. 현재 포르투갈과 스페인의 국경지대에 위치하며 총 길이는 897 km중 112km가 양국의 국경선에 포함된다. 당시 이 곳은 아랍인 점령지와 아스투리아스 왕국 영토 사이에 있는 강으로 아랍인이나 그리스도교도 그 어느 쪽도 점유되지 않았던 지역이었으나 점차 그리스도교인들이 남부 지방으로 거주지를 옮기면서 사람들이 살기 시작했다.

전반에 걸쳐 그 영향력을 드러내고 예술사적 차원에서는 서유럽과 다른 개성을 지닌 독특함을 드러내게 되었다.

일례로 스페인은 미사 전례 때에 프랑크 왕국의 영향을 받지 않은 채, 오늘날 모사라베 전례로 알려진 서고트풍의 전례 양식을 고수했으며, 이들이 쓰는 언어로 모사라베 전례 633년 톨레도 종교회의에서 결정가 허락되어 현재에도 톨레도 대성당에서 거행되고 있다.

누가 정통이고 누가 이단인가?

아스투리아스 왕국의 그리스도교인들은 스페인의 모사라베인이 사는 지역을 제외한 장소에서 그리스도교의 정통성을 되찾기 시작했다. 스페인에서 성직자들 사이에 그리스도교의 정통과 이단에 대한 교의敎義적인 문제를 둘러싸고 거센 논쟁이 일어난 것도 그리스도교의 권위를 세우기 위한 과정 중에 발생한 일이었다.

이베리아 반도에 정착한 서고트족은 이집트 알렉산드리아 총주교 아리우스가 주장한 단성론을 믿었다. 그들은 신성과 인성은 서로 분리되어있으며 결합 되었다는 양성론을 거부하고 인성은 신성에 융합되어 있다는 단성론을 주장했다. 성부 하느님만이 하느님이고 성자 예수 그리스도는 하느님에게서 창조된 최초의 피조물이며 하느님과 사람의 중간 위치라 주장하면서 예수님의 신성을 믿지 않았다. 이에 교회는 니케아 공의회325년 6월 19일에서 단성론을 이단이라 정죄하기에 이르렀다. 니케아 공의회 이후 스페인에 로마가톨릭이 전파되고 레카레드 왕 때에 이르러 스페인 안에서 가톨릭 이외의 종교는 용납이

되지 않았다.

　그러나 8세기 말 톨레도의 주교 엘리판두스Elipando Elipandus, 717 - 808?가 그리스도 양자설Adoptionism**tip**을 주장하고 우르헬Urgel의 주교 펠릭스Félix ?-818가 엘리판두스를 지지하자 그리스도교의 교의 안에서 일었던 갈등이 다시 표면에 불거졌다. 이에 맞서 북부 아스투리아스 지방의 성직자를 중심으로 그리스도교의 삼위일체에 기초한 해석을 공고히 하며 자신들이 그리스도교의 정통임을 주장했다.

　그리스도의 신성과 인성의 두 본성을 이야기할 때 엘리판두스는 인성을 지닌 그리스도는 본질상 신성을 지닌 하느님과 구분하여 그분의 양자養子라 하였다. 따라서 마리아에게서 나온 그리스도는 하느님의 양자에 불과하다고 하였다. 그리스도를 양자라 한 엘리판두스는 애초에 미제시우스Migetius의 강생에 대한 오류를 바로잡기 위해 영원으로부터 탄생한 말씀을 친자親子로 정하고 시간 안에서 마리아에게서 탄생한 말씀을 양자로 규정하였다. 여기에 우르

---

tip

그리스도는 그 신성(神性)면에서는 태어나면서부터 하느님의 아들이지만, 그 인성(人性)면에서는 하느님의 양자에 불과하며 여러 성인도 이 점에서는 마찬가지라는 설이다. 하드리아누스 1세에게 단죄된 엘리판두스는 우르겔의 주교 펠릭스의 지지를 얻었는데, 펠릭스는 알퀸과의 논쟁 끝에 798년의 로마 교회회의에서 파문당했다. 이 설은 12세기에 프랑스의 P.아벨라르두스와 그 추종자에 의해서 잠시 대두되었다.

헬의 주교 펠릭스가 엘리판두스 이론에 동조하였고, 결국 펠릭스는 이 교리를 놓고 요크의 알쿠인과 문서로 논쟁하기까지 하였다.

    교황 하드리아노 1세는 '양자'라는 말이 성서와 신학자들의 말에 반反하고 네스토리우스파의 부활을 의미한다는 이유로 단죄하였다. 또 그는 794년 프랑크푸르트 시노드에서 "하느님의 아들이 사람이 되었으나 친자의 명칭을 그대로 지닌다. 오직 한 분의 아들이 있을 뿐이며 그는 양자가 아니다."라고 천명하였다. 결국, 798년 교황 레오 3세는 펠릭스의 양자론을 단죄하고 그를 파문하기에 이르렀다. 펠릭스는 파문당한 다음 해인 799년에 자신의 의견을 철회하고 교회의 감시 속에서 생활했지만 엘리판두스는 끝내 자신의 의견을 굽히지 않고 톨레도의 주교직도 수행했다. 그가 죽은 뒤 양자론은 점차 사그라들었다.

    이를 두고 리에바나의 베아투스Beato de Liebana 수사는 엘리판두스에 맞서 삼위일체인 그리스도를 주장하고 동료 수사와 함께 서간 '엘리판두스에 대한 반박'Adversus Elipandum을 써서 엘리판두스의 양자설을 반박했다.[7] 엘리판두스는 그리스도가 하느님의 아들이라는 인성을 표현할 때, 'adoptio-양자'를 사용했기 때문에 베아투스에게 격렬한 비난을 받았다. 결국, 이 논쟁은 종교회의에 회부되어 세 차례의 공의회 792년 레겐스부르크, 794년 프랑크푸르트, 799년 아헨를 거쳐 베아투스의 의견이 수용되고 엘리판두스는 이단으로 처리되었다.[8] 이 사건으로 말미암아 리에바나의 베아투스는 엘리판두스를 반박하기 위해 묵시록 해설서를 제작하였으며[tip] 이를 통하여 스페인 북부지역에 그리스도교 미술이 활성화되는 계기가 되었다.

711년 서고트 왕국이 망하고 코르도바를 중심으로 하여 이슬람 세력이 점차 확대되자 그리스도교인들과의 마찰이 불가피해졌다. 850년 코르도바에서 발생한 페르펙투스Perfectus 수도사의 처형사건은 이슬람교와 그리스도교 간의 불화에 기름을 붓는 격이었다.

페르펙투스 수도사가 코르도바의 시장에 갔다가 이슬람인들과 마주쳤다. 이슬람인들은 그에게 다가와 이슬람의 무함마드와 예수 중에서 누가 더 위대한 예언자인지 물었다. 페르펙투스는 질문에 함정이 있다고 생각하고 처음에는 조심스럽게 대답했지만 이후 태도가 돌변하여 무함마드는 성도착자에 사기꾼, 그리스도의 적이라고 소리 질렀다. 이에 화가 난 이슬람인들이 그를 덮쳤다. 이 일은 이슬람교와 그리스도인들 사이에 관계가 원만했던 코르도바에서는 보기 드문 일이었다. 이후 재판관은 이슬람인들이 먼저 싸움을 도발했다는 이유로 페르펙투스를 풀어 주지만 며칠 뒤 페르펙투스는 독설을 퍼부으며 무함마드를 모욕했다. 결국, 그는 이 일로 사형 선고를 받고 처형되자 그리스도인들은 그를 순교자로 숭배하기에 이르렀다.

페르펙투스의 처형은 그를 순교자로 만들어 주었고 그리스도교에서는 그의 뒤를 따라 순교하려는 사람들이 늘어났다. 그 후에 수도사 이삭이 무함마

tip

리에바나의 베아투스 수도사가 묵시록의 주해서를 집필할 당시에는 스페인 내의 이슬람 세력과 종교적인 갈등은 없었으나 9세기 이후의 필사본에는 이슬람 세력에 대항하는 그리스도교인들의 정신적 도구로 사용되었다.

드와 이슬람을 모욕하자 그 역시 처형되어 순교자가 되었다. 이삭이 순교하자 그의 수도원에 있던 수도사 6명이 무함마드를 모욕하여 이삭의 뒤를 따라 순교하였다. 이렇게 850-859년 사이에만 그리스도인 50명이 무함마드를 모욕하여 순교하였다.

이를 기록한 스페인의 그리스도교 평신도 파울 알바로에 의하면, 당시의 그리스도인들은 페르펙투스 수도사를 종교적이고 문화적인 영웅으로 생각했고 무함마드를 향한 공개적인 비난이 소수 민족들의 마음을 움직였다고 한다. 이슬람인들은 처형당한 사람들이 일부러 무함마드를 모욕한 것임을 알았지만 그들의 행위가 이슬람법에 위법했기 때문에 어쩔 수 없이 그들을 처형하여 그리스도교인들의 순교자로 만들어 주었던 것이다.

이 당시 그리스도인들의 무함마드에 대한 견해는 8세기에 스페인 북부 어느 한 시골에서 제작된 책에 잘 드러나 있다. 그곳에 등장하는 무함마드는 호색한이거나 사기꾼 협잡꾼이었다. 게다가 이슬람교는 그리스도교에서 파생한 이단 종교이며 살육을 찬양하는 칼의 종교라 하였다.[9]

코르도바에서 일어난 순교 사건은 이슬람교와 그리스도교의 종교적 이념에 의한 단순한 사건이 아니었다. 이슬람이 스페인을 정복한 후 그들의 뛰어난 지식과 월등한 문화를 스페인에 전파하자 이를 받아들인 사람들의 반응은 놀라웠다. 스페인의 하층민들은 물론이고 고위직이나 상류층에서도 이슬람 문화의 우수성을 체험하고 습득하게 되었다. 그 분야는 건축과 예술이 주는 이국적인 아름다움은 물론이고 철학, 문학, 음악, 우마이야 왕조의 궁중 문화를 비롯하여 이슬람 문자를 익히는 사람들도 많아졌다. 이슬람 문화의 쉬운 접근으로 인해 이슬람문화에 익숙해진 사람들은 이슬람교에도 별다른 거부감이 없이 그리스도교나 유대교에서 이슬람교로 개종하였다. 이에 그리스도교는 이슬람의 유화정책에 그들의 정체성이 위협받는다고 느꼈다. 소리 없이 부드럽고 화려하게 그렇지만 강하게 스며드는 이슬람 문화에 대항하여 그리스도교는 자신들의 정체성을 확고히 할 필요가 있었던 것이다. 이런 요구는 당시 이슬람으로의 개종과 동화가 그리스도인에게 자발적인 순교로 나타났고, 순교는 그리스도인들을 단합하게 했으며 그들의 정체성을 강화시켰다고 볼 수 있다.

종말론, 천년왕국설

중세의 교회는 종교적 이데올로기가 하나로 일치되어 정신적 통일성을 지니고 있었다. 또, 이 시기에는 교회가 지배적인 이데올로기이며 선과 악의 대립이라는 이원론적 사고가 팽배했다.[10] 그들이 말하는 선은 악으로 대변되는 죽음, 고통, 환난, 욕망, 불만, 실망을 퇴치해야만 하느님 나라에 도달할 수 있다고 보았다. 「요한묵시록」은 성서의 마지막 장으로서 상징적인 표현과 풍부한 내용이 계시와 묵시의 형태로 서술되어 종말론, 천년왕국설을 이야기하고 있다.

「요한묵시록」은 도미시아노 황제AD.81-96의 그리스도교 박해 시기에 사도 요한이 파트모스 섬에 유배되었을 때 성령으로 집필했다고 기록되어 있다(요한묵시. 1,9). 아직 그리스도교가 공인받지 못했던 당시 로마제국으로부터 참혹하게 박해당하던 지상 교회에게 위로와 용기를 주고 나아가 신자들에게 내세 천년 낙원에 대한 희망을 고취 시키기 위해 저술되었다. 또 이 세상의 모든 만물을 관장하는 이는 하느님이며 그리스도께 성실한 의인은 좋은 결말로 이루어진다는 신념을 다져주기 위함이었다.[11] 「요한묵시록」이 집필되었던 당시에 로마로부터 박해받는 소아시아 교회에게 격려와 위안이 되는 책이었으나 지금은 당대를 넘어 현재까지도 교회에 매우 유익한 책이 되었다.

10세기 이전 서유럽에서는 그리스도교의 묵시론적 종말론이 크게 대두되었다. 베아투스 수도사가 리에바나의 조그만 수도원에서 요한묵시록의 주해서를 집필하던 때는 야고보 성인의 유해가 묻혀 있다는 산티아고 데 콤포스텔라로 향하는 순례가 성행하던 시기였다. 유럽 각 지역은 물론이고 비잔티움과 아시아에서도 야고보 성인을 기리기 위해 순례길을 나섰다. 이것만으로도 이 시기의 그리스도교 교리가 종말론적인 사고방식을 가지고 있었음을 확인할 수 있다. 스페인에도 8세기 이전부터 이 묵시 신앙이 강하게 대두되고 있었는데, 그 사실을 뒷받침해주는 기록이 633년 4차 톨레도 종교회의에서 있었다. "묵시록은 정경canonical book이며 부활절과 오순절 사이에 교회에서 읽혀야만 한다. 이것에 반대하는 자는 누구든 파면당할 것이다"[12]라고 공표되었다.

요한묵시록에 예언된 세기말적 현상은 천 년경의 중세인들에게 심각한 공포로 다가왔다. 자끄 르꼬프Jacque le Goff,1924-2014나 앙리 포시옹Henri Focillon,1881-1943에 의하면, "서기 천 년경의 서유럽인들은 지난 10세기에 걸친 불안이 팽배해졌고 세기말에 이루어질 현상에 대한 믿음이 환기되었으며 말로 표현할 수 없는 공포가 사람들을 압도하였다"고 하였다.[13] 이러한 사상은 요한묵시록의 '천년 왕국'(20:1-6)으로부터 고무되었다.

스페인의 대표적인 필사본 'Commentary on the Apocalyse'의 주제이기도 한 묵시록혹은 Apocalypse 의 주된 관심은 종말론과 영원한 메시아의 왕국이 반드시 도래한다는 천년 왕국설[14]에 바탕을 두고 있다. 이슬람 세력이 스페인을 정복하고 그들의 종교와 문화로 스페인의 근간을 흔들고 있다고 여기던 시기, 그들은 묵시록을 필사하고 읽으면서 외세로부터 자신들을 구원할 메시아와 함께 천년 왕국이 오기를 기대하였다.

하느님 나라의 도래와 악한 세력의 파멸이 관심사인 종말론은 중세 이데올로기의 핵심 사상이었다. 그러므로 천년 왕국설과 함께 종말론을 이야기하는 요한묵시록은 중세의 사상을 대변하는 책이 되었다.[15] 이러한 까닭에 요한묵시록은 스페인 필사본을 이해하는 데 꼭 필요한 책이라 할 수 있다.

미술사적 배경
모사라베, 무데하르

스페인 문화의 배경에는 다양한 민족과 다양한 종교가 서로 융합하며 함께 공존하면서 발전함에 따라 단일한 종교와 단일 종족에서는 발견할 수 없는 흥미로운 요소가 다분히 작용하고 있다. 로마 시대에는 로마의 영향을 적잖이 받았지만, 서고트족이 정착하고 나서는 종교적그리스도교 색채를 지닌 작품들이 등장했다. 이후 무슬림이 코르도바를 중심으로 안달루시아 지방을 점령한 후에는 이슬람 문화와 그리스도교 문화가 결합된 독특한 예술이 나타났으나 정작 스페인 고유의 예술이라 칭할 수 있는 작품들은 레콩키스타 이후에나 찾아볼 수 있다.

남부 지방에 있는 안달루시아의 코르도바는 무슬림 스페인의 수도로서 중세 유럽에서 가장 크고 부유하며 발달 된 도시였다. 지중해 무역과 이웃나라 사이의 문화 교류가 꽃을 피우고 아랍과 북아프리카의 풍부한 지적 유산들이 코르도바를 통해 유럽으로 전해졌다. 무슬림과 유대인 학자들은 서유럽의 고전 그리스 문화를 되살리고 발전시키는 데에 기여했으며, 이런 활동을 통해 스페인의 로마화 된 문화가 무슬림과 유대문화와 섞여 '모사라베'Mozarab라 불리는 독창적인 문화가 형성되었다.

이와 반대로 레콩키스타가 끝나고 12세기 무슬림이 자신들의 문화에 그리스도교의 문화를 덧댄 예술 형태가 나타났는데 이를 '무데하르Mudejar'라 불렀다. 주로 성당의 종탑에서 무데히르 양식을 발견할 수 있는데 빈쩍이는 타일과 무늬 등이 특징이다. 무데하르 건축 양식은 현재 사라고사, 톨레도, 테루엘 등에서 찾아볼 수 있다.

스페인의 다양한 민족과 종교의 공존은 문화와 예술 측면에서 각각의 특색이 있었을 것이라 짐작된다. 하지만 로마가톨릭을 국교로 삼았던 서고트족 문화는 잦은 이민족의 침입과 레콩키스타로 인한 종교적 갈등이 기존의 문화유대교 이슬람를 의도적으로 지워버렸기 때문에 스페인 내에 현존하는 서고트 양식의 작품을 찾기는 쉽지 않다. 현재 스페인에 있는 서고트 양식의 작품은 이슬람이 이베리아 반도에 정착하기 전인 8세기 초반에 만들어진 것으로서 몇

권의 필사본과 건축물만이 존재하고 있다.

필사본으로는 '베로나 성경'Verona Orational, '라 카바 성경La Cava Bible', '레온 성경 920León Bible of 920'이 있고, '산페드로 성당 San Pedro de la Nave, Zamora', (그림 2) 스페인 카스티야 레온 지역의 세라토에 있는 '세라토 성당Church of San Juan Bautista, Baños de Cerrato 691'(그림 3)이 세례자 요한에게 봉헌된 교회로서 서고트 양식의 건축물이다.

서고트 양식의 건축은 외벽이나 내부에 장식이 거의 없고, 수수하며 말굽 모양의 아치가 있는 것이 특징이다. 서고트의 합금 기술이나 유리, 도자기 등은 그 기술력이 서유럽의 것보다 돋보였다. 서고트 양식의 대표적인 작품으로

〈그림 2〉 스페인 자모라, 산 페드로 데 라 네이브 성당

는 레세스빈토 왕관Corona de Recesvinto(그림 4, 그림 5), 붉은 유리를 사용한 새 모양의 장식용 금속이 있다.

스페인이 서유럽과 비교되며 스페인 문화의 특징으로 일컬어지는 이유는 그들만이 지닌 문화의 다양성과 그곳에서 뿜어져 나온 범상치 않은 미술 양식이 서로 잘 조화되어 있기 때문이다. 그것의 산물로 모사라베 양식과 무데하르 양식을 일컬을 수 있다.

모사라베 양식은 8세기부터 12세기 사이에 건축과 필사본, 성당이나 대형 관공서와 같은 건축이나 조각에서 찾아볼 수 있다. 서유럽이나 다른 그리스도

〈그림 3〉 세라토 성당 691

교 국가에서는 볼 수 없는 독특한 양식으로서 이슬람 문화와 로마 가톨릭 문화가 서로 교류하며 혼합되어 새로운 양식을 탄생시킨 것이다. 그리스도인들이 이슬람 치하에서 그리스도교 주제를 가지고 이슬람 방법으로 표현한 예술이라고 말할 수 있으며, 둥근 아치와 늑골이 있는 원형 천정, 이슬람의 식물문양이 특징이다. 모사라베 양식의 건축물은 톨레도와 그라나다에서 쉽게 찾을 수 있는데, 대표적인 것으로는 그라나다의 알함브라 궁전과 헤네랄리페가 있다.

〈그림 4〉 레세빈토 왕관

코르도바의 메츠키타Mezquita모스크(그림 6, 그림 7)는 이슬람사원 중앙 부분에 르네상스 양식의 돔을 올려 성당을 지어 놓았다. 600년대에는 서고트의 성당으로 사용되다가 이슬람이 점령한 뒤에는 모스크로 사용하고784-1236 그 이후부터 지금까지 성당으로 사용하고 있다. 856개의 석주와 말발굽 아치로 구성된 이 건물은 세계 3대 모스크에 속하며 스페인의 유일한 모스크이면서 성당이다.

〈그림 5〉레세빈토 왕관

〈그림 6〉 메츠키타. 코르도바

　　메스키타 건물은 벽옥, 오닉스, 대리석, 화강암과 같은 다양한 보석으로 장식되어 있는데, 건물 안의 석주는 로마의 기둥을 들여와 캐피탈로 삼았으며 아케이드 상부는 반원형이고 하부는 붉은색과 흰색으로 번갈아 장식되어 말굽형 아치 스타일로 구성되었다.(그림 7) 그 밖에 금박으로 된 미흐랍성지 메카 방향을 향해 서 있는 구조물. 이슬람인들이 올바른 방향으로 예배할 수 있도록 알려주는 것이 이슬람 기하학무늬로 치장되어 있고 건물 중앙에는 아헨을 본 따 만든 벌집 모양의 돔이 있는데 그 돔에는 별이 새겨진 파란 타일이 장식되어 있다.

　　스페인의 국토회복운동레콩기스타이 끝난 후, 이슬람 세력이 물러나고 로마 가톨릭으로 통일이 되자 남아있던 이슬람인들은 자신들의 문화에 그리스도문화를 접목하였다. 형식은 그리스도교지만 내용은 이슬람교를 택하여 자신들만의 고유한 문화를 창조해냈다. 이러한 양식을 무데하르라 하였다.

〈그림 7〉 메츠키타 기둥

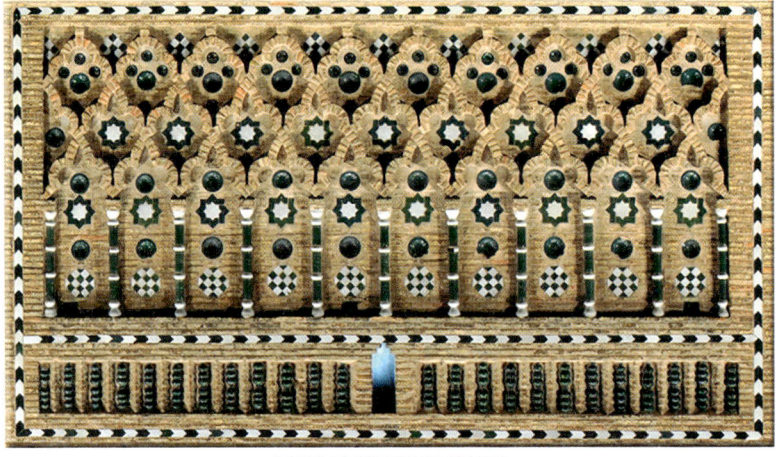

〈그림 8〉 떼루엘 살바도르 성당 벽면

〈그림 10〉 떼루엘 성당의 무데하르 양식 외관

레콩기스타 이후에는 13세기부터 16세기에 걸쳐 무데하르 양식이 출현했다. 주로 성당의 탑에 이런 양식이 나타나는데, 네모꼴의 로마네스크 평면에 이슬람 문양과 유약 바른 붉은 벽돌, 여기에 이슬람의 푸른 타일로 장식하여 무데하르 양식을 접목시켰다.

떼루엘 지역의 산타마리아 데 메디아비야 대성당의 탑 Santa María de Mediavilla de Teruel(그림 8, 9, 10), 엘 살바도르 성당, 산 페드로 성당, 산 마르틴 성당, 라세오 성당이 대표적인 무데하르 건축 양식이다. 메디아비야 성당의 천장은 코퍼 coffer 형식 고대부터 내려온 건축기법. 기하학적으로 움푹패인 금고같은 형태의 기법. 로마 판테온이 대표적 코퍼 천장임의 천장으로서 '시스티나 성당의 천장'이라 일컬어질 만큼 건축은 물론이고 회화적인 면에서도 그 가치를 높게 평가받고 있다.(그림 11, 12)

아라곤의 무데하르 양식 성당은 건축의 독특함과 섬세한 조각이 그 가치를 인정받아 세계문화유산에 등재되었다.

〈그림 9〉 떼루엘 성당의 탑

〈그림 11〉 떼루엘 성당 천장

〈그림 12〉 떼루엘 성당 천장 세부

필사본

테오필 고티에Theophile Gautier는 "아프리카는 피레네 산맥에서 시작된다" "Africa begins at the Pyrenees"고 했고, 에르빈 파노프스키Erwin Panofsky는 "스페인에서는 무엇이든 가능하다" "Anything is possible in Spain"라고 거론했듯이 이베리아반도에는 유럽의 나머지 지역에서는 찾아볼 수 없는 이국적인 요소가 많다. 필사본에서도 이와 같은 이국적인 색채와 영향을 발견할 수 있는데, 그 원인은 스페인의 역사에서 찾아볼 수 있다.[16] 스페인의 필사본은 8세기 이전에는 비잔틴의 영향을 받은 서고트 양식이 대부분이었다. 주로 스페인 북부 지역인 아스투리아스 지방을 중심으로 발전된 것으로 보이며, 양식적인 면에서 북아프리카와 이슬람의 영향을 받아 색채나 선의 사용이 기존의 서유럽에서 제작된 필사본들과 달리 독특하다. 이들은 10세기 무렵까지 대체로 화려한 색채를 띠고 있으나 양식은 서유럽의 서고트 양식 형태로 나타난다.

중세 때 스페인의 필사본에는 8세기 이전 서고트 양식tip의 영향을 받은 필

tip

5세기와 8세기 사이 남쪽 프랑스와 이베리아 반도의 건축,예술 양식. 비잔틴양식의 영향을 받아 금속공예와 붉은색 유리가공이 뛰어났으며, 말굽형 아치와 둥근 천장이 특징. 지중해 및 동양 전통의 식물, 및 동물 모티프로 조각된 기둥이나 프리즈가 수준급. 가장 오래된 서고트양식의 건축물은 세라토의 산 후안 바티스타 성당(세례자 요한 성당, San Juan Bautista, Baños de Cerrato, 661년경)가 있으며, 서고트(Visigothic)식 봉헌 왕관과 십자가, 과라자르(Guarrazar) 보물 등에서 서고트 양식을 찾아볼 수 있다.

사본이 있다. '베로나 기도서', '라 카바 성경', '존과 비마라 성경 레온성경 920' 이 서고트 양식이라 할 수 있고 카롤링 문화의 영향을 받은 '아스투리아스 필사본', '레온 필사본', '세비야 성경 Biblia Hispalense ,The Seville Bible, Toletanus Codex, ca.900', '욥기 주석 Moralia in IOB of 945,The Commentary on Job of 945 or Moralia on Job of 945 -Commentary on Job by saint Gregory'[17]가 있다. 그리고 몇 세기에 걸쳐 여러 양식이 다양한 방법으로 혼재하는 '베아투스의 요한묵시록 주해서 Beatus Commentary to the Apocalypse'가 있다.

베로나 기도서 Verona Orational, Libellus Orationum

베로나 기도서는 이슬람이 스페인에 들어오기 전에 제작된 서고트 양식의 전례 기도서이다. 로마 가톨릭에서 교황이나 주교가 전례 축일이나 성인 축일에 사용하며 기도서의 형식은 중세 음악 코드인 네우마 neume 없이 교송과 응답 송계응 啓應으로 이루어져 있다.

    기도서는 7세기 말-8세기 초에 스페인의 타라고나 Tarragona 산 프룩투오수스 Saint Fructuosus[18] 성당에서 제작되었으며 현재는 이탈리아 베로나 주교좌성당의 도서관에 보관되어 있다 Verona, Cathedral, Biblioteca Capit, Cod. LXXXIX. 필사본의 크기는 33×26cm 이고, 127 folios로 구성되었다.

    베로나 기도서는 현존하는 서고트 양식 기도서로는 유일하게 그림이 들어가 있으며 tip p.346 (그림 13), 필사본 중에서 드물게 후기 라틴어와 초기 이탈리아어로 쓰인 매우 희귀한 필사본으로서 그 가치를 인정받고 있다. 또한, 이 기도서는 서고트의 소문자로 쓰인 본문도 포함되어 있는데, 이 소문자는 스페인에서 10-11세기까지 사용되었다.

　베로나 기도서 folio.3r에 나타난 기도서의 그림 유형은 이시도르Isidor의 자연의 본성에 관하여 로마 루크레티우스의 서사시. B.C. 1C의 전통적 표현 방식에 기초를 두고 "장미의 바람Rose of Winds"[19]을 표현했다고 한다. 둥근 원 안에 입에 나팔을 문 채 네 마리의 뿔 달린 동물 형상의 머리가 동서남북에 서로 대칭적인 위치에서 가운데 그리스도를 의미하는 십자가를 놓고 있다. 원은 이중으로 되어 있으며 이들은 그리스도의 삼위일체에 근거하여, 가운데 십자가를 놓고 한 개의 두상에 정면, 좌측면, 우측면의 세 개의 얼굴이 있는 동물 형상이 사면에 배치되어 있다. 각 얼굴은 나팔을 물고 바람을 형상화하며, 이는 모두 12개의 바람을 묘사했다.[20]

　그림 위에 있는 글은 "베로나의 수수께끼"Veronese Riddle[21]를 나타내며, "Se pareba boves, alba pratalia araba, albo versorio teneba, negro semen

tip

리벨루스 오라티오눔(Libellus Orationum)이라고도 알려진 이 기도서는 7세기 말 또는 8세기 초의 서고트 양식의 기도서이다. 무어인의 침략 이전에 쓰여진 유일한 전례 서적이며 그림 형상의 장식이 들어있는 유일한 서고트 양식의 필사본이다. 이 필사본은 후기 라틴어와 초기 이탈리아어 필기체가 사용된 매우 드문 희귀한 필사본이다. 크기는 330mm ×260mm 이고, 127 개의 folios가 있다. Williams, John, Early Spanish Manuscript Illumination(New York: 1977).

스페인 중세 필사본 347

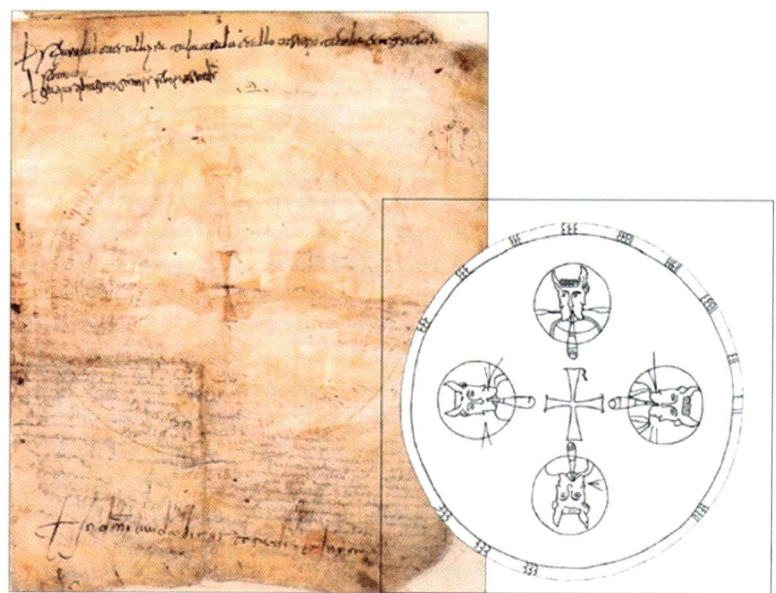

© Verona *Orational*, c. 720, Tarragona (Verona, Bibl. Capitular, 89).

〈그림 13〉 베로나 기도서

seminaba"라 쓰여있다. 이는 하얀 시트위에 펜을 들고 글을 쓰는 행위를 나타 낸다고 한다.[22]

라 카바 성경La Cava Bible[23]

라 카바 성경은 라틴어로 쓰인 필사본으로서 사이즈는 32×26cm이고, 330 folios로 구성되어 있다. 필사본의 제작연대는 아스투리아스 왕국 알폰소 2세가 치세하던 9세기경으로 보며, 현재 이탈리아의 카바수도원Cava de' Tirren 에 소장되어 있다.

이베리아반도는 711년부터 무함마드를 추종하는 무어인과 아랍인에 의해 통제되었다. 그에 따라 자연스러운 그리스도교 예술의 발전은 이루어지기 어려웠고 외지인들과 아랍 문화의 특성이 서로 어우러졌다. 8-9세기에는 북방의 나바레스와 카탈로니아의 영향도 받고 프랑크족의 국경에서 카롤링 교회의 접촉을 통해 서유럽 문화의 특성도 받아들였다. 게다가 스페인 북서부의 칸타브리칸 산맥 뒤 아스투리아스의 독립 왕국 시민들에 의해서도 그리스도교 예술의 색깔은 변화하며 발전해갔다.

스페인은 지역에 따라 종교적 문화적 특성이 다르므로 필사본의 재질이나 채택된 재료만으로 제작된 지방을 짐작할 수 있는데, 가운데 십자가 문양과 필사본의 재질이 고급스러운 것으로 보아, 이슬람 치하의 남부 쪽 안달루시아 지방에서 제작되었다고 보기에는 무리가 있고, 스페인 북부에 자리 잡았던 그리스도교 지역의 작품임을 짐작 할 수 있다.(그림 14)

〈그림 14〉 라카바 성경 folio 220v

〈그림 15〉 천사의 십자가, 알폰소 2세, 카마라 오비에도 성당, 46.5cm×45.7cm×2.5 cm

〈그림 14〉는 라 카바 성경의 folio 220v에 해당하는 것으로서, 십자가를 이용하여 히에로니무스 St. Jerom의 서문을 서두 삽화로 만든 것이다. 제작자의 서명이 'Danila'라고 적혀져 있는 이 필사본은 복잡한 패턴과 탁월한 필사가 돋보이는 작품이다. 히에로니무스의 서문을 십자가로 표현한 데에는 당시의 십자가 경배에 관한 경향을 나타내는 것이라 여겨진다. 십자가 경배는 알폰소 2세 791-842 재위와 알폰소 3세 866-910 재위 때의 '천사들의 십자가'와 '승리의 십자가' tip에서 유래되었다고 전해진 뒤에 아스투리아 왕국의 그리스도교인을 중심으로 강조되었던 사상이다. (그림15, 16)

〈그림 16〉 승리의 십자가, 알폰소 3세, 오비에도 대성당

tip

아스투리아스 왕국의 주도였던 오비에도 대성당에 보관 중인 십자가. 알폰소2세, 알폰소3세 때 만들어진 것으로 천사십자가는 가로세로 동일한 길이의 그리스 스타일이다. 십자가의 끝으로 갈수록 폭이 넓어지는 단순한 십자가로, 삼나무로 만들어 그 위에 금을 입히고 줄 세공을 하지 않은 채로 보석을 도드라지게 박아 넣었다. 승리십자가는 카롤링 시대의 영향을 받은 것으로 금 위에 보석을 흩뿌려 놓은 것처럼 박아 놓았고, 그 위에 이국의 색유리를 덧붙였다.- 세스 노터봄(Ces Nooteboom), 「산티아고 가는 길」 민음사 2010

이 텍스트는 빨강, 흰색, 노란색 등 다양한 색상을 사용하는데, 이곳에 소개하는 장은 보라색 양피지에 금색 또는 은색으로 글을 썼다. 색깔을 입힌 양피지나 물감의 사용은 부유한 고객을 대상으로 한 것으로 보이며, 라카바 성경처럼 필사본 제작 때 보라색 양피지에 금색 또는 은색으로 글을 쓰는 호화로운 책 장식은 한동안 중세 책 제작과정에서 유행하였다. 그 예로 6세기 신약성경 필사본 로사노 복음서 Rossano Gospels 가 있다.

그 외에 스페인에서 그리스도교 양식과 무슬림 양식이 합해지기 전의 초기 모사라베 양식이 드러나지만, 서고트 양식의 영향을 받은 필사본은 존과 비마라 성경 John and Vimara Bible이 있다.

존과 비마라 성경 John and Vimara Bible [24],
레온 성경 920 León Bible of 920, or Holy Bible of León (그림 17)

알폰소 3세 Alfonso III. 848-910년는 왕권 강화 정책을 공고히 하고 왕권에 도전하거나 방해가 되는 사람에게는 무력으로 맞서 싸웠다. 그는 이슬람 통치 지역을 자신의 영토 안에 흡수하기 위해 군대의 선두를 칸타브리칸 산맥의 남쪽에서 두에로 강 유역으로 이동시켰다. 그의 아들 오르도뉴 2세 Ordono II도 수도를 오비에도에서 고대 로마 도시인 레온으로 옮겨 아버지 알폰소 3세의 유지에 따라 남하 정책에 합류하였다. 이 과정에서 아스투리아스 Asturias와 레온 Leon이 연합하여 아스투레온왕국이 탄생하게 되었다.

920년에 아스투레온왕국에서 새로운 성경이 제작되었는데, 이때 제작된

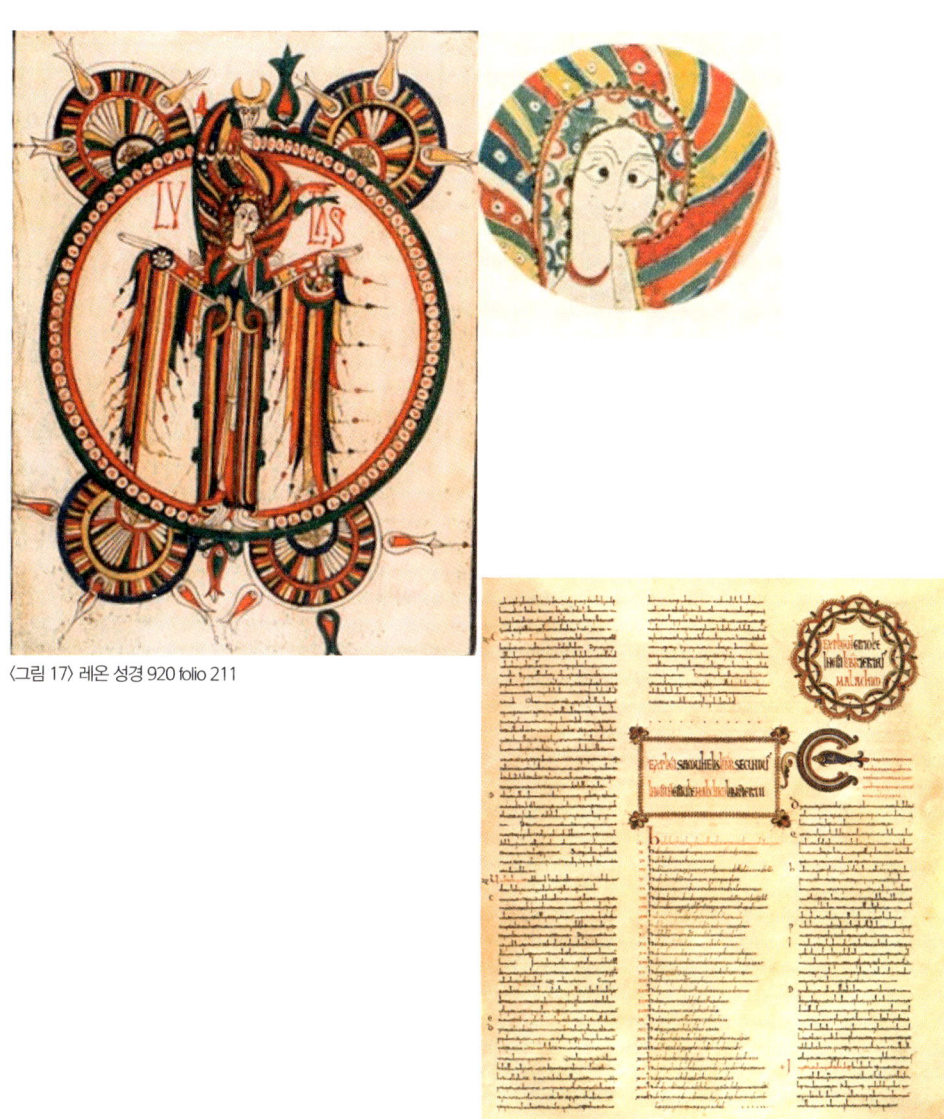

〈그림 17〉 레온 성경 920 folio 211

〈그림 18〉 라카바 성경 folio 69r

성경을 '레온 스타일Leonese style'이라 부른다. 레온 스타일에 해당 되는 성경은 '존과 비마라 성경John and Vimara Bible' 혹은 '레온 성경 920León Bible of 920, 레온의 거룩한 성경Holy Bible of León'이라고도 불린다.

　레온 성경León Bible of 920은 스페인의 레온 지방의 한 수도원에서 제작된 채색 복사본으로서 마리아와 마틴St. Mary와 St. Martin에게 봉헌된 수도원장소는 알려지지는 않았다의 수도원장 마우루스Maurus를 위해 제작되었다. 수도사 비마라가 주도하여 필사하고 삽화 그림은 화가 이오아네스Ioannes-John, León Bible of 920의 다른 이름이 John and Vimara Bible인 이유가 삽화가 Ioannes를 John이라 부른것에서 유래했다.에 의해 그려졌다.

　920년에 제작된 레온 성경León Bible of 920은 삽화의 라인이 선명하고 진하다. 평면 위의 패턴은 그 표현이 명확하여 관찰자에게 전달하려는 내용이 무엇인지 쉽게 알아볼 수 있고 색채 표현은 원색을 사용하여 스페인에서 제작된 이전의 필사본들과 차별성을 갖는다. 레온 성경John and Vimara Bible, León Bible 920의 삽화를 그린 이오아네스Ioannes는 원을 기반으로 하지만 그 원이 온전한 것이 아닌 비정상적인 프레임을 사용한다.

　레온 성경León Bible of 920 folio 211에서 작가는 복음사가 루카를 표현했다. 필사본에는 루카의 상징인 황소와 사람 얼굴의 천사가 둥근 프레임에 등장한다. 황소는 바깥 프레임에 얼굴이 걸쳐 있고 황소의 몸은 안쪽 프레임에 있는 천사의 머리 뒤쪽부터 등 아래로 내려와 있다. 천사의 날개는 소매에 연결된 듯 옆으로 벌린 팔 아래로 늘어뜨려 펼쳐진 채 화려한 패턴을 보여준다.

황소와 천사는 두 개의 프레임을 두고 위에서 아래로 하나로 연결된 듯하지만, 그들은 서로 유기적으로 연결되어 있지는 않다. 그러나 손, 발, 머리가 보편적인 인간의 모습과 거리가 있고 기하학적으로 붙어있어 마치 화려한 패널이 서로 결합된 것처럼 보인다. 게다가 빨강 초록 노랑의 원색을 규칙적으로 배치하여 화려한 패턴에 힘을 실어준다. 또 황소에게는 인간의 몸을 붙여 주어 복음사가 루카를 상징한다고 알려준다. 각각의 형상들은 그림자 없는 환상적 공간에서 행동이 이루어지고 있으며 환상적인 공간이지만 큰 원 두 개와 작은 원 네 개를 큰 원을 중심으로 배치하여, 구성적인 면에서 균형적이고 기하학적인 순서를 잘 표현하고 있다.[25]

레온 성경 León Bible of 920 folio 211을 보면 레온 성경의 루카에 표현된 방식이나 색채의 사용이 기존의 필사본들과 구별된다는 것을 알 수 있다.

이 시기 스페인에서 제작된 필사본은 세밀화를 그릴 때 성경에 쓰인 내용과 같이 그리는 단순 묘사가 주를 이뤘다. 그에 비해 성경에 쓰인 내용이 비유적 상징적으로 표현된 것은 찾아보기 어렵다. 그런데 레온 성경에 포함된 삽화에서 정면과 윤곽을 결합한 고문 받은 발과 얼굴은 이전과 다른 새로운 표현 방식이다.

피카소의 게르니카가 이 레온 성경 León Bible of 920을 보고 영감을 얻었다고 하는 근거도 여기에 있다. 2009년 4월 20일 Art daily는 저명한 예술가들과 함께 피카소의 게르니카에 대한 모티브에 대해 전했다. 레옹 대성당의 주교 막시모 고메즈 Máximo Gómez Rascón는 레온 성경 920이 제작되었을 당시 특징이 게

〈그림 19〉 레온 성경 920 folio 149

〈그림 20〉 파블로 피카소, 〈게르니카〉, 1937, 3.49m×7.77m, 스페인 마드리드 국립 소피아 왕비 예술센터

르니카에서 보인다고 했으며, 그 지역 예술학교 교수이며 화가인 베니토 에스카르 피조Benito Escarpizo는 피카소의 그림보다 스케치에서 더 많은 유사성이 보인다고 했다. 레온 성경의 황소와 피카소Pablo Picasso의 '게르니카'Guernica tip에 등장하는 황소의 얼굴이 구도와 표현 방식에 있어서 절묘하게 들어 맞으며,(그림 19. 20) 성경에 등장하는 혀를 내미는 사자의 모습이 게르니카의 말의 모습과 유사하다고 했다. 1937년 독일이 스페인 내전에 참전하여 게르니카 지역을 무참히 폭격하자 피카소는 무고한 시민과 어린이가 희생된 것에 분노하여 폭력에 대응한다. 파리 박람회에 출품을 앞두고 두 달 만에 작품을 완성 시킨 피카소는 게르니카에 가해진 무고한 폭력 사태와 그로 인한 분노를 게르니카에 표현했다. 이에 게르니카는 인류의 양심을 대변하는 20세기 대표적인 아이콘이 되었다.

레온 성경 920이 스페인의 다른 필사본과 구분되는 또 다른 이유는 복음사가의 표현 방법이 다르기 때문이다. 화가 이오아네스Ioannes가 기존의 방식에 따라 복음서마다 각 복음서의 저자인 복음사가를 그렸지만, 기존에는 페이지

tip

1937년 파리 세계 박람회 스페인 전시관에 전시된 그림으로서 스페인 내전 당시 1937년 4월 26일 나치가 게르니카 지역을 24대의 비행기로 폭격하는 참상을 신문으로 보고 파블로 피카소가 그린 그림이다. 독일군의 폭격으로 수많은 사람들이 희생되었으며 2천여 명 그 이상의 사람들이 사망하였고 또한 부상당했다. 작품 사이즈는 349.3×776.6cm. 스페인 마드리드의 레이나 소피아 국립미술관 소장.

전면에 복음사가 얼굴만 그렸다면 이오아네스는 얼굴 뿐 아니라 전신상을 그려 넣었기 때문이다.

레온 성경 León Bible of 920은 구성이나 사물의 형상이 기하학적이고 단순하지 않으면서 색상도 화려하다. 또 레온 성경920은 서고트 양식 뿐만 아니라, 모사라빅 스타일도 있고 카롤링 양식도 엿보인다는 점에서 다른 필사본과 격을 달리한다. 원형의 프레임이나 장식, 과감한 색채는 라 카바 성경 La Cava Bible folio.69(그림 18)의 프레임 장식에서 그 색상을 차용한 흔적이 보이고, 물고기 모양에서도 꼬리가 삼등분 된 라 카바 성경의 물고기 모양과 같다. 레온 성경 920은 여백이나 주석에 라틴어와 이슬람어가 혼용된 모사라브어를 사용했으며 켈리그래피도 사용되었다. 레온 성경 920에 사용된 과감한 원색의 표현은 다음 세기 서유럽으로 전달되어 로마네스크 스타일 안에서 더욱 화려하고 세련되게 표현된다.

레온 성경은 과감한 원색의 사용 외에도 큰 원과 작은 원 사이의 원형 프레임에 이오아네스 자신의 이름을 새겨 넣었다. "오 독자여, 당신이 필사가를 위해 기도하는 동안 이오아네스 화가는 그것을 실행했다."[26]라고 또렷하게 서명했다.

이 밖에 '레온성경 León Bible'이라 불리는 필사본에는 920년에 제작된 것 외에도 945년과 960년에 제작된 것이 전해진다.

베아투스의 묵시록 주해서 Beatus Commentary on the Apocalypse

베아투스 묵시록 주해서는 스페인 북부 리에바나 Liébana의 산 마르틴 데 투리에노San Martin de Turieno 수도원에서 은거하던 베아투스 수사에 의해 제작되었다. 776-786 베아투스는 기존의 교부들성 아우구스티노Saint Augustine, 성 암브로시오 Ambrose of Milan, 티코니우스Tyconius, 이레네오Irenaeus of Lyon Saint Irenaeus, 그리고 성 이시도르Isidore of Seville Saint Isidore 가 썼던 주해서를 다시 편집하여 묵시록 주해서를 집필했다. 그가 참고했던 주해서 가운데 북아프리카의 티코니우스AD379-423 의 주해서에서 가장 많이 발췌했으며, 그곳에 히에로니무스의 다니엘 예언서를 추가하여 베아투스 묵시록 주해서를 편집했다.

앞에서 언급한 바와 같이 스페인에 무슬림의 세력이 들어온 뒤 그리스도교의 입지가 많이 위축되었다. 그리스도교인 사이에 그리스도의 삼위일체론과

〈그림 21〉 모건 베아투스, 940-945년경

양자설의 논쟁이 거세어 질 무렵 베아투스Beatus 수도사에 의해 요한묵시록 해설서Commentary on Apocalypse와 삽화베아투스 사후, 수 세기 동안 복사된 주해서와 필사본가 제작되었다. 베아투스 수도사의 해설서는 '모사라베 양식'이라는 새로운 양식을 발전시키는 계기가 되었다.(그림 21)

엘리판두스와 종교적 논쟁을 벌인Beatus 베아투스tip1는 과거 교부들이 썼던 요한묵시록 주해서를 바탕으로 하여 성경 주해서를 집필했다. 그가 쓴 요한묵시록의 주해서 필사본Commentary on Apocalypse은 삽화에 나오는 인물 묘사가 평면적이고 도식화되어 단조롭다. 이는 이슬람의 영향을 받은 모사라베 양식 Mozarabic Style tip2으로 보인다.

모사라베 양식은 이슬람 미술과 전통적 에스파냐 미술이 융합한 양식으로서 중세 초기 이슬람교도인 아랍인의 지배 아래에 있던 에스파냐에서 이루어진 그리스도교 미술이지만 이슬람적인 장식성이 짙은 것이 특징이다. 아랍인

tip

1 베아투스(Beatus, 730-789년경)는 북스페인의 아스투리아스 지방의 리에바나의 수도사로서 786년경 요한묵시록 주석서를 저술하였는데 종말론이 대두되었던 10세기 전후에 그리스도인에게 적지 않은 영향을 주었다.

2 모사라베(Mozarabes, 스페인어: mozárabes, 포르투갈어: moçárabes)는 이슬람 지배하의 중세 이베리아 반도, 특히 알안달루스에서 살던 그리스도교인을 말한다. 아랍어의 형용사인 "무스타리브 (مستعرب, musta'rib)"(아랍화되었다: 언어와 풍속·문화에 있어 아랍 문화의 영향을 받음.)에서 유래했다.

에게 정복당한 그리스도교도는 비록 '무스타리브'아랍화한 사람들라고 불렸지만, 너그러운 대우를 받으면서 전통 종교를 유지했다. 그러나 이슬람 문화와 예술은 그들의 삶에 영향을 주고 녹아들어 그들의 예술은 두 가지 전통을 종합한 것이 되었다. 주제는 그리스도교적이지만, 표현 양식은 이슬람의 장식적 주제와 형태에 동화한 것을 보여준다. 레콩키스타가 이루어진 지역이나 다른 나라로 이주한 사람들조차도 계속 모사라베 양식으로 예술 작품과 건축물을 제작했는데, 아랍의 영향이 북쪽의 유럽 대륙으로 퍼진 것은 부분적으로는 이런 이주가 낳은 결과였다. 모사라베 양식은 종교 예술이라 해도 무방하다. 모사라베 양식으로서 비교적 규모가 작은 예술품특히 직물, 도자기, 타일 및 도기은 그당시의 이슬람 제품과 너무 흡사하다. 다만, 그 작품을 만든 예술가가 아랍인이 아니라는 사실을 알려주는 것은 작품의 주제가 그리스도교에 부합한다는 사실뿐이다.

이 주해서는 베아투스 수도사가 죽고 난 후 10-13세기 이슬람이 스페인을 지배하던 시기에 스페인의 여러 수도원에서 사본을 복사할 때 원본이 되었다. 여러 수도원에서 베아투스 주해서를 복사하면서 원본에는 없던 풍부한 삽화를 곁들여 다양한 필사본을 제작하였다.

그로부터 수 세기 동안 베아투스 수사의 묵시록 주해서 원본을 토대로 하여 여러 복사본이 만들어졌는데 이를 '베아투스의 묵시록 주해서'Beatus Commentary on the Apocalypse라 부른다.

당시 '베아투스의 묵시록 주해서'는 샤를르마뉴 Carolus Magnus, 740?-814 의 궁정 조언자인 요크의 알쿠인 Alcuin, 735-804 에게까지 영향을 미쳤고, 이로써 '베아투스의 묵시록 주해서'의 파급 효과는 정치적으로나 종교적으로 간과할 수 없게 되었다. 그러나 아쉽게도 베아투스 수도사가 제작한 주해서 원본은 소실되고, 수 세기에 걸쳐 제작된 베아투스 묵시록 주해서 복사본만 전해지고 있다.

현재 '베아투스의 묵시록 주해서' Beatus Commentary on the Apocalypse 는 리에바나 베아투스 필사본의 복사본을 통칭하며 현재 남아있는 것이 총 35종이고 이중 세밀화가 그려진 것은 26개이다.[27] 이것은 9세기 후반부터 13세기 전반에 제작된 것들로서 대부분 고대 후기의 회화 전통을 이어받고 서고트 양식으로 되어 있다. 묵시록 주해서 각각의 사본마다 강렬한 색채와 이슬람풍의 삽화가 있는데, 이 삽화들의 주제는 그리스도교이지만 표현 양식은 이슬람의 장식적 주제와 형태에 동화한 것을 보여준다. 이를 모사라베 예술 Mozarabic art 이라고 하며, 이 양식은 이후 서유럽에 전파되어 로마네스크 미술에 영향을 미치게 되었다.

묵시록 주해서 Commentary to the Apocalypse 필사본 목록

중세 스페인 필사본 양식에 대해 괄목할 만한 연구를 남긴 이들로는 노이스 W.Neuss, 클라인 P.Klein, 샌더스 H.A.Sanders, 윌리암스 J.Williams 등이 있다. 이들은 방대한 분량의 베아투스 주해서의 원문과 세밀화를 면밀히 분석하여 그 계보를 제시하였다. 부분적으로 견해 차이를 보이기도 하지만 그들은 기본적으로 두 개의 계보를 인정하고 있다. 계보 1은 베아투스가 제일 처음 제작한 판본으로서 테두리가 없고 하나의 세로 단을 차지하는 세밀화가 특징이다. 계보 2는 10세기에 개정된 판본으로서 복음사가들의 초상, 예수의 족보, 노아의 방주, 다니엘서書등과 같은 비非묵시록적인 주제를 추가시켰고 장방형의 테두리 속에 다색의 띠 배경을 그렸으며, 두 개의 세로 단을 차지하는 세밀화가 특징이다.[28]

현존하는 베아투스 삽화 복사본의 목록은 다음과 같다. 괄호 안의 약어는 노이스W.Neuss가 만든 것이다.[29]

Commentary of Beatus Apocalypse

1. **The Silos fragment** Fc : Silos, Biblioteca del Monasterio de Santo Domingo. fragm. 4. 1f.. 9c
2. **The Morgan Beatus** M : New York, Pierpont MorganLibrary. M.644. ca.940-945
3. **Vitrina 14-1 Beatus** A1 : Madrid, Biblioteca Nacional, MS Vitrina.14-1. 144ff.. 10c 중반
4. **The Valladolid Beatus** V1 : Valladolid, Biblioteca de la Universidad, MS 433. 230ff.. ca970
5. **Tabara Beatus** T : Madrid, Archivo Historico Nacional, Cod.1097B. 168ff.. ca.970
6. **Girona Beatus** G : Museo de la Catedral de Girona, Num.Inv.7 11 284ff.. ca.975
7. **Vitrina 14-2 Fragment** F1 : Madrid Biblioteca Nacional. MS Vitrina. 14-2. 5ff.. 10c 후반
8. **The Urgell Beatus** U : Museo Diocesa de la Seu d'Urgell. Num. Inv. 501. 232ff.. 10c
9. **The San Millan Beatus** A1 : Madrid. Real Academia de la Historia. cod.

33. 10c

10. **Escorial Beatus** E : Escorial, Biblioteca del Monasteio,&.II.5. 151ff.. ca.1000

11. **Facundus Beatus** J : Madrid Biblioteca Nacional, MS Vitrina 14-2.312ff.. ca.1047

12. **The Fanlo Beatus** FL : New York, Pierpont Morgan Library, M.1079. ff. 6-12. ca.1050

13. **Saint-Sever Beatus** S : Paris, Bibliotheque Nationale. MS lat. 8878. 292ff..11c

14. **The Osma Beatus** O : Burgo de Osma. Archivo de la Catedral. Cod. 1. 166ff.. ca.1086

15. **The Turin Beatus** Tu : Turin, Biblioteca Nazionale Universitaria, Segn. I . II .1. 223ff.. 12c

16. **The Silos Beatus** D : London, British Library, Add. MS. 11695. 1091년 4.18 글 . 1109년 7.1 그림

17. **The Corsini Beatus** C : Rome, Biblioteca dell'Accademia Nazionale dei Lincei e Corsiniana. Segn. 40.E.6. 151ff.. 12c 초

18. **The Leon fragment** Fa : Leon. Archivo Historico provincial. Perg.Astorga 1. 12c

19. **The Berlin Beatus** B : Berlin, Staatsbibliothek Preussischer Kulturbesitz. MS Theol. lat. fol. 561. 98ff.. 12c

20. **The Rylands Beatus** R : Manchester. John Rylands University Library. MS lat. 8. 248ff.. ca.1175

21. **The Cardena Beatus** Pc : Madrid, Museo Arqueologico Nacional. MS lat.2. 165ff m . New York. Metropolitan Museum of Art formerly Paris, Coll. Vasselot . 15ff. n Madrid. Coll. Francisco de Zabalbunny Basabe. 2ff. z . Girona. Museu d'Art de Girona. Num. Ivn.47.1f. g . ca.1180

22. **The Lorvao Beatus** L : Lisbon, Arquivo National da Torre do Tombo. 219ff.. ca.1189

23. **The Beatus of Navarre** N : Paris. Bibliotheque Nationale. nouv. acq. lat. 1366. 157ff.. 12c 후반

24. **Las Huelgas Beatus** H : New York, Pierpont Morgan Library. M. 429. 184ff. 1220년 9월

25. **Arroyo Beatus** Ar : Paris. Bibliotheque nationale. nouv. acq. lat. 2290.

167ff.. New york. B.H. Bresslauer Collection 1f. 13c
26. **The Rioseco Rragment** Fr : Ciudad de Mexico. Archivo General de la Nacion. Illustracion 4852. 1f. & 1 fragm. 13c

(1) 모건 베아투스 Morgan Beatus

예술작품은 그 가치를 알아보는 사람이 있기 전까지 얼토당토않은 취급을 받는 일이 종종 발생한다. 채색 필사본 모건 베아투스 역시 이와 다르지 않아서 뉴욕 모건 도서관에 소장되기까지 그 경로가 파란만장하다.

스페인의 필사본이 뉴욕까지 오게 된 경위는 1566년으로 거슬러 올라가 시작한다. 당시에는 스페인 중부 쿠엥카 주에 있는 우클레스의 산티아고 기사단 도서관 목록 '품목39'로 등재되었다. 그런데 이 기사단이 1837년에 해체되고 정확하지 않은 해에 독일인 로베르토 프라시넬리 Roberrto Frasinelli, 1811-1887 가 제본되지 않은 필사본을 30프랑짜리 은시계와 맞바꾸게 되었다. 그 뒤 로베르토는 1847년에 희대의 '미술계의 도둑'이라 일컬어지는 굴리엘모 리브리 Guglielmo Libri Carucci dalla Sommaja 1809-1887 에게 이 필사본을 판다. 당시 판매가격은 알려지지 않았으나 중간에 거래를 성사시킨 거간에게 500프랑의 수수료를 주었다고 전해진다.

리브리는 이탈리아 사람으로 한때 수학자였으나 혁명가로 떠돌기도 했고, 이탈리아를 떠나 프랑스에서 유배자 신분으로 살았다. 잠시 소르본 대학교와 콜레주 드 프랑스에서 교수로 재직하기도 하고 프랑스 최고 권위의 레지옹 도뇌르 훈장을 받기도 했다. 1841년에 프랑스 정부에서 발간한 『각 주의 필사본 총 목록』의 편집 간사가 되어 프랑스의 여러 시립 도서관을 직접 방문했다. 그는 총명한 고문서 학자 겸, 진귀본 연구자였고 탁월한 수집가였다. 그는 서체의 역사를 최초로 연구하고 초창기 책 제본을 그 자체로 하나의 예술품으로 보아야 한다고 주장했다.

그러나 리브리는 자신의 야심과 욕망을 채우기 위해 진귀한 필사본을 도둑질했으며 필사본의 가장 좋은 부분만 임의로 잘라내어 편취했다. 필사본의 출처를 애매 모호하게 감추고 책들을 해체해 다시 구성함으로써 원래의 모습을 알아보지 못하게 하고 위조범의 도움을 받아 오래된 기명을 삭제하거나 엉뚱한 기명을 위조하기도 했다. 모건 베아투스 필사본도 자신이 손 봤던 여느 필사본처럼 보수하여 손상된 여백을 손보았으며 원래 제본되지 않은 책을 보라색 벨벳으로 장정했다.

리브리가 베아투스 필사본을 구매할 무렵, 그는 자신이 소유하고 있던 필사본 컬렉션 전체를 1만 파운드 이상의 값으로 영국 도서관에 판매하려 하였다. 그러나 정부에 의해 리브리의 컬렉션 소유 과정에 문제 제기가 되자 이 틈에 1847년 애쉬버넘 경이 베아투스를 포함한 리브리의 전체 컬렉션을 8,000파운드에 사들여서 모건 베아투스의 소유자가 바뀌게 되었다.

리브리는 이후 프랑스에서 도난 혐의로 10년을 구형받았으나 재판 이전에 영국으로 피신갔으며 말년에는 이탈리아 피렌체 교외 피에솔레에서 자신의 형량과 상관없이 편안히 지내다 사망했다.

한편, 1897년 필사본 수집가 예이츠 톰슨이 애쉬버넘 경에게서 베아투스 필사본과 함께 다른 필사본 컬렉션을 3만 파운드에 사들였다. 1919년 예이츠 톰슨이 경매에 베아투스 필사본을 내놓았을 때 J.P 모건이 베아투스를 포함해

〈그림 22〉 바벨론의 느부갓네살왕의 꿈

초기 필사본 7권을 구매하여 현재 베아투스 필사본은 장서번호 'M 644'로 명명되어 뉴욕 모건 도서관에 소장되어 있다.

모건 베아투스 필사본은 968년경 스페인 에스깔라다 산 미구엘 San Miguel de Escalada 수도 원에서 마지우스 Margius 가 삽화를 그려 넣어 만든 필사본으로 현재는 300쪽 분량의 양피지로 되어 있으며, 책의 크기는 38.5×28cm 표지: 39.5×28.5cm [30] 이다. Las Huelgas Apocalypse라고도 불리는 이 필사본은 채색된 삽화의 색상이 화려하고 책의 상태도 비교적 온전하게 보존되어 있다. 책의 구성은 묵시록을 기반으로 하였으며, 성경을 집필한 복음사가의 초상이 있고 히에로니무스와 다니엘 예언서의 주석이 수록 되어 있다.

〈그림 23〉 하느님에 대한 경배

이 필사본에는 요한묵시록의 내용 이외에 다니엘서 제4장에 나오는 〈느부갓네살왕의 꿈〉이 수록되어 있다. 바벨론의 느부갓네살 왕의 꿈은 큰 신상의 꿈과 높은 나무의 꿈 등 두 가지가 있다(그림 22) 이것은 베아투스가 처음부터 히에로니무스의 다니엘 예언서에 관한 주석을 요한묵시록 주석에 포함 시켰기 때문에 모건 베아투스에도 포함된 것으로 여겨진다.

모건 베아투스는 베아투스 필사본 중에서 8세기의 초기 양식과 10세기 이후의 개정된 양식을 구분하는 기준이 되어 회화사적으로도 중요한 의미를 지닌다. 이는 다른 베아투스 필사본과 구분되는 이유이기도 하다.

필사본 M 644는 리에바나의 베아투스 주해서의 복사본 중에서 최초로 완성된 작품으로서 삽화가 가장 풍성하게 들어있는 필사본이다. 모건 베아투스의 필사가는 제작 날짜를 암호 형식으로 적어 넣었는데 후대 사학자들은 그 제작연대를 922년 또는 926년 암호 해석에 따라 달라짐 이라고 본다.

① 복음사가 요한 ST. John

묵시록Apocalypse 복사본 대부분에는 요한의 초상화가 들어가 있다. 이것은 요한이 네 명의 복음사가 중 한 명이기도 하지만 그가 묵시록의 저자이면서 복음사가 중에서도 위상이 높기 때문이라 할 수 있다.

이를 뒷받침할 만한 예를 들어보면 모건 베아투스The Morgan Beatus folio.3 성 요한과 증인Saint John with a Witness (그림 24)에서 요한은 두루마리를 든 익명의 인물과 마주 앉아있다. 그림 안에서 '증인Witness'으로 표현된 사람은 누구인지 알 수 없다. 그렇지만 베아투스는 묵시록의 저자인 복음사가 요한을 강조하기 위해 익명의 인물을 등장시켜 당시 복음사가의 권위와 위상을 높이는 방법으로 표현한 것으로 보인다.[31]

이 도상은 베아투스 시리즈가 아닌 다른 중세 필사본의 유형에서 빌려온 것

〈그림 24〉 모건 베아투스 성 요한

〈그림 25〉 로르쉬 복음서 성 요한

이다. 삽화에 바탕 배경이 되는 부분인 커튼과 아케이드 밑에 앉아있는 복음사가의 모습은 카롤링의 필사본에 등장하는 복음사가 초상화에서도 찾을 수 있다.(그림 25) 요한을 상징하는 독수리 위의 글귀는 세둘리우스 Sedulius[32]의 시에서 "급부상急浮上하는 독수리"를 발췌한 것이다. 게다가 모건 베아투스의 복음사가가 앉아있는 머리 위의 아케이드가 아치형이 아니라 말발굽 형으로 제작된 것으로 보아 서고트 영향을 받은 것으로 짐작하고, 의상과 아케이드의 기둥 문양으로는 모사라베 양식을 엿볼 수 있다.

이와 같이 스페인의 초기 복음사가 묘사에서 스페인 고유의 도상은 찾아보기 어렵다는 것을 유추할 수 있다. 또한, 카롤링 교회의 초기 그리스도교 공식이 10세기에 스페인 베아투스 주석에 추가되었음을 보여준다.

② 노아의 방주 모건 베아투스

The Morgan Beatus folio. 79는 (그림 26) 노아의 방주에 관해 이야기한다. 이곳에서 베아투스는 7개의 종말론적 교회에 관해서 언급한 후 기존 성경에는 없는 엘비라의 그레고리 Elvira의 Gregory 33를 추가로 삽입했다. 이것은 노아의 방주를 교회로 보는 우화적인 구성으로서 상징적 해석을 한 것이라 볼 수 있다.

비둘기는 온 세상이 물에 잠겨 발 디딜 틈 하나 없는 암울한 곳, 작은 몸 하나 기댈 곳 없는 곳에 있다 삽화에는 방주 지붕 위로 표현되어 있다. 그러나 세상 끝 어디쯤 마른 땅이 있음을 올리브 가지를 물고 있는 비둘기를 통해 희망을 보여준다.

〈그림 26〉 모건 베아투스, 〈노아의 방주〉 fol.79, 950

여기에서 베아투스 필사본만이 보여주는 표현 방식은 방주 자체를 하느님의 집으로 나타낸 것이다. 베아투스 필사본에서는 방주를 닫힌 형태 대신에 방주의 측면을 세분화하여 묘사했다. 이것은 동물의 비유를 사용하지 않고 방주의 낙원과 천국의 성격을 이야기했다. 그리고 방주 안의 동물이 눕거나 생활하는 장소는 홍수와 같은 재앙쯤은 아무런 상관이 없는 안락한 주님의 저택과 같은 것이라 비유했다. 더불어 필사본 삽화는 더 큰 홍수에 관한 그림을 왼쪽에 남자의 몸을 쪼아 먹는 큰 까마귀의 그림으로 표현하여 홍수에 버금가는 재앙을 까마귀에게 쪼아 먹히는 남자의 모습으로 재현했다.

이 그림의 근원은 세비야의 이시도르가 『에티몰러지』Etymologies 이시도르가 편찬한 백과사전에서 주장하는 '까마귀가 곡식을 먹는 장면을 묘사'한 것에서 모티브를 얻었으며, 큰 까마귀raven의 시선으로 세상을 보는 관점이 되어 곡식 대신에 시체를 먹는 모습으로 묘사되었다. 일부 베아투스의 삽화에서는 큰 까마귀가 실제로 희생자의 눈을 쪼는 것으로도 표현되었다.

베아투스는 교회에 몰려드는 불결한 영혼을 검은 까마귀로 드러냈다. 작품 아래쪽 여백에 있는 거꾸로 된 시체를 공격하는 까마귀와 작품의 꼭대기에 올리브 가지를 들고 있는 하얀 비둘기가 적절히 대조를 이루고 있다. 이는 비둘기가 성령을 의미하며 올리브 가지로 대변되는 구원의 십자가를 상징하는 것과, 불결한 영혼을 상징하는 까마귀가 서로 대조를 이루는 것과 맥락을 같이 한다.[34]

③ **노아의 방주** 지로나 베아투스 Noah's ark Girona Beatus

지로나 베아투스Gerona Girona-미 Beatus는 모건 베아투스를 제작한 산 살바도르 수도원 스크립토리움San Salvador de Tábara Monastery에서 제작된 것으로 보인다. 현재 지로나 대성당 박물관에 보관 중인 지로나 베아투스는 284 folios로 구성되어 있고, 사이즈는 40cm×26cm이다. 필사본 전체 folio 중에 삽화가 들어 있는 부분이 184 folios이고 리에바나 베아투스 묵시록 주해서의 복사본

Commentary of Beatus Apocalypse 중에 풍성한 삽화와 디테일한 묘사로 손꼽히는 필사본이다.

그런데 지로나 베아투스 Gerona, 미: Girona, Beatus 에 표현된 노아의 방주는 모건 베아투스의 노아의 방주와 그 구성과 그림의 표현 방식에서 약간의 차이가 있다.(그림 27)

〈그림 27〉 지로나 베아투스, 〈노아의 방주〉, folio 52v-53r, 975

방주를 세로로 잘라 단면을 보여주는 것과 방주를 5개 층으로 나누어 동물을 배치한 구성은 모건 베아투스와 지로나 베아투스가 동일하다. 방주의 각 층마다 동물에 따라 층을 다르게 구분해서 지내게 했고, 방주의 맨 위 칸을 세 부분으로 나누어 양쪽에 새를 한 마리씩 둔 것도 모건 베아투스와 같다. 또 성령을 의미하는 하얀 비둘기와 죽음을 뜻하는 검은 까마귀가 있는 것도 동일하다.

　하지만 모건 베아투스의 노아의 방주는 방주 아래로 물이나 바다의 표현을 하지 않은 반면에 지로나 베아투스는 방주의 아래로 바다를 그려 넣었다. 죽음과 맞닿은 바다는 방주에 오르지 못한 사람들이 물속에 가라앉는 형태로 그렸으며 예전의 산이었던 곳은 많은 비로 인해 물속에 잠겨있다. 그 안에 가라앉는 사람들이 죽음에 이르게 됨을 암시하듯 까마귀가 막 물속에 잠기는 사람의 손을 부리로 물고 있는 장면이 보인다. 그리고 죽음의 끝을 의미하는 물속에 잠긴 산에서 올리브 나무 한 그루가 마치 죽음을 이기고 나온 부활을 상징하는 것처럼 꿋꿋하게 살아남아 있다.

　지로나 베아투스 삽화에 등장하는 인물은사람의 경우 얼굴 표정과 손동작, 옷 주름을 비교해 볼 때 모건 베아투스의 인물보다 더 섬세하게 묘사되었다. 세세하게 표현한 옷 주름과 과장되게 뒤틀어진 인체의 표현은 모사라베 양식에서 기인했다고 볼 수 있다.

(2) **타바라 베아투스** Tábara Beatus

타바라 베아투스는 타바라의 산 살바도르 수도원San Salvador de Tábara Monastery의 스크립토리움에서 필경사 에메테리우스 Emeterius에 의해 970년그 즈음으로

본다 7월 29일에 완성되었다고 전한다. folio 167

사이즈는 25.5×36cm이며 171개 folios로 구성되어 양피지에 제작되었다. 타라바 베아투스는 채색된 삽화가 100 folios가 넘었으나 지금은 12 folios만 남아 스페인 마드리드 국립 역사 자료실 National Historical Archaive에 L.1097B 이름으로 보관 중이다. folio 167 판권 페이지 colophon (그림 28)에 의하면 커다란 오메가 이니셜 삽화(그림 28) 아래 모건 베아투스를 제작한 수도사 Magius로 볼 수 있는 마이우스 Maius, Monnius, Morgan Beatus를 제작한 수도사와 이름이 같은 이유로 모건 베아투스를 제작한 수도사와 동일인이라 여김가 타바라 베아투스를 제작하다가 도중에 마이우스 수도사가 죽자 에메테리우스가 마이우스 뒤를 이어 마무리 지었다고 쓰여있다. 필사본의 마지막 장에 있는 스크립토리움 Scriptorium 타워 삽화(그림 29)는 건물 외부와 내부를 한꺼번에 보여주는 기법으로서 왼쪽의 조수와 종치는 사람, 오른쪽 필경사의 모습을 디테일하게 표현하였다. 색감과 섬세한 묘사가 탁월하고 이전에는 볼 수 없었던 묘사였기 때문에

〈그림 28〉 오메가, 타바라 베아투스, fol.167

〈그림 29〉 에메테리우스, 타바라 스크립토리움 fol. 171v.

이후 다른 수도원에서 베아투스 필사본을 복사할 때 모델이 되었다.

타바라 베아투스는 다른 필사본과는 다르게 판권 페이지colophon가 있고 복사본을 다시 제본할 때 다른 베아투스 본에서 folio 167, 168을 가져와 덧붙이면서 각기 다른 두 개의 필사본이 합쳐진 것이라는 설도 있으나 존 윌리암스 John Williams 1928-2015. 미국 미술사학자. 중세 스페인미술 전문가.Andrew W. Mellon 예술 및 건축사 교수. 피츠버그 대학 명예교수.는 제본된 필사본 전체가 하나의 필사본이라고 주장하였다.[35]

이 필사본은 서고트의 소문자[tip]로 작성되어 있고, 일부분은 아랍어가 쓰여 있는 것으로 보아 당시 필사본을 제작했던 수도원에 아랍계열 수도사도 함께 생활했을 거라 짐작한다. 그 외에 여백의 공간에 광택을 낸 것은 이 필사본에 모사라베 양식이 함께 사용되었다는 것을 의미한다.

(3) **밀란 베아투스** Beatus from San Millan

밀란 베아투스는 리에바나의 베아투스 코멘터리 중에서 훼손된 곳 없이 가장 온전하게 전해오는 베아투스 사본이라 일컬어진다. 밀란 베아투스의 구성은

---

tip

서고트는 그리스 문자를 기초로 하여 그들만의 문자를 만들었으나 지금은 사멸한 상태이다. 그러나 스페인이나 포르투갈어에서 그 흔적을 발견할 수 있다. 예) 알폰소, 페르난도(아드폰소, 프리데난드)

〈그림 30〉 수소 수도원 성당

베아투스의 논평과 히에로니무스의 서신, 다니엘서의 주석과 함께 세비야의 이시도르의 에티몰로지아^{이시도르가 편찬한 백과사전} 중 '이시도르' 편에서 발췌한 것으로 이루어졌다. 책의 크기는 35.5×23cm이고, 전체 282 folios로 구성되어 있다. 282 folios 중에서 앞의 228 folios 전체를 통틀어 48개의 삽화가 그려져 있으며 나머지 54 folios에는 각 folio마다 1개의 삽화가 그려져 있다.

이 필사본의 제작은 두 단계로 이루어졌다. 첫 번째는 레온 변두리 지방에서 10세기에 제작되었고, 두 번째는 스페인의 리오자 지방의 코고야Cogolla 수도원^{tip}(그림 30)에서 제작되었는데, 두 번째 제작할 당시 기존의 삽화에 색을 입히고 새로운 스타일의 삽화를 제작했다고 본다. 존 윌리암스는 수도원에서 제작된 11세기 후반에 로마네스크 스타일의 영향을 받았다고 이야기한다.[36]

tip

유소수도원(Monasterio de San Millan de Yuso)과 수소수도원(monasterio de San Millan de Suso). 수소와 유소 쌍둥이 수도원으로 유명함. 이곳에서 필사본 '에밀리안 글로스(Glosas Emilianenses)' 제작. 초기 스페인어라 할 수 있는 카탈루냐어로 제작됨.

〈그림 31〉 모건베아투스의 어린양의 경배, folio. 86v-87

① 어린 양의 경배 Adoration of the Lamb
　요한묵시록의 어린양 : 요한 4장, 5장 6-8

밀란 베아투스fol. 92와 모건 베아투스의 어린 양fol.87은 동일한 주제를 가지고 묘사한 점에서는 매우 유사하나 표현 방법에서는 다소 차이가 있다.

　모건 베아투스에서 어린양(그림 31)은 가운데 어좌가 있고 그 좌우로 케루빔과 세라핌을 두고 있다. 그 아래에 세 개의 원이 있으며 가장 큰 외부의 원에는 검은색 바탕에 24개의 별로 나타난 원로들이 있다. 그 안에 있는 원에는 별들 아래에 동서남북으로 네 개의 생물들이 있는데, 그 생물들은 날개가 달려있고 책을 들고 있다. 그들의 날개는 활짝 펼쳐져 있으나 직선으로 표현되어 다소 부자연스럽다. 그들은 모두 크고 화려한 날개를 달고 있고 얼굴은 복음사가의 상징으로 표현되어 있다. 네 명의 복음사가를 의미한다. 복음사가의 주위로 수금을 타는 사람들과 향이 가득 담긴 금 대접을 가진 사람들이 있다. 안쪽의 원 안에는 살해된 것으로 묘사된 어린양이 작은 원 안에 십자가를 지고 서 있다. 그 원은 희생되었다는 의미로 붉게 칠해져 있다. 포개진 세 개의 원 위쪽에는 케루빔과 세라핌이 있고, 원 아래쪽에는 다른 두 명의 녹색 옷을 입은 천사가 있는 것으로 표현했다.

밀란 베아투스 어린양의 경배(그림 32)에서는 전체적인 삽화의 구성으로 볼 때 커다란 원 안에 작은 원을 그려 넣고 원의 둘레에 인물을 그려 넣음으로써 모건 베아투스와 유사하다고 볼 수 있다.

네 개의 생물은 저마다 여섯 개의 날개를 달고 있는데 그 날개에는 수없이 많은 눈이 달려있다. 생명체의 몸은 시계 반대 방향으로 흐르듯 표현 되었지만 생명체의 날개는 시계 방향으로 휘어져 서로 유기적으로 움직이는듯하다. 큰 원 안의 네 개의 생물체는 머리가 황소, 독수리, 사자, 사람의 얼굴이고 이는 복음사가를 상징한다. 이들의 날개는 금방이라도 펴고 날 수 있을 정도로 역동적으로 보인다. 날개의 움직임에 따라 배경에 드러나는 노

〈그림 32〉 밀란 베아투스 어린양의 경배, folio. 92r

란색의 십자가 모형이 가운데 작은 원 안의 하얀색 양이 그리스도임을 알려준다.

큰 원 바깥 둘레에 24명의 원로들이 있으며 가운데 작은 원에는 어린 양이 앞쪽 오른 발로 책성경에는 일곱 번 봉인된 두루마리을 받고 있다. 어린 양은 눈이 일곱 개 달려 있고 허리에 십자가가 묶여 있다. 어린 양의 주변에 흐르는 물결무늬는 양의 머리가 있는 방향으로 쏠려 화살표 3개가 곧 어린 양의 머리로 쏟아질 것처럼 보인다.

밀란 베아투스의 그림 형태나 분위기가 모건 베아투스보다 신비롭고 원 안에 형상이 꽉 들어차 있는 구성으로서 필사본의 구성이 전통적인 방법에서 좀 더 진화하며 유기적인 짜임새가 돋보인다. 하나의 커다란 원을 중심으로 그 안에 동일한 크기의 원 다섯 개를 배치하여 그 원에 따라 형상들의 움직임을 극대화시켰다.

인물의 표현은 병면석이고 동작도 과감하지 않다. 평평히고 모사라베 스타일에 양식화되어 있으나 음영은 없다. 원로들의 옷은 두 가지 색상 사용으로 평범하며 인물의 움직임은 가운데 대칭축을 중심으로 한, 원의 위아래 4명의 원로만이 수행하는 손의 제스처를 할 뿐이다.[37]

이 그림은 복음사가의 상징성을 날개에 두고 그곳에 초점을 맞추어 회전 운동량을 생성하는 방식으로 표현되었다. 그 표현 방법이 복음사가의 상징을 날개에 맞춘 독창성과 함께 다른 작품들과 비교하여 매우 인상적이다. 이러한 역동적인 구성은 대부분의 베아투스 필사본의 고정된 방식과 뚜렷한 대조를 이루며 서로마 로마네스크의 스타일을 엿볼 수 있다.

모건 베아투스 필사본 삽화들의 양식적 특성은 9세기 말 스페인 남부지역의 그리스도교인들이 가지고 온 모사라베 양식에서 시작했다고 할 수 있다. 이후 외래 양식이 더 보태지고 9세기 이후의 뚜르파의 양식과 10세기 이후의 이슬람 양식이 서로 혼합되었다.[38]

이슬람의 통치를 받고 있던 남부의 그리스도교인들모사라베이 북부로 이주하면서 유포시킨 모사라베스:mozarabe, 영:Mozarabic양식은 9세기 이후 안달루시아, 아스투리아스, 레온, 카스티야, 나바르 지역에서 생산된 회화를 일컫는 말이다.^tip 초기 모사라베 양식에 속하는 작품은 『교부들의 생애』Lives of the Fathers 902년와 『레온 성경』Leon Bible 920년 필사본이 있다.

이들 작품은 단순하고 반복적인 장식 문양이나 동물, 인간으로 디자인된 이니셜을 초록, 주황, 빨강, 노랑, 청색과 같이 매우 강렬하고 밝은 색채를 사용하여 시각적으로 강한 인상을 주는 것이 특징이다. 인물 형상들은 인체 비례가 무시되고 사지가 뒤틀리거나 과장되어 있으며 기하학적이고 反자연주의

tip

'모사라베'라는 말은 '아랍화된(araabicized)'이라는 뜻을 지닌 아랍어 mustarib에서 유래하였다. 히치콕(R. Hichtcock)의 주장에 따르면, "mozarabic"이라는 말은 이슬람 문화와 관습을 북부에 유포시킨 데 책임이 있는 남부 그리스도교 왕국(안달루시아)으로부터 이민온 그리스도교인들이 고안한 것이다. Williams, Early Spanish Manuscript Illumination, pp.16,20

적인 형태를 취하고 있다. 인물은 정면을 향해 똑바로 쳐다보고 정면성이 강조된 것과 큰 눈, 굵고 검은 테두리는 북아프리카 꼽트 미술의 영향을 받은 것으로 보인다.

『욥기 주해서』Moralia in Job 945년와 『제일 성경』Biblia primera 960년 과 같은 전성기 모사라베 회화에는 단축법이 적용되지 않고 이차원적인 인물묘사반 자연적이고 기하학적인 재현방식는 변함없이 사용되었으나 인물의 정면성이 강조되고 삽화가 차지하는 공간이 확대되어 채색이 매우 강렬해지고 장방형의 테두리가 도입되기 시작했다. 이것은 모건 베아투스에 명료하고 강렬한 대비를 이루는 테두리 속의 색 면과 색 띠를 사용해 역동적인 시각 효과를 창출하여 배경과 인물 사이에 대조를 이룬다.

중세 스페인 미술에서 특히 필사본 회화에서 보이는 특징은 서유럽에서 표현하는 상징적인 방법과는 차이가 있다. 서유럽의 프랑스나 독일에서 중세의 성경여기서는 요한 묵시록이 주는 상징적 의미를 작품에 등장하는 인물이나 동물에 상징을 부여하거나 혹은 색으로 표현하지만, 스페인에서는 등장인물이나 동물은 성경 내용과 똑같지 않거나 그들의 행위로 요한 묵시록의 환시를 짐작하게 한다. 요한 묵시록의 환시를 전달하는 방법으로 강렬한 색채와 비례에 맞지 않은 인체, 굵은 선 등을 사용한 것은 독자의 시선을 강탈하려는 의도로 파악된다. 이는 천년의 중세시대에 그리스도인들이 느꼈던 세기말의 불안과 천년 왕국이 오지 않을 것에 대한 두려움, 그리스도에게 끝없는 신뢰를 보내지 않고 선하지 않은 길을 간 경우에 받게 될 죄과에 대한 공포를 아주 극명하게 표현하는 방법이라 여겨진다.

    리에바나의 베아투스 필사본은 처음부터 이슬람에 대항하기 위해 제작된 것은 아니었다. 애초에는 이슬람 세력 아래에서 점차 제 색을 잃어가는 그리스도교의 정체성을 지키기 위해 제작했던 것이다. 그러다 이슬람과의 갈등이 심화되자 그리스도교의 정체성 확립에 대한 필요성이 대두되면서 지속적인 필사본 복사가 진행된 것이었다. 그 뒤 묵시록은 수 세기 동안 복사되어 오면서 구성과 표현, 제작 방법이 발전하고 진화했다. 시간이 흐르고 정치적 경제적으로 바뀐 상황에 맞게 자신과 가족, 친구들에게 묵시록이 전하는 메시지와 상징을 전했다. 엘리판두스와 이단인 양자설에 대항할 때나 그리스도인을 핍박하는 이슬람교에 맞설 때 그들은 묵시록으로 그리스도인의 자세를 이야기했다. 그리고 지금 처한 상황이 비록 어렵고 고통스러워도 그리스도인으로서의 갖춰야할 덕목을 잃지 않으면 천년 왕국이 도래했을 때, 우리가 하느님 나라에서 받게 될 상과 더불어 누리게 될 이상을 꿈꿀 수 있도록 이끌고 안내하는 역할을 해온 것이다.

미주

1 주동근 「중세 무슬림 스페인의 종교적 관용에 관한 연구-711년부터 8세기 말까지 코르도바의 종교적 관용을 중심으로」 한국 중동학회 논총 제35권 제1호 [2014. 06] p156
2 ibid p156
3 이 이름은 후에 산토 토리비오 Santo Toribio로 개칭된다. Williams. 「Illustrated Beatus vol.1」 p.15. 재인용
4 세파라드 Sefarad는 유대인들이 사는 알-안달루스 지역 즉 이베리아 반도 지역을 지칭한다.
5 홍익희 「홍익희의 유대인경제사 3: 동방무역과 금융업 중세 경제사3 上」 한즈미디어, 2016
6 633년 톨레도 종교회의에서 결정
7 Kenneth. Steinhauser. The Apocalypse Commentary of Tyconius: A History of Its Reception and Influence Europäische Hochschulschriften / European University Studies / Publications Universitaires Européennes Paperback – December 31, 1987 p.143
8 ibid. p.144
9 카렌 암스트롱 「마호메트 평전」, 2001. 미디스 출판. 주간조선 2011.3.11. [2146호] 재인용
10 김효애. 「서양 중세 회화와 조각에 대한 묵시록적 이해와 해석-11세기와 12세기를 중심으로-」 1997미술사학, 9, 137-168. p.144
11 ibid. p.145
12 J. Williams. The illustrated Beatus vol.1. p.104. 장록희 「중세 스페인 묵시록 필사본 사본삽화연구」 미술사학보 , 13, 2000.3, 5-35 p.9 재인용
13 Cf. Jacque le Goff. op.cit,, pp215-223. ibid. p.146 재인용
14 요한묵시 20:1-6. 천년왕국설 "millenarianism 이란 계시록 20;4의 "천년"을 문자적으로 혹은 상징적으로 해석하여, 현세와 내세 사이에 과도기 적인

중간시대가 있어, 인간의 이상향이사도 11:6-9, 65:18-25, 에스텔 37:24, 즈가 8:12, 14:17-19, 아모 9:13 그리스도를 중심으로 1천 년 간 변화된 지상에서 이루어진다고 믿는 하나의 학설이다. 요한묵시록의 주제인 "현세의 심판과 교회의 승리" 중 "승리"를 뜻함. 2세기 중반부터 서방의 라틴 교회와 동방의 정교회비잔틴 교회는 천년 왕국설에 대한 입장을 달리하게 된다. 그리스의 정교회는 몬타누스주의Montanisme를 채택하면서부터 환시적 몽환으로 이루어진 묵시록을 조금씩 의심하기 시작하여 결국에는 정경에서 제외시켰다. 비잔틴의 신학자들이 묵시록을 몰아내고 헬레니즘적인 신비주의를 신봉하였던 반면에, 서방의 신학자들은 유대 묵시 문학 전통에서 비롯된 메시아주의에 대해 어떠한 의심도 품지 않았고 묵시록을 고수하였다.

H. Focilon, L'An Mill, Armond Colin, 1952,pp,42-43. 장록희 「중세 스페인 묵시록 필사본 사본삽화연구」 미술사학보 , 13, 2000.3, 5-35 p.31 재인용

15 신약성서 번역위원회, 『200주년 신약성서 주해-묵시록 해제민병섭』 분도출판사, 2014.
16 John Williams, 『Early Spanish Manuscript Illumination』 1977 George Braziller p.8
17 945년 성 그레고리 교황의 욥기 주석에 근거하여 Valeránica 수도원에서 Florentinus 에 의해 제작됨
18 타라고나 주교. 259년 타라고나 원형극장에서 화형으로 순교
19 고대 그리스 로마에서는 바람의 방향이 지금처럼 동서남북이 아닌 사람의 이름이나 지역의 이름, 산이나 강이름을 써서 표현했는데, 세비야의 이시도르는 그의 저서 "Etymologie"에서 바람의 방향이 고전적인 방법에 의거해서 12방향이라고 한다.
20 John Williams, 『Early Spanish Manuscript Illumination』 1977 George Braziller p10.
21 작문 수수께끼의 한 종류로서 8-9세기에 북부 이탈리아에서 유행하던 퀴즈

의 한 종류로서 양피지의 여백에 말속 라틴어로 작성하는 수수께끼이다. 중세에 매우 인기 있었으며 지금도 유통되고 있다.

22 Wikipedia article on Verona Orational, accessed 01-22-2012
23 folio 166v에 Danila 라는 작자의 서명이 있는 성경이다. 대체로 네 개의 십자가나, 설명과 제목을 둘러싼 프레임 및 장식 된 머리글자로 제한되어 있으며 위의 것은 파란색으로 염색된 folio에 빨간색, 흰색 및 노란색 잉크로 기록된 두 개의 십자가의 다른 두 개의 면이 파란색으로 칠해져 있고, 세 개의 면이 자주색으로 칠해져 있다. 설명과 제목을 둘러싼 프레임은 초기 중세 필사본에서 발견되는 프레임과 형태가 비슷하고, 데코레이션 이니셜에는 메로빙거 시기의 필사본과 일반적으로 관련된 초기 유형이 보인다. 제목과 장식 된 프레임은 초기 필사본과 유사하며 유색 잉크로 쓰여진 페이지는 자주색 염색 양피지에 금과 은으로 기록된 초기 필사본 Rossano Gospels과 관련이 있다. Samuel Berger, Histoire de la Vulgate pendant les premiers siècles du moyen âge 1976, pp. 12
24 스페인 레온 주교좌성당에서 codex 6이 보관중이다. 수도원장 Maurus가 편집하고 수도사 Virma에 의해 감독 제작되었다. John Williams, Imaging the Early Medieval Bible, Penn State Press, 1999, 227 p. ISBN 9780271017686, p. 181-183
25 John Williams, 『Early Spanish Manuscript Illumination』 1977 George Braziller p.15
26 ibid, p44
27 J. Williams, The illustrated Beatus vol.1, p.10.
28 장록희 「중세 스페인 묵시록 필사본 사본삽화연구」 미술사학보 , 13, 2000.3, 5-35 p.7 재인용
29 장록희 「중세 스페인 묵시록 필사본 사본삽화연구」 미술사학보 , 13, 2000.3
30 1993년 제본사 데보라 에베츠 Deborah Evetts에 의해 두 권으로 분권됨. 표지는 나무판자를 대고 그 위에 무두질한 하얀 가죽을 씌움

31 John Williams. 『Early Spanish Manuscript Illumination』 1977 George Braziller p.64
32 Coelius Sedulius 그리스도교 시인 5c. 주로 4복음과 복음사가를 기초로 하여 시를 지었음.
33 Gregory Bæticus died c. 392 was bishop of Elvira 아리우스파에 반대하며 다양한 논문과 저술 활동함. 성인으로 추대됨. 축일 4월 24일
34 John Williams. 『Early Spanish Manuscript Illumination』 1977 George Braziller p66
35 Williams, John, El scriptorium de Tábara, cuna del renacimiento de los beatos, Tábara, Ayuntamiento de Tábara, 2011.
John W. Williams, "The illustration Beatus, Apocalypse에 대한 논평 삽화의 모음", 제 2 권, The 9th and 10thcenturies , Harvey Miller Publisher, 1994, 319 pages, p. 43 – 49
36 Williams. Early Spanish Manuscript Illumination. p.86

37 John Williams, Visions of the End in Medieval Spain: Catalogue of Illustrated Beatus Commentaries on the Apocalypse and Study of the Geneva Beatus, ed. Therese Martin Amsterdam: Amsterdam University Press, 2017, 90.
38 John Williams. 『Early Spanish Manuscript Illumination』 1977 George Braziller

천년의 아름다운 기록
중세 필사본

초판1쇄 인쇄 | 2022년 1월 24일
초판1쇄 발행 | 2022년 1월 31일

지은이 김유리, 김재원, 박성혜, 윤인복, 최경진
펴낸이 이동석
펴낸곳 일파소
디자인 권숙정

출판등록 2013년 10월 7일 제2013-000294호
주소 서울특별시 영등포구 영등포로 231-1, 3층 (07250)
전화 02-6437-9114 (대표)
e-mail info@ilpasso.co.kr

ISBN 979-11-969473-4-7 93600

이 도서는 한국출판문화산업진흥원의
'2021년 출판콘텐츠 창작 지원 사업'의 일환으로
국민체육진흥기금을 지원받아 제작되었습니다.

책값은 뒤표지에 있습니다.

파본은 구입하신 서점에서 교환해 드립니다.
이 책을 무단 복사, 복제 전재하는 것은 저작권법에 저촉됩니다.